창조경제란 무엇인가

창조경제란 무엇인가

2013년 5월 25일 초판 인쇄
2013년 5월 30일 초판 발행

지은이 | 김기현 · 김헌식
펴낸이 | 이찬규
펴낸곳 | 북코리아
등록번호 | 제03 01240호
주소 | 462-807 경기도 성남시 중원구 상대원동 146-8
       우림2차 A동 1007호
전화 | 02-704-7840
팩스 | 02-704-7848
이메일 | sunhaksa@korea.com
홈페이지 | www.bookorea.com
ISBN | 978-89-6324-320-7 (03320)

값 15,000원

창조경제란 무엇인가

김기현 · 김헌식 지음

북코리아

창조경제가 논란인 이유

창조경제의 개념을 둘러싸고 여러 논란이 있었고, 이에 대한 반감도 존재했다. 물론 그것은 창조경제 자체에 대한 논의는 아니다. 그렇기 때문에 새삼 창조경제 입문서를 구성하게 되었다. 본질적으로 창조경제가 논란이 될 만한 점이 있다. 애초에 창조경제 논란은 근본적으로 흔히 쓰이는 일반 용어가 정책영역에 진입하면서 달리 적용되는 룰이 있다는 것을 잊기 때문에 발생했다. 도대체 이게 무슨 말인가.

흔히 새로운 정부의 목표로 선정되는 어떤 '○○경제'라는 말이 있다. 정보경제, 문화경제, 녹색경제, 지식경제 등등. 이런 무슨 경제는 사실 구체적인 것 같지만, 구체적이지 않기 때문에 논란을 낳는다. 예컨대, 친환경 경제라는 말을 국정 목표로 내세워도 같은 현상이 벌어질 수 있다. 개념이 일반적이거나 범주가 넓을수록 그러한 현상이 발생하기 마련이다. 국가의 정책은 비전이나 목표로 남아 있는 것이 아니라 구체적인 정책방안을 통해 실행되어야 하고 평가를 받아야 하기 때문이다. 그런데 창조경제는 마찬가지로 매우 큰 비전이므로 곧바로 각각의 영역에 적용시키기에는 무리가 생기기 쉽다. 국정 목표는 매우 범위가 크므로 더욱 그러할 수 있다. 창조경제는 박근혜 정부의 국정

목표 1순위다. 즉 첫 번째 국정목표가 일자리중심 창조경제이므로 창조경제는 매우 큰 목표이어서 곧바로 각 영역에 적용시키기에는 무리가 있을 수 있다. 이에 대한 활발한 토론과 논의가 필요하다. 더구나 매우 흔하거나 그동안 많이 언급되어온 단어를 새롭게 의미 부여하게 되면 의심을 사기도 쉽다. 즉 논의가 매우 광범위하게 있어온 것일수록 더욱 그러하다. 이 때문에 그동안 나왔던 이야기들과 차별화되는 점을 보여주어야 하지만 쉽지는 아니다. 하지만 창조경제는 그것이 탄생한 배경이나 그것이 목표로 하는 무엇인가가 있고 실제로 벌어지고 있기 때문에 단지 추상적인 탁상놀음이라고 할 수 없다. 예컨대 영국이 산업사회에서 지식정보사회로, 그리고 문화사회에서 창조경제사회로 이동하려 한 것은 나름의 사회경제적인 상황에서 비롯한 것이다.

새삼스럽게 화두가 된 창조경제론은 좋게 보면 기존의 창조경제를 확장시킨 것이고, 부정적으로 보면 창조경제의 이름만 적용시킨 셈이 되었다. 비판을 받는 쪽에서는 창조경제의 개념이 중요한 것이 아니라고 한다. 정말 중요한 것은 실행, 액션이 중요하다고 항변한다. 실천과 행동들이 없이 말만 되뇌다 보면 개념 타령을 하게 될 듯하다. 개념은 이론 논쟁을 촉발하고 결국 허송세월하는 경우를 많이 볼 수 있다. 하지만 개념이 잡히지 않으면 사람은 일을 할 수 없다. 사고와 행동의 방향이 잡히지 않기 때문이다.

개념에 집착하는 것은 타당하지 않지만, 그렇다고 실행부터 하자는 것도 똑같은 오류를 초래할 수 있다. 방향도 모르고 무조건 배를 띄우다가는 큰일을 당하기 쉽다. 더구나 그 배는 단순히 개인의 배가 아니라 수많은 국민과 시민을 태운 대한민국이라는 배이기 때문이다. 더구나 그 배의 항해에 수많은 사람들의 피와 땀이 투여된다. 개념을 파고들어가는 것보다는 그 개념이 왜 나오게 되었는지 맥락과 배경을 파악하고 이를 숙지하는 게 낫다. 꼭 그 단어가 아니어도 원리를 탐구하고 그것을 다시 적용할 수 있는 영감을 얻을 수 있기 때문이다.

이때 구분해야 하는 것은 사기업의 영역, 즉 시장의 영역과 공공정책 영역의 구분과 그 구분에 따른 각 역할의 분별 및 그에 따른 수행이다. 창조경제가 나온 것은 정책의 영역이었기 때문에 이점에 초점을 맞추었는지 살펴야 한다. 시장의 영역에서는 언제나 창조성이 중요했으며 그러한 노력을 각자 취해왔는데 이를 하나하나 모아서 집중·집적하여 확산시키려는 것이 정책이기 때문이다.

이러한 맥락에서 이 책에서는 우선 창조경제가 어떠한 배경에서 나왔는지를 더 중시한다. 따라서 사회경제적으로 창조경제를 강조하게 된 배경을 다루고자 한다. 단순히 리더나 정치가들이 부각시키는 창조경제론은 프레임과는 거리를 두거나 같지 않은 포지션에 있게 된다. 중요한 것은 그러한 창조경제 부상의 맥락을 얼마나 공유하고 그 맥락에서 창조적으로 적용하는가이다. 다만, 기존의 문화산업에서 창조경제가 강조하는 대목에 대해서는 그 원리상에 집중해야 할 것이다.

여기에서 우리가 중요하게 봐야 할 것은 창조경제를 구성하는 창조산업들이 구체적으로 어떤 상품과 서비스를 요구하게 되었으며, 그것을 요구하는 것은 바로 사람이라는 점이다. 결국 이 책에서는 창조경제를 창출하는 것은 사람에게서 시작하여 사람으로 귀결되는 점도 보려 한다. 이러한 점을 들어서 현재 창조경제가 어떻게 진화하고 있고 그것이 어떤 의미를 주는지 체계화해볼 것이다.

다음으로 창조사례의 실제 사례에 주목하고자 한다. 창조경제의 개념은 추상적으로 나온 것이 아니라 실제 행위와 결과 사례로 당위성이 확립되었기 때문이다. 창조경제의 사례는 원론적인 문화산업에서 첨단 테크놀로지 산업을 가로질러 정리한다. 다만, 좁은 범위의 문화예술에서 첨단기술로 기계적인 분석 단위로 삼는 것을 피하려 한다. 창조성은 단순히 인간이 아이디어를 기계장비와 같이 뽑아낼 수 있는 것은 아니기 때문이다. 유기체에서 발현하는 창조성은 그에게 주어지는 환경도 유기적이어야 한다. 그런 면에서 각 분야에 걸쳐서 다양한 장르와 영역이 융합하는 과정과 결과만이 아니라 그러한 공간을 중심으로 창조경제의 창조산업을 창출하는 사례를 살필 것이다.

끝으로 창조경제의 지향에서 어떠한 형태로 정책이나 경영방침이 요동을 친다고 해도 잊지 말아야 할 기본적인 관점을 정리하고자 한다. 그것은 세세한 방안을 넘어서는 맥락과 원칙의 견지라는 점에 더 맞는 관점이다.

CONTENTS

프롤로그: 창조경제가 논란인 이유 ················· 5

제1부. 창조경제의 기원과 원리

1. 창조경제 부상의 배경과 이유 ················· 15

2. 창조경제의 기원과 기본 개념 ················· 23

　1) 창조경제와 창조산업의 기초 ················· 23

　2) 존 호킨슨의 창조경제론 ················· 34

　3) DCMS와 NESTA의 창조경제론: 크리에이티브 브리튼 ················· 37

　4) UN의 창조경제론: UNCTAD의 창조경제와 UNESCO 창조도시 ········ 45

　5) 콜레트 헨리의 창조산업과 기업가 정신 ················· 50

　6) 리처드 플로리다의 창조도시와 창조계급론 ················· 53

　7) 찰스 랜드리의 창조도시 만들기 ················· 62

　8) 에드워드 글레이저의 도시의 창조성론 ················· 67

　9) 빌 게이츠의 창조자본주의와 창조경제 ················· 74

제2부. 창조경제의 기본 원리와 확장

1. 창조경제의 기초 동력: 강대국과 지적 권리의 지속화 ················· 91

2. 창조경제 형성의 원리 ················· 103

3. 창조경제의 특징: 산업적 특징을 중심으로 ················· 108

　1) 일반적인 문화적 창조산업의 특징 ················· 108

　2) 부각되는 창조산업의 특성 ················· 111

4. 진화하는 창조경제 ················· 118

CONTENTS

제3부. 창조경제의 사례분석

  1. 국가별 사례분석 ··127

    1) 영국: 위대한 영국 창조정책 프로그램 ···············127

    2) 이스라엘: 창조기업 인큐베이팅 프로그램과 시스템 ········132

    3) 핀란드: 스타트업 프로그램 ·····························141

    4) 독일: 스핀 오프 크리에이터와 히든 챔피언 ···········147

    5) 미국: 창조와 특허 그리고 창업 미국, 미국혁신전략 ·······159

    6) 유럽연합: Europe 2020과 EU Framework Program68 ········163

  2. 분야별 사례분석 ··167

    1) 전통첨단 공존형 창조경제: 런던 ·····················167

    2) 융합의 마지막 퍼즐 한 개: 테크 시티 ···············173

    3) 전통–현대의 절묘한 배합: 실리콘 색스니 '드레스덴' ·······177

    4) 유럽의 IT밸리: 소피아 앙티폴리스 ··················183

    5) 문화예술의 섬: 나오시마 ·····························188

    6) 벤처경제의 시작과 끝: 실리콘밸리 ··················194

    7) 글로벌 크리에이티브 팩토리: 뉴욕 ··················201

    8) 천혜의 자연과 인공 첨단의 만남: 시애틀 ············208

    9) IT미디어문화형 창조경제: 미국 오스틴 ···············215

    10) 테크놀로지형 창조경제: 미국 랄리–더햄 ············217

    11) 디자인토피아: 토리노 ·······························222

    12) 정크 크리에이티브: 태양의 서커스 ·················226

    13) 무술의 창조경제화: 소림사의 스핀오프 ·············239

    14) 벤처의 트리거: 앵그리버드 ·························245

    15) 각본 없는 드라마노믹스: 스포츠 창조경제 ···········250

제4부. 창조경제에 관한 한국의 논의들

1. 창조경제에 관한 견해와 모델들: '창조경제 사용설명서' ·······················273

　1) 선도형 경제··273

　2) 민간 창조경제론··274

　3) 벤처 창조경제론··275

　4) 일자리와 먹거리 창조경제론··276

　5) 중소기업 창조경제론··277

　6) 문화상품(콘텐츠) 창조경제론···277

　7) 제조업 창조경제론: '리쇼어링'···278

　8) ICT와 과학기술의 창조경제론···280

2. 창조경제론을 위한 성공요인 방안들···282

　1) 문화적 요인···282

　2) 탈규제···283

　3) 융합···284

　4) 오픈 이노베이션···284

　5) 신뢰 형성···285

　6) 기초 연구 증대···286

　7) 교육적 요인-인재육성··286

3. 한국정부의 창조경제론···289

　1) 박근혜 정부의 기조···289

　2) 문제 제기··291

에필로그: 창조경제정책의 방향성 ···297

제 1 부
창조경제의 기원과 원리

1. 창조경제 부상의 배경과 이유

UN의 〈2010년 창조경제 보고서〉에 따르면 2008년과 2009년은 지난 70년 동안에 세계 경제가 가장 불황이었던 시기였음에도 불구하고 창조경제는 상승세를 유지한 것으로 나타났다. 가령 2008년 세계 무역은 12% 하락했지만 창조상품과 창조서비스의 세계 무역 시장은 꾸준히 성장해 5,920억 달러가 되었다. 이는 2002년부터 2007년까지 6년간 연속해서 평균 14%의 연간 성장률이 유지된 결과가 반영된 수치다. UNCTAD(2010)에 따르면, 창조산업에서 창조서비스는 23.3%에서 30.3%로 증가해 창조산업에서도 서비스의 교역비중이 증가했다. 2008년 금융위기 이후 세계적인 불황으로 경제성장률이 둔화되고 국제무역이 감소하고 있지만, 창조상품과 서비스는 성장을 지속해 2002년의 두 배 수준이 되었다. 세계 금융위기의 여파로 전 세계 경제가 급격히 위축되면서 무역규모도 감소했지만, 창조산업의 경우 2008년에는 상대적으로 영향을 덜 받아 성장했으며, 2009년 하락 이후 약간 증가 추세를 보이고 있다.[1] 무엇보다 창조경제는 고용과 소득에서 고무적인 결과를 낳았다. 미국과 영국에서는 두 배 정도 고용과 소득 면에서 앞선 결과를 낳았다. 영국은 음악 산업만으로도 자동차 ·

철강·섬유 산업을 합친 것보다 더 많은 고용과 소득을 창출한 것으로 분석되었다.

선진국만이 아니라 개발도상국에서도 창조경제(Creative Economy)에 대한 관심이 많아 이는 정책 추진 주체들만이 아니라 학술적으로도 접근되고 있다. 점차 다양하고 기호의 수준이 높아지고 있는 상황에서 기존의 상품이나 서비스, 콘텐츠보다 독보적인 것을 원하는 사람들의 변화 때문이다. 물질 위주의 경제적 수준이 올라가면서 이제는 정신 중심의 경제적 수준을 충족시키려는 욕구가 더욱 강해지고 있기 때문이다.

호킨스는 산업화된 국가에서 소비자들이 자아실현의 욕구를 추구함에 따라 삶의 가치를 고양하는 창조상품과 창조서비스의 시장이 형성되었다고 보았다. 미국 심리학자인 에이브러햄 매슬로의 욕구단계(hierarchy of needs) 이론으로 설명했다. 매슬로는 인간의 욕구를 ① 생리적 욕구, ② 안전의 욕구, ③ 애정과 소속의 욕구, ④ 존경의 욕구, ⑤ 자아실현의 욕구처럼 5단계로 배열하고, 인간의 욕구는 각 단계가 충족되면 하위 단계에서 상위 단계로 올라가면서 새로운 것을 추구하게 된다고 주장했다.

지식정보화는 자칫 인터넷과 디지털에 기반하는 협소한 영역에만 한정될 가능성이 많다. 지식정보화 자체가 특출한 부가가치를 생산하는 것이 아니라는 점을 절감하게 되었다. 지식정보화는 하나의 수단에 불과하며 사람들의 꿈과 희망을 창조적으로 발현해내는 시적·물리적 활동들이 매우 중요해졌다. 무엇보다 세계가 글로벌화되면서 문화적 기호들이 한곳으로 수렴해가는 현상은 이러한 창조적 작업들이 다른 분야에 파급효과를 갖는 것을 말한다. 이런 문화 심리적 배경 외에도 다양한 요인들이 지적되고 있다. UN의 〈2010년 창조경제 보고서〉에 따르면 창조경제가 경이적인 성장을 하게 된 이유는 크게 세 가지다.[2]

1 글로벌 시대에 디지털 혁명의 핵심 정보통신기술(ICT)이 세계로 확산되어 창조적인 콘텐츠의 제작·보급·소비가 용이해졌기 때문이다. 특히 정보통신기술이 미디어와 융합하여 소비자들은 다양한 형태의 창조상품과 창조서비스를 선택적으로 사용할 수 있게 되었다.

2 산업화 국가에서 새로운 세대의 소비자들이 문화적 욕구가 높아지면서 이를 충족시키기 위해 창조적인 상품과 서비스 그리고 콘텐츠를 찾게 되었다. 소득 수준이 높아진 소비자는 인터넷과 이동전화를 사용해 문화적 체험의 폭을 넓힘과 동시에 스스로 문화적 콘텐츠의 생산자가 되기도 한다. 또한 그러한 콘텐츠들은 수많은 영감을 주기도 하고 실제 다른 분야의 제품과 서비스의 생산으로 연결되는 폭발적인 상호 창발효과를 만들고 있다.

3 전 세계는 좁아지고 관광여행이 일반화되어 창조상품과 창조서비스 산업도 성장했기 때문이다. 사람들은 문화유산 서비스나 전통 공예품 같은 다양한 문화예술이 융합하고 크로스된 창조상품을 선호·구매·소비한다. 문화유산을 소개하는 문화관광사업도 창조경제의 성장에 맞게 다양하게 변화하고 있다. 이런 맥락에서는 창의력과 고유한 문화자원이 국가 발전의 핵심동력이 되는 창조경제에는 문화예술적 창조성이 작동하고 있다고 볼 수 있겠다.[3] 다만 문화산업 자체가 창조경제라는 생각은 현실 진단을 잘못한 것이므로 잘못된 결과를 이끌어낼 수 있다. 창조경제는 다양한 경험과 가치를 열린 사고로 받아들이고 '상관없어 보이는 여러 요소를 결합해 새로운 가치를 만들어내는 능력'인 창의성을 극대화하는 것[4]이기 때문이다.

이러한 지적 외에도 근본적인 이유들을 좀 더 볼 필요가 있다.

4 전 세계적인 도시화는 창조성을 배가시키고 있고 그에 따라서 창조적 결과물이 더욱 고도화하고 있다. 지적인 작업과 결과물을 접촉하고 교류 공감할 수 있는 기회가 많은 도시일수록 그러한 창조성이 배가된다. 자원의 집적효과가 일어나며, 자신의 아이디어가 상품, 기업화될 여건이 많은 도시일수록 창조산업과 이로 인해 창조경제가 일어날 여지는 더욱 농후해진다. 단순히 한 조직의 생산물에 끝나는 대량생산의 산업체제일수록 이러한 역할을 하지 못한다. 무엇보다 도시화는 이질감 있는 이들이 항상 교류할 수 있는 가능성이 열린 곳 특히 다문화적인 요소가 많은 도시공간의 생성이 이루어진 곳일수록 두드러지게 일어난다. 그렇지 않은 공간에 거주하는 이들은 끊임없이 이러한 공간으로 쇄도하고 기존의 창조도시는 메가(mega)도시로 진전된다.

5 디지털 네트워크와 기기, 소프트웨어의 발달은 작품은 물론 콘텐츠의 질을 더욱 높게 만든다. 그것은 내추럴 커뮤니케이션을 증대하기 때문이다. 커뮤니케이션은 소통을 의미하고 이것을 원활하게 해주는 수단과 방법이 친화적일수록 창조성은 증가한다. 따라서 이러한 기반을 토대로 창조적인 작업들을 가능하게 해주면서 기존의 결과물들과 차별화되는 욕구를 발생시키는 것은 물론 그에 창작 욕구도 촉발시켰다. 이러한 것들은 창조성의 발달에 기여하면서도 또한 자신이 스스로 창조성의 결과물이기도 한 것이다. 또한 예기치 못한 창조성이 갑자기 발생하는 일이 역동적인 기대감을 증폭시킨다.

6 자본주의의 고도화 때문이다. 그것은 극한에 다 이르렀다는 의

미일 수도 있다. 특정 패러다임에서 취할 수 있는 사고의 극점에 다다랐다는 의미가 될 수도 있다. 정보통신이라 해도 더 높은 창조성을 요구받게 되었다. 제조업과 정보통신의 결합으로 어느 정도의 수익을 낼 수 있었던 자본주의 체제는 이제 더욱 부가가치 창출을 이룰 수 있는 창조적 결과를 갈망하게 되었다. 이 때문에 개인적이나 기업 수준이 아니라 전국 단위 경제모델 자체의 창조성을 요구하게 되었다. 이러한 창조성은 스스로 발현되는 것보다는 외부의 평가를 의식하는 창조성의 발현과 밀접하다.

7 세계화의 진전 때문이다. 자본주의는 이제 전 세계화되었고 경쟁은 글로벌화되었다. 아무리 작은 기업이라고 해도 이제 그 지역만이 아니라 세계기업과 경쟁을 하게 되었다. 집전화기나 삐삐를 사용하던 시절에는 작은 기업들도 각자 자신의 제품을 만들어 판매했지만 이제 스마트폰은 애플과 삼성으로 좁혀져 버렸다. 세계화는 한편으로 잘 도출된 창조성이라면 글로벌 부가가치를 창출할 수 있다는 기대감을 높이고 있다. 이러한 현상은 공연예술계도 마찬가지다. 세계화는 공연시장의 폭을 넓혀 주었고, 그것은 세계를 향한 창조성을 발휘하도록 만든다. 전반적으로 각 분야에 고도의 창조성을 창출하기 위한 자원, 즉 영감과 훈련이 매우 필요해진다. 이 때문에 창조성을 발현시킬 수 있는 문화예술의 영역이 더 주목을 받게 된다. 이에 문화산업의 영역과 창조산업의 영역이 분리되지 않는다.

8 창조적 콘텐츠에 대한 창출은 고도의 창조성을 요구해야 가능한 피로사회의 반작용이다. 창조성의 발휘는 자칫 압박감을 초래한다. 그렇기 때문에 그 창조성에 대한 압박감이 강해질수록

이를 풀어주는 촉매제가 필요하다. 여가시간이나 레크리에이션에 대한 욕구가 커진다. 심각하거나 진지한 것보다는 엔터테인먼트 차원의 영역에 더 집중된다. 공연과 영화 관람, 여행, 게임, 스포츠 관전행위들은 문화적 기호가 높아진 자아 정체성 차원에서 볼 수도 있지만 불안과 긴장 감소에서 이를 해소하려는 차원에서 분석할 수도 있다. 물론 이러한 영역의 제작자들의 창작자들은 더욱 고도의 창조성을 발휘해야 한다.

9 창조경제가 부각되는 이유 가운데 하나는 문화산업과 과학, IT가 각각 분리되어 있기보다는 융합을 기하여 더 좋은 결과물을 만들어내는 데 중심 핵 역할을 하는 것이 창조성이기 때문이다. 최근 주목받는 창조경제는 단순히 창조적 아이디어의 수준이 아니라 융합적이라는 것이다. 창조는 서로 다른 여러 요소가 상호 촉진하여 발생하지만 창조성이 없으면 아무리 경계를 허물고 영역을 뛰어넘는 협업을 해도 별반 다를 바 없는 결과를 낳는다. 전혀 생각하지 못했던 영역과의 접점으로 기존의 상황에서는 예측할 수 없는 결과물들에 대한 가능성이 기대되고 있다.

10 창조경제에서는 주체성의 지속화와 항구성을 중요하게 생각한다. 이는 기업가적 정신으로 대변되거나 벤처 창업에 대한 관점을 포괄적으로 넓힌다. 단순히 창의적인 아이디어나 생각을 수혈하거나 적용하는 것이 아니라 처음부터 창조적 아이디어나 콘셉트를 기술과 서비스, 상품으로 만들고 그것을 지속적·주체적으로 유지하는 기업의 창업과 생산, 마케팅을 견지한다. 그렇기 때문에 전 국민이 모두 창조경제인이며 기업가 정신을 갖는다. 벤처는 정보통신에만 그치는 것이 아니라 다른 영역 전반에 걸쳐 확장된다.

11 저성장의 기조 속에서 불확실성이 증가하기 때문에 불확실성을 해소하기 위한 방편으로 창조성을 더욱 강조하는 경향이 강화된다. 확실성이 있을수록 과학에 기대고 불확실성이 증가할수록 모호한 것에 기대고 싶은 것이 인간의 심리다. 미래에 대한 불안함은 결국 확실한 것이 아니라 크게 창조할 수 있는 무엇인가, 메시아 같은 것을 기대한다. 천재나 영웅을 기다리듯이 갑자기 누군가 무엇인가 출구를 만들어주었으면 한다. 탁월한 창조성만이 그것을 가능하게 해준다고 여기게 된다. 지구촌 경제가 위기에 빠질수록 이런 강력한 창조성에 대한 열망이 커지기 마련이다.

12 사회적 양극화는 대박의 신화를 강화한다. 이때 필요한 것은 기존의 자본이나 자원이 아니어야 한다. 사람들이 생각하는 창조성이란 아무것도 가진 것이 없는 존재가 창조력 하나로 단번에 엄청난 수익을 올릴 수 있다는 점이다. 이른바 슈퍼스타 경제학의 심리가 강화되고 있다. 가난한 이들이 연예인이 되려는 심리는 바로 자신의 재능 하나로 싸이 같은 꿈을 꾸는 데 있다. 가난하고 결핍된 사람들이 자신의 재능 하나로 성공에 대한 꿈을 꾸게 만드는 것은 앱의 개발 열풍이나 오디션 프로그램 열풍에 모두 관통하고 있는 점이다. 양극화의 상황은 위험 선호적인 선택을 하는 이들을 만들어낸다. 이는 창업이나 벤처에 대한 관심을 증가시킨다.

13 기본적인 생물학적 생존은 담보되고, 복지제도가 잘 갖추어질수록 창조성이 높은 작업들에 집중할 수 있다. 먹을거리 마련 위주의 생존을 위한 단순노동, 기계적 작업들을 하지 않고 창조적인 작업을 하려면 상당한 식량생산력이 보장되어야 하기 때문이다.

그렇기 때문에 그러한 문제가 이미 어느 정도 해결된 지역일수록 창조경제에 대한 욕구도 높아질 뿐만 아니라 실제 실현한다. 따라서 복지제도를 통해 실패에 대한 위험부담을 덜어줄수록 혹은 사회안전망이 잘 갖추어진 곳일수록 고도의 창조력에 따라 하이리턴의 산업에 집중하려 한다. 그렇기 때문에 요구되는 창조성이 더욱 고도화될수록 그들에게 주어지는 복지는 생존적 복지가 아니라 문화복지로 더 심화된다. … 창조도시와 창조시민들은 창조적 시너즈 효과와 그에 따른 경제적 이익의 선순환 효과를 맞게 된다.

2. 창조경제의 기원과 기본 개념

1) 창조경제와 창조산업의 기초

(1) 창조경제

창조경제(creative economies)와 산업적 경제의 구조를 살펴면 일단 과거의 산업에서는 단일한 원천을 가지고 단일하고 다량의 물품을 만들어서 사람들에게 전달했다. 하지만 창조경제에서는 수많은 창조물이나 원천을 통해서 다품종의 생산을 하고, 분배하는 방식도 단일하게 분배

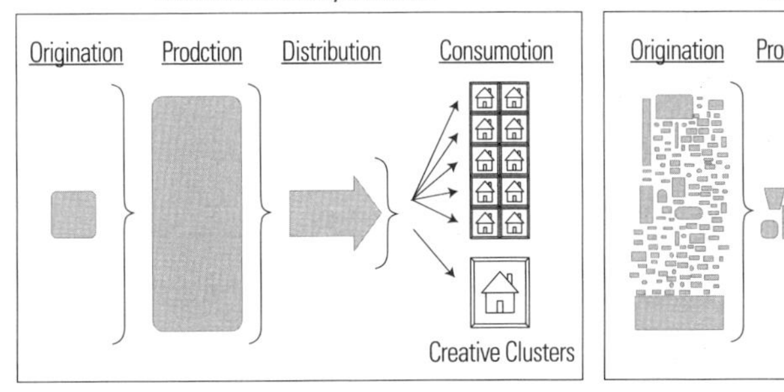

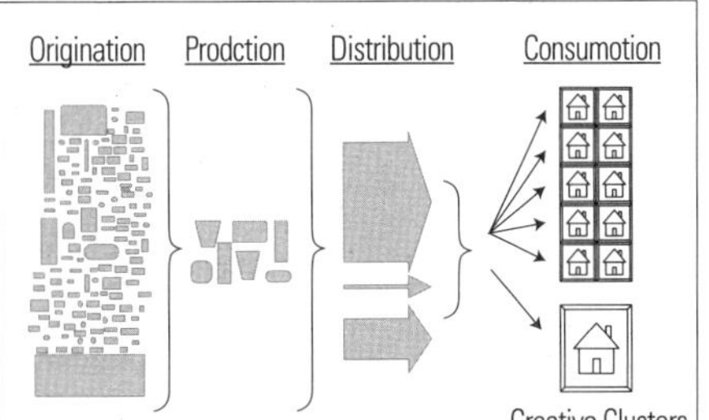

〈그림 1〉 산업적 경제 구조와 창조산업 구조의 비교

전달하는 것이 아니라 여러 경로를 통해서 전달을 한다. 다양한 원천은 결국 다양한 창조성을 원하는 것이며 다양한 창조적 결과물을 다시 창조하는 작업들을 통해 더욱더 창조적인 결과물이 나온다. 이러한 창조적인 결과물을 전달하는 방식도 그냥 전달하는 것이 아니라 창조적인 분배 전달방법으로 해야 성공적이 되는 것이다. 그럴 때 기존에는 더욱 생각하지 못했던 측면의 부가가치가 만들어진다.

창조경제는 사람들이 부를 창출하기 위해 자신의 아이디어와 혁신을 활용하는 데에서 비롯한다. 창조경제는 어느 한 부분이 아니고 전 영역에 걸쳐서 일어난다. 농업에서 제조업, 정보통신, 과학기술 그리고 문화예술을 아우른다. 예컨대 자동차 공장에서는 자동차 모델을 디자인하는 사람들이 근무한다.[5] 그렇기 때문에 문화예술의 영역에서 나타난 창조경제의 개념은 이제 더 이상 유효하지 않은 상황이 되었다. 국제연합무역개발협의회(UNCTAD)는 창조경제의 핵심 안에 창조산업이 있다고 밝혔다.[6]

(2) 창조산업

창조산업(creative industries)은 창조경제보다는 좀 더 구체적이고 하위 범주에 속한다. 아이디어와 혁신 그리고 지적인 재산에서 경제적 행위를 하는 영역을 말한다. UNCTAD는 〈2010년 창조보고서〉를 통해 창조산업을 지적 자본과 창조성을 사용하여 서비스와 상품을 창조·생산·분배하는 과정이라고 말한다. 지식기반의 일련의 행동으로 구성되는데 이러한 지식 기반의 행동들은 예술에만 한정되는 것이 아니라 지적재산권이나 무역을 통해서 발생하는 수입을 일으키는 것은 잠재적으로 모두 포괄한다. 창조경제가 무형이나 유형의 모든 지적이고 예술적인 서비스로 이루어지는데 창조적인 콘텐츠와 경제적인 가치와 시장 물품을 모두 포함한다. 또한 예술작품과 서비스, 산업적 영역을 모두 가로지르며 존재한다. 이는 세계무역에서 매우 역동적인 영역으로 구성되고 있다.[7]

창조산업에서는 구체적으로 상품과 서비스를 만들어내는데, 그 영역은 예컨대 의학, 재정, 서비스, 공학, 과학, 방송, 소프트웨어, IT 등이 속한다.[8] 여기에서 구체적인 직업들이 나타나게 된다. 리처드 플로리다(Richard Florida)는 다음과 같은 두 가지 직업군이 있다고 말했다.

슈퍼 창조의 핵(Super-Creative Core)에는 컴퓨터와 수학적 직업(Computer and mathematical occupations), 건축과 공학적 직업(Architecture and engineering occupations), 라이프와 사회과학 직업(Life, physical and social science occupations), 교육과 훈련 직업(Education, training and library occupations), 예술과 디자인, 엔

UNCTAD definition of the creative industries
The creative industries:

- *are the cycles of creation, production and distribution of goods and services that use creativity and intellectual capital as primary inputs;*

- *constitute a set of knowledge-based activities, focused on but not limited to arts, potentially generating revenues from trade and intellectual property rights;*

- *comprise tangible products and intangible intellectual or artistic services with creative content, economic value and market objectives;*

- *stand at the crossroads of the artisan, services and industrial sectors; and*

- *constitute a new dynamic sector in world trade.*

〈그림 2〉 창조산업에 관한 UN의 정의

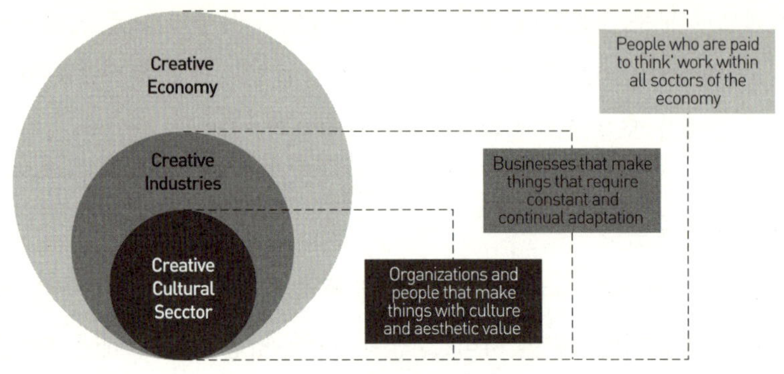

〈그림 3〉 창조경제와 창조산업[10]

터테인먼트, 스포츠, 미디어 직업(Arts, design, entertainment, sports and media occupations), 창조적 전문가(Creative Professionals) 등이 속한다.

그 다음으로 관리직업 영역(Management occupations)에는 비즈니스 파이낸싱 직업(Business and financial operations occupations), 법률전문가(Legal occupations), 의학과 공학적 전문가(Healthcare practitioners and technical occupations), 고급판매와 관리(High-end sales and sales management) 등이 있다.

창조문화산업(Creative Cultural Industries)을 따로 분리하여 보기도 한다. 이러한 견해에서는 창조산업보다 더 범위를 좁힌다. 문화예술적 표현이나 미학적 가치를 교환할 수 있는 상품의 형태로 만드는 산업이 창조문화산업이다. 문학(written media), 영화(the film industry), 방송(broadcasting), 음향과 음악(sound recording and music publishing), 공연(performing arts), 시각예술(visual arts), 조형(crafts), 건축(architecture), 사진(photography), 디자인(design), 광고(advertising), 박물관(museums), 전시(art galleries), 기록보관소(archives), 도서관 및 교육(libraries, and culture education) 등이다.[9]

한편 창조경제는 산업적 관점에서 살펴보면 단순히 기존 시장을 키우는 방식에서 벗어나 산업 간 융합의 터전 위에 새로운 시장과 일자

리를 만드는 개념으로 통용된다.[11)10]

　창조경제와 창조산업은 경제성장과 고용 그리고 세계화 시대에 국제 무역에서 중요한 요인이다.[12] 다만, 창조경제에 대해서는 해외에서도 많은 개념 정의상이나 정책연결에 걸쳐 논쟁들이 여전히 있다.[13]

　이러한 내용을 배경으로 정리해보면 다음과 같다. 경제(經濟, economy)는 재화와 서비스를 생산·분배·소비하는 활동은 물론 그런 활동에 직접 관련되는 질서와 행위들의 전체를 집합적으로 가리킨다. 산업은 생산하는 측면에 더 초점을 맞춘다. 산업(産業, industry)은 인간의 생계유지를 위해 필요한 생산활동이다. 여기에서 생산활동은 대개 물적 재화와 서비스의 생산 행위들을 말한다. 산업활동은 경제 발전을 이룬다. 생산이 많아지면 소비할 물건이 많아지고 수익이 늘어나며 분배할 이득이 증가하는 것을 의미한다. 이는 다시 생산 활동을 촉진하는 데 직간접적으로 활용된다.

　창조경제는 창조자산에 기초하고 그 핵심에 창조산업이 있다. 이는 문화산업과 같이 문화 자체에만 비롯하는 것이 아니다. 매우 다양한 영역이 문화와 예술을 매개로 하여 부가가치를 창출하는 산업과 경제 모델이기 때문이다. 문화산업과 창조산업이 다른 것은 문화가 우선이라면 창조산업은 비록 문화적인 영역이나 장르, 전통과 영감, 아이디어를 다룬다고 해도 창조적이어야 한다는 점을 강조한다. 이는 무조건 문화유산이기 때문에 산업과 경제의 가치를 갖는다는 소극적인 의미에서 벗어나는 것이다.

(3) 산업과 지식, 창조경제

무엇보다 먼저 산업경제와 지식경제 그리고 창조경제를 비교해볼 수 있다. 2008년 글로벌 금융위기가 닥치면서 '산업경제'(industrial economy)에서 '지식경제'(knowledge based economy)를 거쳐 '창조경제'(creative economy)로 진화하고 있다는 지적이 나왔다.[14]

산업경제의 경제동력은 노동이나 자연자원이었고 지식경제에서는 정보와 지식이었다. 창조경제에서는 상상력과 창의력이다. 중심산업은 산업경제에서는 중화학공업, 즉 자동차·철강·정유였고, 지식경제에서는 IT산업·반도체·정보통신이었다. 창조경제에서는 창조산업으로 문화, 서비스, 예술 분야가 있다. 핵심가치 측면에서 보면 산업경제에서는 물질의 풍요를 중요하게 생각했으며, 지식경제에서는 지식의 풍요가 중요했다. 창조경제에서는 멋지고 여유 있고 품격 있는 것을 중요하게 생각한다. 운영원리를 보면 산업경제에서는 대량생산을 위한 표준화가 중요했고, 지식경제에서는 상호 소통이 중요했다. 창조경제에서는 상호적인 협업을 통한 창조적인 과정과 결과물이 중요하다. 산업경제의 우선 덕목은 근면성으로 열심히 일하는 것이었다.

<표 1> 창조경제의 비교

구 분	산업경제	지식경제	창조경제
경제동력	노동, 자원	정보, 지식	상상력, 창의력
중심산업	중화학 공업 (자동차, 철강, 정유)	IT산업 (반도체, 정보통신)	창조산업 (문화, 서비스, 예술)
핵심가치	물질의 풍요	지식의 풍요	멋짐의 풍요
운영원리	표준성	상호성	집단지성
우선덕목	근면성	정보력	발상력
인재모델	모범생	모형생	모험생

지식경제에서는 열심히 일하는 것보다는 정보력을 얼마나 갖고 있거나 축적하는 것이 중요했다. 그러나 지식의 공유가 일반화되면서 정보력 자체는 한계에 도달했다. 창조경제에서는 근면이나 정보력보다는 발상을 얼마나 잘해내는가가 중요하다. 그것은 물론 창의적인 발상을 말하는 것이다.

이상적인 모델이 산업경제에서 모범생이었다면 지식경제에서는 모형(模型)생이었다. 즉 일정한 모형이나 모델을 찾아다니는 탐색형이었다. 여기에서는 최고의 대안을 찾아내기 위해 노력했다. 이는 자칫 모방이나 벤치마킹에 함몰되는 경향성을 강화시켰다. 창조경제에서는 세상에 나오지 않은 것을 만드는 것이기 때문에 일정한 모험이 필요하게 되었다. 따라서 인재는 모험에 나서서 적극적으로 관철해내는 사람이 중요하게 간주된다.

2007년 세계적 공연 '태양의 서커스' 마케팅 담당 부사장 리오 다미코는 한 강연에서 "창조성의 본질은 위험을 감수하는 것이다. 우리는 관객들의 지성과 감정을 마음에 두고 위험을 감수한다. 우리는 대부분 사람들이 사실은 아름다움과 서정성을 좋아한다는 것을 가정하고 새로운 시도를 해왔다."라고 말했다. 이러한 미학적 관점의 창조성은 문화예술을 넘어서서 전 분야에 해당된다. 그것은 단지 한량 같은 태도에서 나오지 않는다. 모험과 위험감수의 열매다.

모험은 실패이기도 하다. 미국 스탠퍼드대에서 10년 넘게 테크놀로지 벤처스 프로그램에 참여하며 창조성에 대해 강의하고 있는 티나 실리그 교수는 다음과 같이 말했다.

"실패는 데이터다. 실패한 경험을 기억하고 관리해야 한다. 젊은 시절 성공해본 사람보다 실패해본 사람들이 위기극복능력이 더 뛰어나다.

인재를 고용할 때 성공한 경력만큼이나 실패한 경력을 고려해야 한다. 인생에 실패가 없는 사람은 도전이 없던 사람이다. 한국의 젊은이들과 기업인들에게도 이 점을 꼭 강조하고 싶다."[15]

실패가 있어야 성공도 있다. 단지 실패가 직접 성공을 보장하지는 않는다. 그것을 바탕으로 분석하고 반면교사 삼아 새롭게 도전해야 성공이 가능하다. 물론 애초 그런 정신이 장려되는 시스템이 필요하다. 2007년 강연에서 리오 다미코도 "수개월 걸쳐서 했던 작업이 허사가 되는 경우도 많다. 그러나 그걸 두려워하지 않는다. 돈을 낭비했다고 생각하지 않는다. 우리는 결코 비용을 지출하는 걸 두려워하지 않는다. 위험을, 때로는 실패를 감수하는 것도 혁신 과정의 일부이다."라고 말했다. 또한 그는 그러한 행동이 결국 자신만을 위한 것이 아니라는 점을 말했다. "우리는 언제나 새로운 영역을 개척했다. 비록 그것이 우리 자신의 원형을 깨뜨리더라도. 우리 창조자들에게 전혀 생각 못한 꿈을 꾸고 그것을 실현할 자유를 주는 것이다. 그럼으로써 우리의 목적은 일상의 경계를 뛰어넘어 인류의 상상력과 가능성과 희망의 영역을 자유롭게 하는 것이다." 창조경제적 활동은 단지 돈을 버는 것만이 아니라 인류의 진보라는 원대한 비전에 따른 것이다. 상상하고 가능성과 희망에 도전하는 것은 결국 창조산업에서는 상품을 이용하는 이들이다. 자신의 작품세계에 빠져 있는 예술가는 다른 꿈이다. 창조적 노력을 알아주는 이들은 소비자이며 수용자이며 시민이다.

2011년 한국을 방문한 '태양의 서커스' 경영 책임자 대니얼 라마르는 "창조성을 두려워하지 않고 끊임없이 도전하면 관객들의 마음이 움직입니다. 관객들이 상상하는 것 이상의 공연을 선보이려면 도전에 대한 두려움을 없애야 합니다."라고 하였다. 또한 그는 반쯤 '미침'

(craziness)이 없다면 창의력의 한계를 깰 수 없다고 말했다. 그 미침은 나르시시스트처럼 자기애에 미친 것이 아니라 다른 사람들에게 부응하는 지적인 자산을 만들어 공유하는 데 미치는 것이다. 혼자만의 천재성이 아니라 사람들 속의 창조성이 더 중요한 이유다.

(4) 창조성과 창조경제

UNCTAD는 창조성이 발현되기 위해서는 각 분야의 창조성은 물론 여러 자본이 결집되어야 가능하다고 보았다. 미하이 칙센트미하이는 플로우 이론[16]을 통해 몰입을 강조하고 있다. 이는 개인적으로나 집단적으로 심지어 국가적으로 해당되는 것이며, 알버트 반두라의 자기 효능감은 창조성을 배가시킨다.[17] 집단적 효능감까지 연결됨으로써 그것은 지적인 자산을 만들어낸다. 그러나 창조는 누군가 받아들여주어야 하는 객체가 존재해야 주체가 성립할 수 있다. 미하이 칙센트미하이는 여기에 세 가지 영역 모델(사회, 개인, 문화)을 통해 사회적으로 용인을 해

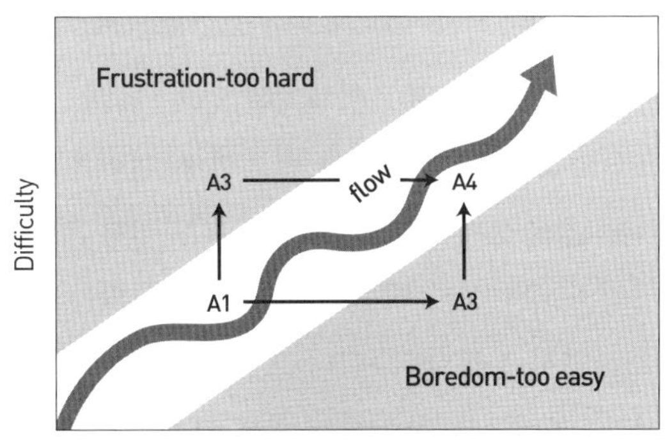

〈그림 4〉 창조경제는 Flow의 실현과 창조의 인정

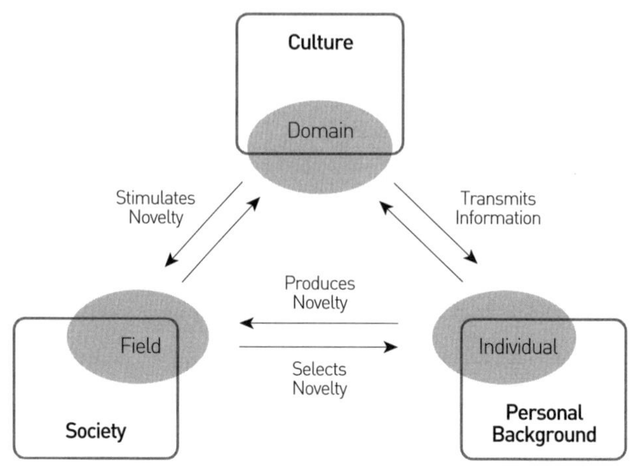

〈그림 5〉 창의성 체계 모델

주는 창조시스템과 관용 문화가 있어야 새로운 창조가 사회적으로 가능하다고 보았다. 아무리 개인이 창조적이어도 사회와 문화가 그것을 수용하지 않으면 헛된 것이 된다. 또한 좀 더 넓은 범위에서 다른 창조로 평가받는 미메시스[18]의 확장인 문화유전자 밈[19]이 적극적으로 사용될 때 창조적인 문화가 확산될 것이다.

창조경제와 창조산업에 관한 이론적인 논의들은 나름의 일정한 방향성을 가지고 논의되어왔다. 1990년 일본 노무라연구소에서 〈창조사회〉란 보고서를 선보였고, 1997년 제기된 영화, 음악, 패션, 디자인과 같은 문화창조산업을 중심으로 하는 국가발전 전략을 세웠던 영국의 창조경제 논의는 '창조경제'라는 용어로 2000년 8월 피터 코이가 비즈니스위크에 개인의 창의성과 아이디어가 핵심이 되는 새로운 경제체제 출현을 강조하면서 등장했다. 피터 드러커 경영대학원은 "신제품과 새로운 비즈니스, 콘텐츠를 창출하기 위해 지식재산권과 지식 노동자들에게 의존하는 산업들"이라고 했다.[20]

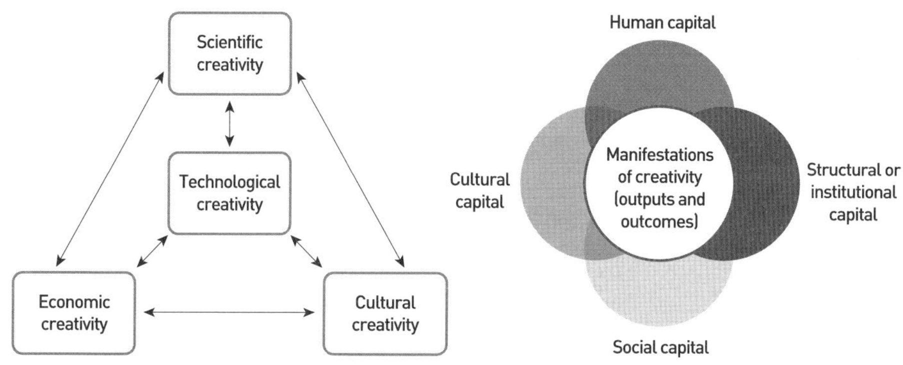

〈그림 6〉 창조경제를 위한 융합과 자본의 결합(UNCTAD)
자료: KEA European Affaris(2008: 42); *A Study on Creativity Index*, 2005.

이어 2001년 존 호킨스의 《창조경제론》으로 나아갔다. 여기에서는 주로 문화산업 영역의 관점에서 나름 확장하려는 창조경제론의 측면을 맹아적으로 선보인다. 대중적으로 창조경제론에 대한 환기를 시켰다. 리처드 플로리다는 《창조계급》이라는 책에서 창조계급과 창조도시의 관계를 통한 창조경제 현상을 분석했다. 창조도시에 대한 언급에서 찰스 랜드리가 강조하는 창조도시의 요건을 간과할 수는 없을 것이다. 중요한 것은 창조산업 안에서 자신의 아이디어나 기술, 재능을 가지고 지적자산과 재산권을 만들어내는 사람들이다. 현실적으로 그들이 겪게 되는 어려움이나 그들을 위한 갖가지 관리기법 혹은 실무적인 테크닉은 이러한 점에서 갈수록 더욱 부각되고 있다. 만약 창조경제를 창업과 벤처라는 관점에서 본다면 더욱 그러하다. 그런 점에 착안하여 일찍부터 분석해온 콜레트 헨리의 《창조산업과 기업가 정신》은 앞의 맥락에서 의미가 있다. 《도시의 승리》(*Triumph of the city*)에서 미국 하버드대 경제학과 교수 에드워드 글레이저는 도시 자체의 응집성이 창조성에 기반하고 있으며 그것을 자연스럽게 살려나가는 방향에 대해서 언

급한다. 또한 빌 게이츠는 자본주의 자체가 새로운 창조경제를 이루어
야 한다고 강조한다.

2) 존 호킨슨의 창조경제론

2001년 《창조경제》(*The Creative Economy*)에서 호킨스(John howkins)는 "창
의성은 반드시 경제적인 활동은 아니지만 경제적 가치나 거래 가능한
상품을 만들어낼 수도 있다."고 전제하고 창의성과 경제의 관계를 분
석했다. 창조경제에 대해 "원재료는 사람의 재능이다. 새롭고 독창적
인 아이디어로 경제적 자본과 상품을 창조하는 끼를 말한다."고 강조
하고, "가장 가치가 있는 통화는 돈이 아니라 만질 수도 없고 이동성이
강한 아이디어와 지식재산"이라고 했다. 그에게 창조경제는 기술·자
산·계약·관리·가격형성 등 가치사슬 자체가 모두 과거와는 달라진
아이디어가 지배하는 새로운 체제를 의미한다. 창조경제의 투입과 산
출, 시장가치는 토지, 대량고용, 자본보다는 아이디어를 기준으로 이
뤄진다. 또한 "자본보다 아이디어의 가치를 높게 둔다면 창조경제는
어느 곳, 어느 산업 분야에서나 가능하다"면서 "새로운 개념이 아니라
우리 주변에서 쉽게 찾을 수 있는 개념"이라며 특별한 무엇인가로 규
정하는 것에 대해서 거부감을 표시하기도 했다. 그는 문화예술 영역에
서 벗어나 전 산업의 영역에 걸쳐서 창조경제가 나타난다고 보았다.[21]

존 호킨스는 창조경제의 대표적인 사례로 나이키를 꼽았는데 "나이
키는 신발이 아니라 스타일과 참신함을 파는 기업", "제품을 만드는
데 들어간 가격이 아니라 제품에 담긴 아이디어를 파는 것이 창조경

제"라며, "창조경제는 어디까지나 방법에 대한 개념이고 결과물은 다양하게 구현될 수 있는 만큼 용어 자체에 매몰돼서는 안 된다"고 강조했다.[22] "창조경제는 새로운 아이디어, 즉 창의력으로 제조업, 서비스업 및 유통업, 엔터테인먼트 산업 등에 활력을 불어넣는 것"이라는 지적이다.

그는 창조경제(CE)는 창조생산품(creative product)의 거래(transaction)로 성립되기 때문에 'CE = CP × T'라고 했다. 창조생산품, 곧 창조상품과 창조서비스는 대부분 지식재산(intellectual property)에 해당한다. 호킨스는 지식재산으로 특허·상표·디자인·저작권 등 네 가지를 꼽았

〈표 2〉 호킨스의 세계 창조경제 시장 분류(2005)

(단위: 억 달러)

구분	세계	미국	영국	중국
건축	450	250	70	10
공연예술	500	130	30	50
공예	300	30	20	10
광고	550	220	160	10
미술	110	50	40	–
비디오 게임	210	70	40	50
산업디자인	1,400	490	230	40
소프트웨어	6,000	4,100	260	30
연구개발	6,760	3,300	420	170
영화	810	280	80	3
완구	590	220	60	30
음악	800	270	100	2
출판	6,050	1,260	440	100
TV/라디오	2,370	850	210	50
패션	160	50	20	4
총계	2조 7,060	1조 1,570	2,180	510

다. 4대 지식재산 산업으로 형성되는 창조산업은 건축 · 공연예술 · 공예 · 광고 · 미술 · 비디오게임 · 산업디자인 · 소프트웨어 · 연구개발 · 영화 · 완구 · 음악 · 출판 · TV/라디오 · 패션 등 15대 분야로 분류했다. 2005년 기준으로 시장이 큰 순서로 나열하면 연구개발(6,760억 달러), 출판(6,050억 달러), 소프트웨어(6,000억 달러), 텔레비전과 라디오방송(2,370억 달러), 산업디자인(1,400억 달러), 영화(810억 달러), 음악(800억 달러), 완구류(590억 달러), 광고(550억 달러), 공연예술(500억 달러), 건축(450억 달러), 공예(300억 달러), 비디오게임(210억 달러), 패션(160억 달러), 미술(110억 달러)이었다. 호킨슨의 창조경제론은 그 범위가 좁다.[23] 데이비드 헤스몬달프(David Hesmondhalgh)는 관광, 스포츠, 문화유산을 창조경제론의 범주에 넣었다.[24]

2001년 출간된 《창조경제》는 영화, 예술 등 문화산업에 집중하고 있었는데 실제로 창조경제에 대한 첫 아이디어는 예술 · 문화 · 대중매체 · 디자인 영역에서 시작된 것이 맞다고 그는 밝힌 바 있다. 그는 "사람들은 미(美)를 이해하는가", "사람들은 더 잘 이해하기를 원하는가", "사람들은 우아함과 스타일에 가치를 두는가"와 같은 고민들은 생산자는 물론 고객의 태도와 행동에도 변화를 불러일으키기 때문에 문화예술적 요인이 중요하다고 말한다. 예컨대, 스티브 잡스는 소프트웨어 기술만큼이나 서예와 타이포그래피에 대한 지식에 큰 가치를 두어 성공했지만 그렇다고 애플이 문화기업은 아니라고 했다.[25]

3) DCMS와 NESTA의 창조경제론: 크리에이티브 브리튼

영국의 경제를 회복시키기 위해서 전 대처 수상이 요구했던 것도 '창조적 산업'이었다. 창조적 산업 육성으로서 그녀가 강력하게 내각들에게 내놓았던 슬로건이 "디자인하지 않으면 사임하라"(Design or Resign)였다. 따라서 영국은 1980년대 후반부터 디자인 혁명에 앞장서며 '창조적 영국'을 견지했다.[26]

호주는 1994년 '크리에이티브 네이션'이라는 슬로건 아래 "문화정책도 경제 정책이다", "창조성이 새로운 경제에 적응하기 위한 능력을 결정 짓는다" 등을 외치며 새로운 경제성장을 위한 주요요소로 창조산업을 말했다.

이를 받은 영국은 1997년 노동부 집권 이후 창조경제 관련 정책을 계속 추진하고, 1998년 영국 정부의 '크리에이티브 브리튼'(창조 영국) 정책을 표방했다. 1998년 '창조 영국: 새로운 경제를 위한 새로운 재능'(Creative Britain:New Talents for the New Economy) 전략을 발표하고 8개 분야 26개 정책과제를 발표했다. 이는 UN 정책에 반영되었다. UN은 2008년과 2010년 〈창조경제 리포트〉를 발간했고, 유네스코, 세계지

〈그림 7〉 영국 창조경제의 상징과 주체

적재산권기구(WIPO) 등을 통해 확산되었다. 유네스코는 2002년 '창조 도시 네트워크'를 구축했다. 영국은 창조경제를 국가 이미지 제고와 국가경제 활성화를 위한 밑거름으로 삼기 위해 '개인의 창조성과 기술, 재능 등을 기반으로 지식재산을 생성·활용해 경제적 가치와 일자리 창출 잠재성이 있는 산업들로 구성된 경제체제'로 정의했다. 이를 바탕으로 1998년 문화·미디어·스포츠부를 설립했으며 2008년 고든 브라운 총리 체제 중심으로 영국의 창조경제 주도권 확보를 위한 '크리에이티브 브리튼'이라는 슬로건 아래 8개 부문 26개 정책 과제를 수행하고 있는 것이다.

영국은 초기 '창조산업'을 국가의 전략적인 산업으로 정하고 집중적으로 육성했다. 문화미디어체육부(DCMS)를 중심으로 출판, 방송, 음악, 공연, 디자인, 패션 등의 분야에 적극 투자했고 정부기관과 지방자치단체, 비영리 공공조직 등이 창조산업을 진작시키려 했다. 요컨대 영국 정부의 지원정책은 문화미디어체육부(DCMS)를 중심으로 진행되며 창조성과 산업을 접목한 고부가가치 산업으로 육성한다는 것의 취지를 견지하고 있다. 정부가 운영하는 '비즈니스 링크' 사이트를 통해 세금과 보험제도 등의 정보를 제공하며, 스킬셋(Skillset) 제도는 인적 자원에 대한 정보수집과 교육 제공을 목표로 삼고 있다.

무엇보다 영국은 문화산업을 창조산업으로 다시 정의했다. 영국이 문화산업을 창조산업으로 바꾼 것은 단순히 문화산업을 확장시키려 한 것만은 아니다. 즉 문화산업에 새로운 분야를 집어넣기 위한 전략이 아니었다. 또한 새로운 정치적 구호 차원에만 머물려 한 것도 아니었다는 것이다. 다르게 말하면 정권의 성과를 만들어내기 위한 포장만은 아니었다. 영국은 제조업의 한계에 봉착하였고, 문화산업을 제조업과 결합시키려 했다. 이는 문화산업을 확장하기보다는 연관 산업을 파생시키려는 노력이었다. 영국의 창조산업은 1997년부터 2006년까지 10년간 연평균 4%의 성장을 이루었고, 2007년 기준 국내총생산(GDP)의 6.4%, 전체 수출의 4.3%, 전체 고용인구의 7%를 차지했다. 9년 만에 GDP는 170% 증가했고, 일자리도 40만 개를 창출했다.[27] 물론 정책을 만드는 이들은 명분이나 실질적으로 치효가 뛰어난 것으로 마치 만병통치약인 것으로 인식하게 되었다.[28] 초기에 창조산업을 내세웠지만 문화산업과 비슷했다.

DCMS의 분류에는 필름(film), 텔레비전(television), 디자인(design), 고급 패션(high fashion), 출판(publishing), 건축(architecture), 시각공연예술(the visual and performing arts), 뉴미디어(new media)와 컴퓨터 게임(computer games), 그리고 광고(advertising) 등이 포함된다. 데이비드 스로스비(David Throsby)의 문화산업 확장의 창조산업 모델(Creative/cultural industries model)[29]에는 DCMS 모델(DCMS model), 상징텍스트 모델(Symbolic texts model), 동심원 모델(Concentric circles model), UIS 통상관련 모델(UIS Trade-related Model), WIPO 저작권 모델(WIPO Copyright Model), 미국예술 모델(Americans for the Arts model) 등이 유형화되어 있다.

상징텍스트 모델(Symbolic texts model)은 산업적 생산과 상징적 텍스트의 확산과 보급에 관심을 두는 산업들에 기반하고 있다.[30] 이 모델은 영국과 유럽의 비판 문화연구에서 기원하여 문화산업은 단순히 순수예술 분야가 아니라 상징적인 형태나 텍스트의 생산과 유통이고 중립적인, 즉 사회생태적인 측면에서 접근해야 한다고 본다. 영국 학자인 데이비드 헤스몬달프(David Hesmondhalgh, 1982)는 문화정책학적 관점에서 사회적 의미가 담긴 텍스트(text)를 창조적으로 생산되고 주로 미디어를 통해 수용자와 커뮤니케이션되는 영역이 바로 문화산업의 범주라 할 수 있다고 했다.

DCMS(Department for Culture, Media and Sport)는 문화, 미디어 및 스포츠에 대한 책임이 있는 영국 정부의 부처다. 이 모델은 국가 발전 전략의 하나로 세계경쟁력을 위해 창조와 혁신의 창조경제를 만들어야 한다고 본다. DCMS 모델은 사람들의 창조성과 솜씨, 재능 필수적인 활동들로 지적자산을 만들고, 이를 활용하여 일자리와 부를 창출하는 것이 가능한 산업을 창조경제라고 본다.[31]

동심원 모델(Concentric circles model)은 핵심적인 창조예술에서 소리와 이미지, 글자 속의 창조적 아이디어가 생성·확산되는 것에 관심을 둔다.[32] 다른 상품과 차별화된 특성을 지닌 상품의 문화적 가치를 강조하는 것이다. 창조적인 아이디어는 소리, 텍스트, 이미지를 형상하는 핵심 창조예술에 기반함을 전제한다. 창의적인 아이디어가 사운드, 텍스트 및 이미지의 형태로 핵심 창조예술에서 주변으로 확산하는 것을 중요하게 간주한다.[33] 핵심 창조예술(Core creative arts)에서 타 핵심 문화산업(Other core cultural industries)과 광범위 문화산업(Wider cultural industries)을 거쳐 연관산업(Related industries)으로 전이된다.

미국 예술 모델(Americans for the Arts model)은 예술 중심의 비즈니스 모델로, 예술의 생산 분배에 연관된 비즈니스에 바탕을 두고 있다.[34] 미국에서는 장르의 구분에서 층위를 두고 있지 않다는 점이 특징이다. 이는 영국의 DCMS 모델(DCMS model)과 같은 방식이다.

UIS 통상관련 모델(UIS trade-related model)은 문화 재화와 서비스가 국가 간의 무역에 관한 점을 중심에 둔다.[35] 다른 모델이 주로 한 경제체제나 국가에 한정된다면, 이 모델은 경제체제와 다른 경제체제 혹은 국가와 국가 간의 문화 재화와 서비스의 무역-수출입에 관련해 주목한다. WIPO 저작권 모델(WIPO Copyright Model)은 UN의 세계지적재산권기구(WIPO, the world intellectual property organization and the development agenda)가 주

〈표 3〉 각 모델의 비교

영국 DCMS model	Symbolic texts model	Concentric circles model	WIPO copyrighting model
광고	**핵심 문화산업**	**핵심 창조예술**	**핵심 저작권산업**
건축	광고	문학	광고
미술품 및 골동품	영화	음악	저작권 관리단체
공예	인터넷	공연예술	영화 · 비디오
디자인	음악	비주얼 아트	음악
패션	출판		공연예술
영화와 비디오	TV · 라디오	**기타 핵심 문화산업**	출판
음악	비디오 · 컴퓨터 게임	영화	소프트웨어
공연예술		박물관과 도서관	TV · 라디오
출판	**주변 문화산업**		비주얼 · 그래픽 아트
소프트웨어	창조적 예술	**광의 문화산업**	
TV · 라디오		문화유산	**상호의존적 저작권산업**
비디오 · 컴퓨터 게임	**경계 문화산업**	출판	레코딩 재료
	컴퓨터	음악 레코딩	가전제품
	패션	TV · 라디오	악기
	소프트웨어	비디오 · 컴퓨터 게임	종이
	스포츠		사진 · 사진장비
		관련 산업	
		광고	**부분 저작권산업**
		건축	건축
		디자인	의류 · 신발
		패션	디자인
			패션
			가사용품
			장난감

자료: UNCTAD 2010, p. 7.

안점을 두는 모델이다. 저작권물의 창출, 제조, 생산, 방송, 배급에 관해 직간접적으로 연관된 산업에 초점을 둔다. 지적재산권이라는 점에 연관되면 창조산업에 포함이 되는 것이다. 저작관의 관점에서 세 가지 층위에서 창조산업의 분야를 분류한다.

이러한 분류에는 문화산업에서 말하고 있는 '문화'보다는 '창조'적인 점을 더 강조하고 있다. 무엇보다 상호 간의 연관관계와 파급 효과에 더 초점을 맞추고 있다. 창조는 다른 범주와 영역의 융·복합에서 촉발되는 것이기 때문이다.

영국 사회·기술·예술국가기금(NESTA, The National Endowment for Science Te chnology and the Arts)은 1인 창업에 대한 지원은 혁신 프로그램 중에서 창조경제에 대한 지원 사업의 하나로 이뤄지는데 창업훈련, 멘토링, 자문·자금지원 등 창업단계별 맞춤지원을 한다. 또한 대학-지역기업-전문가협회 연계를 통한 지원사업의 효율성 제고를 추구한다. 지원 영역은 게임, 영화, 패션, 뉴미디어 등이 포함되어 있다. NESTA는 헬스케어·환경·ICT(정보통신기술) 분야에서 5,000만 파운드 규모의 벤처 투자까지 진행해 자체 수익을 올린다. 그들은 독특한 원칙을 만들었는데 그것은 바로 '필수불가결한 6%'(Vital 6%) 이론이다. 2002년에

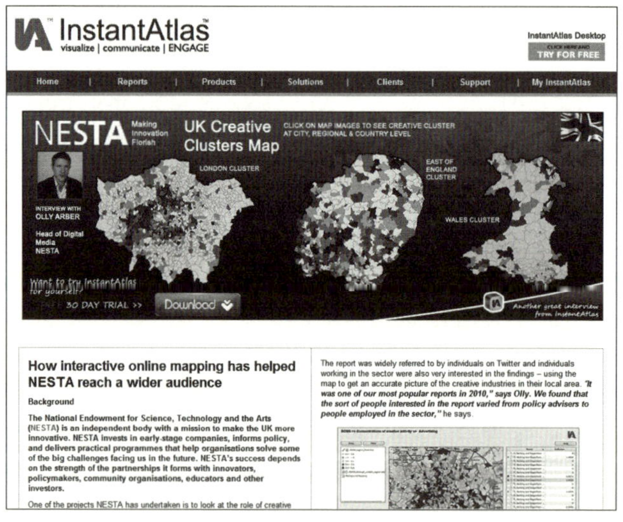

〈그림 8〉 영국에서 혁신과 창조를 일으킨 사회·기술·예술국가기금

서 2008년까지 신규기업은 6%였는데, 이 6%가 전체 50%의 수익을 올렸기 때문에 신규창업지원에 초점을 맞춘다.[36] 여기에서 신생기업들은 모두 중소기업들이다. NESTA의 주요 연구는 크게 세 분야에서 진행된다. 첫째 경제 성장, 둘째 창조적 기업, 셋째 공공 및 사회 등이다. 사회공공을 위해 창조기업을 지원하고 그것이 창조산업과 창조경제로 이어지게 한다.

NESTA는 2006년 보고서를 통해 DCMS의 보고서(2001)가 결함이 있다고 밝혔다. ① 정의가 너무 포괄적이어서 창조적이지 않은 영역까지 포함시켰는데, 이렇게 되면 통계수치가 왜곡되어버린다는 것이다. ② 규모와 역량이 아니라 장르와 범주로 구분하기 때문에 매주 막은 창조산업의 영역의 성장을 가로막는 결과를 낳을 수 있다. ③ 너무 기술적(記述的)이어서 양적인 결과로 활용하기에는 문제가 있다고 밝혔

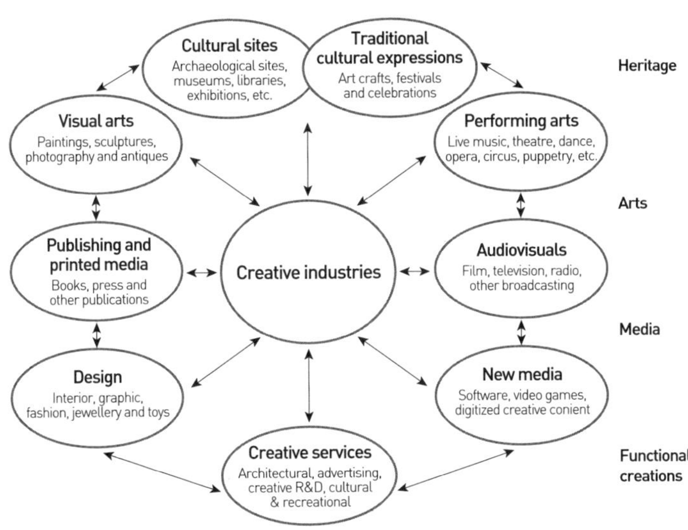

〈그림 9〉 NESTA의 네 가지 범주의 창조산업

자료: UNCTAD.

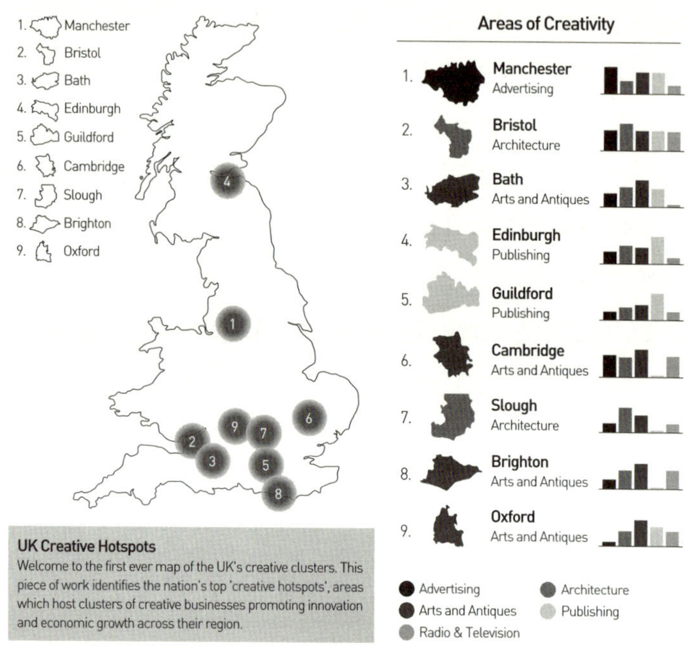

〈그림 10〉 영국의 창조경제 분포도

다.[37] NESTA는 다시 네 가지 핵심영역을 구분하였다. 첫 번째는 광고대행사, 건축설계사, 디자인 컨설턴트, 뉴미디어 에이전시와 같이 다른 기업들에게 지적자산이나 서비스를 제공하는 창조적인 서비스제공업자이다. 두 번째는 영화, 텔레비전, 패션, 디자이너, 출판업자와 같이 저작권이 보호되는 지적재산권을 생산하는 창조적 콘텐츠 생산업자이다. 세 번째는 연극, 오페라, 무용, 라이브 음악처럼 소비자들에게 특정한 경험을 판매하는 창조적인 체험공급자이다. 네 번째는 공예제작자, 영상 예술가, 디자인 제작자와 같이 창작품을 제작 또는 판매하는 창조적인 제작자이다.[38]

일부에서는 영국노동당의 창조경제론이 오래된 디지털 노동에 약

간의 라벨만 바꾼 것으로 비판하기도 한다(Garnham, 2005; Pratt, 2005).[39] 그
것은 다니엘 벨이 1973년에 이끌어낸 정보사회론에서 기인하는 것이
라고 본다. 다니엘 벨은 후기 자본주의 사회를 말하면서 지식경제를
주장했다. 창조경제라는 말을 쓰는 이들은 후기 지식산업경제의 단계
를 창조경제로 바꾸었다는 말이다. 따라서 그러한 창조경제를 둘러싼
정책은 copyright industries, intellectual property industries, knowledge
industries, information industries 등과 연관이 있고 그러한 연장선상에
있다는 것이다.[40]

다만 간함(Garnham, 2005)의 영국 노동당의 창조산업론을 논하면서 창
조경제는 정보사회 논리로 강화되었고 이는 다음 세대의 매우 긴 물결
의 경제개발을 이끌어내고 있다고 했다.[41]

영국 DCMS가 밝힌 창조산업에 대한 정의를 눈여겨 볼 필요가 있
다. 그들은 무엇보다 개인의 창의성, 기술과 재능에 바탕 지적재산권
의 발전과 개발을 통해 부와 일자리 창출에 대한 가능성을 가진 모든
산업을 말한다(DCMS, 2001).

4) UN의 창조경제론:
UNCTAD의 창조경제와 UNESCO 창조도시

(1) UNCTAD의 창조경제

2008년부터 세계 창조경제 보고서를 펴내는 유엔무역개발협의회
(UNCTAD)는 〈2008년 창조경제 보고서〉에서 창조경제를 소득과 일자

리를 창출하고 수출 증진을 촉진할 수 있으며 사회적 통합, 문화적 다양성, 인간 계발을 이룰 수 있다고 정의했다. 또한 창조경제는 기술, 지식재산, 관광산업이 상호작용하는 경제적·문화적·사회적 측면을 포함한다고 보았다. 창조경제는 개발 차원과 거시적·미시적 수준에서 각각 경제에 개입하는 지식기반의 경제적 활동이라고 기술했다. UNCTAD는 2010년 12월 〈2010년 창조경제 보고서〉(Creative Economy Report 2010)에서 창조경제는 지난 10여 년 동안 지속적으로 진화하고 있는 주관적 개념이라고 적었다. 적절하게 양육된 창조성으로 문화에 기운을 불어넣고 인간의 계발을 하며 일자리를 창출하고 혁신과 무역을 가능하게 한다. 그 가운데 사회적 통합과 문화적 다양성, 환경적 지속가능성을 이루는 것이 바로 창조경제라고 한다.[42]

UNCTAD 분류 창조산업에는 유산(Heritage), 예술, 미디어, 기능 작품 등이 있다. 유산에는 문화 영역으로 고고학적 유적지, 박물관, 도서관, 전시회 등이 있고 전통적인 문화적 표현에는 예술 및 공예, 축제 등이 있다. 예술에는 시각예술과 공연예술이 있다. 시각예술에는 회화, 조각, 사진 및 골동품 등이 있고 공연예술에는 라이브 음악, 연극, 무용, 오페라, 서커스, 인형극 등이 있다. 미디어에는 출판 및 인쇄 미디어가 있는데 서적, 언론 및 기타 간행물 등이 속한다. 또한 시청각 자료 범주에는 영화, 텔레비전, 라디오, 기타 방송 등이 있다. 기능 작품에는 디자인이 있고 여기에는 인테리어, 그래픽, 패션, 보석, 장난감 등이 있다. 뉴 미디어에는 소프트웨어, 비디오 게임, 디지털화 등 창조적인 콘텐츠가 있고, 창조적인 서비스에는 건축, 광고, 창조적 R&D, 문화 및 레크리에이션 등이 있다.

〈2010년 창조경제 보고서〉에 따르면 2008년과 2009년은 지난 70년 동안에 세계 경제가 가장 불황이었음에도 창조경제는 상승세를 유

UNCTAD definition of the creative economy

The "creative economy" is an evolving concept based on creative assets potentially generating economic growth and development.

- *It can foster income generation, job creation and export earnings while promoting social inclusion, cultural diversity and human development.*
- *It embraces economic, cultural and social aspects interacting with technology, intellectual property and tourism objectives.*
- *It is a set of knowledge-based economic activities with a development dimension and cross-cutting linkages at macro and micro levels to the overall economy.*
- *It is a feasible development option calling for innovative, multidisciplinary policy responses and interministerial action.*
- *At the heart of the creative economy are the creative industries.*

〈그림 11〉 UNCTAD의 창조경제 정의

지했다. 2008년 세계 무역은 12% 추락했지만 창조상품과 창조서비스의 세계 무역 시장은 꾸준히 성장해 5,920억 달러였다. 이로써 전체의 산업규모가 아니라 그 성장과 지속성이 중요하다는 점을 말해준다. 이는 2002년부터 2007년까지 6년간 연속해서 평균 14%의 연간 성장률이 유지되었기 때문이다. UNCTAD가 말하는 창조경제를 좀 더 살펴보면 다음과 같다.

창조경제는 수입 증대, 일자리 창출 그리고 외화를 획득할 수 있으며 추진하는 가운데 사회 결집, 문화적 다양성, 그리고 인간 계발을 할 수 있다. 기술과 지적자산 그리고 여행 대상물과 함께 상호작용하는 경제 · 문화 · 사회적 측면을 포함한다. 창조경제는 지식을 기반으로 한 경제적 행위들인데 이는 개발의 차원이나 연계의 측면에서 작건 크건 상관없이 전 분야에 걸쳐 연관된다.[43]

(2)UNESCO의 창조도시

유네스코(UNESCO, United Nations Educational, Scientific and Cultural Organization)
는 국제연합교육과학문화기구로 일찍부터 창조도시에 관심을 가져왔
다. 유네스코는 창조도시를 연결하는 작업을 해왔다. 이러한 도시들
은 경험과 아이디어 그리고 최고 실행력을 나눌 준비가 되어 있는데,
그러한 점들은 바로 문화적·사회적 그리고 경제적 개발을 위한 것이
다. 이러한 네트워크의 프로그램에 참여한 도시들은 그들의 역할을 최
대한 발휘하여 다른 도시들을 도울 수 있고 도움을 받을 수 있다. 특히
창조경제를 진행 중인 개발도상국들에게는 더욱 그렇다.[44]

유네스코는 일찍이 전 세계적으로 60개 정도의 도시가 창조도시라
고 불릴 만한 여건을 갖추고 있는 것으로 평가했다. 2004년 유네스코
는 이러한 도시들이 창조산업을 육성하고 있지만 성장 잠재력을 충분
히 활용하지 못하는 사례가 적지 않다고 간주하고 '유네스코 창조도시
네트워크'를 구축했다. 이 네트워크의 목적은 창조도시들이 창조산업
을 통해 지역사회 발전을 성취한 노하우, 경험, 실행 전략을 서로 공유
할 수 있게 하여 전 세계적으로 문화적 집단을 형성하는 데 있다. 유네
스코는 문학, 영화, 음악, 공예 및 민중예술, 디자인, 미디어 예술, 요
리법(gastronomy) 등 일곱 개 주제를 정하고 도시들은 이 중에서 한 분야
를 선택해서 집중적인 노력을 투입한다.

■7대 창조산업 분야 '유네스코 창조도시 네트워크' 명단(34개 도시)
　•문학: 에든버러(영국), 멜버른(호주), 더블린(아일랜드) 등 6개
　•영화: 시드니(호주), 브래드퍼드(영국) 등 2개
　•음악: 볼로냐(이탈리아), 글래스고(영국), 보고타(콜롬비아) 등 5개

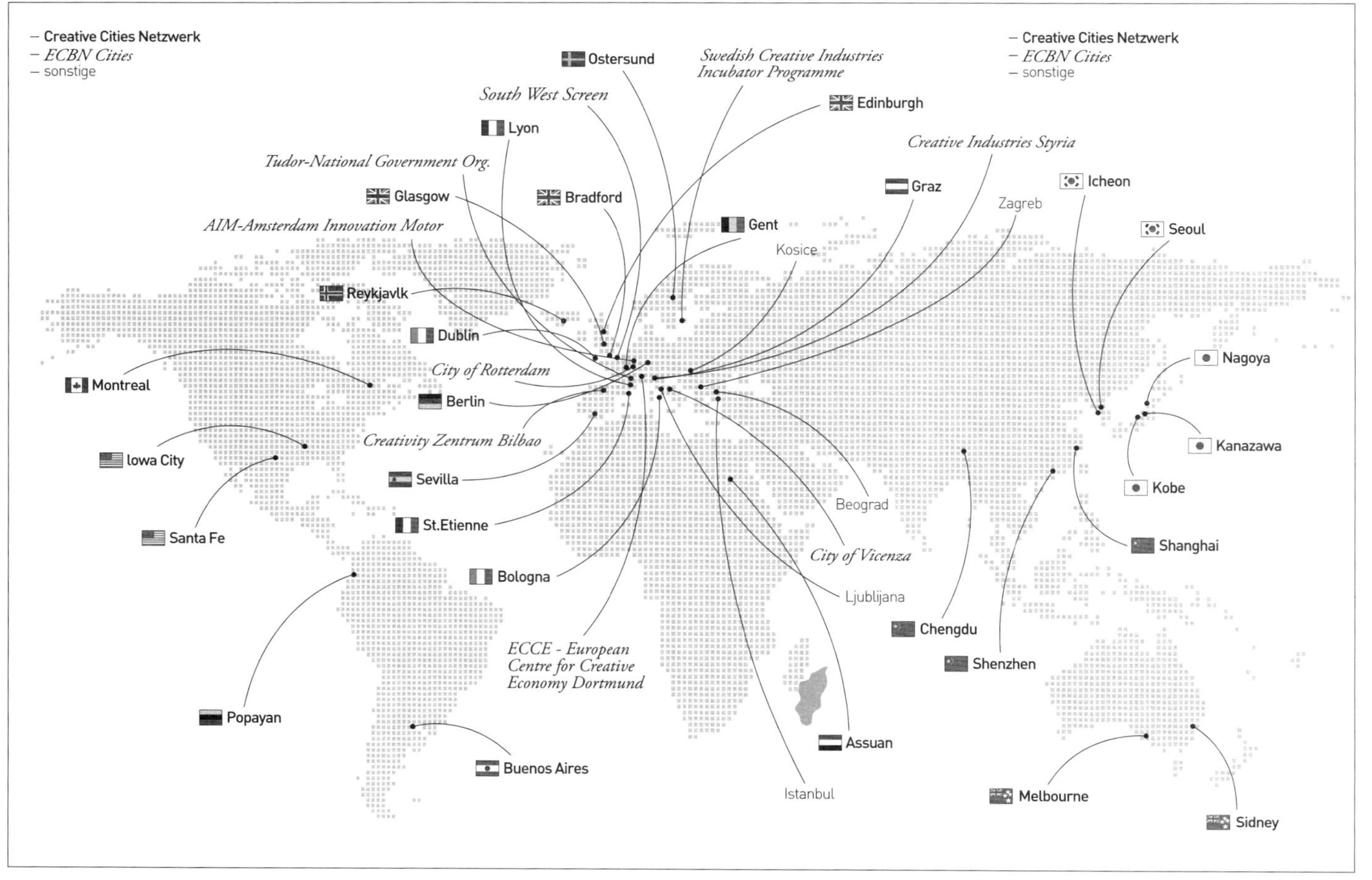

〈그림 12〉 유네스코 창조도시 분포도

- 공예 및 민중예술: 샌타페이(미국), 이천(한국), 가나자와(일본), 아스완(이집트), 항저우(중국) 등 5개
- 디자인: 부에노스아이레스(아르헨티나), 베를린(독일), 몬트리올(캐나다), 나고야, 고베(이상 일본), 선전, 상하이, 베이징(이상 중국), 서울(한국) 등 11개
- 미디어 예술: 리옹(프랑스) 1개
- 요리법: 포파얀(콜롬비아), 청두(중국), 전주(한국) 등 4개

5) 콜레트 헨리의 창조산업과 기업가 정신

콜레트 헨리는 그의 책 《창조산업과 기업가 정신》(*Entrepreneurship in the Creative Industry: An International Perspective*)에서 21세기 글로벌 경제에서 가장 중요한 산업으로 꼽히는 창조산업은 1990년대 이후 가장 빠르게 성장하는 산업이라고 했다. 여기에서 그는 창조산업은 지적재산을 일으키는 창조성에 바탕을 둔 모든 산업을 창조산업이라고 했다.

창조산업은 지적재산권의 창출과 활용에 초점을 맞춘 상호 의존적이고 지식 집약적인 일련의 산업 영역을 포함하고 있다. 미술·공예, 패션, 연극·영화, 공연예술, 광고, 건축·디자인, 출판, 방송 미디어와 음악뿐 아니라 소프트웨어 개발, 컴퓨터 서비스, 디지털 미디어, 커뮤니케이션 등이 이 영역에 속한다. 문화, 라이프스타일, 그리고 비영리 영역마저도 아우르는 창조산업의 영역은 매우 폭넓다.

창조산업은 경제에 미치는 영향도 크지만, 문화적 특수성이 반영되

는 특성을 갖는다. 경제적·문화적 차원에서 창조산업이 갖는 폭넓은 의미 등을 고려한다면, 창조산업이 왜 국제적 차원에서 흥미로운 연구 주제인지를 보다 분명히 알 수 있을 것이다.

–〈1장 서론〉 중에서

《창조산업과 기업가 정신》에 따르면 창조경제는 지식재산권의 창출과 활용에 초점을 맞춘 상호의존적이고 지식 집약적인 일련의 경제를 말한다. 소프트웨어 개발, 컴퓨터서비스, 디지털미디어, 커뮤니케이션, 문화, 라이프스타일, 비영리 영역도 창조경제의 영역이다. 끊임없는 혁신으로 성장을 주도하며 기업가치를 극대화하는 창조산업으로는 융합산업, 문화산업이 대표적이다. 창조경제는 경제에 미치는 영향도 크지만, 문화적 특수성이 반영되는 특성을 갖는다. 이로 인해 국제적 차원에서 경제적이면서도 사회적 의제로 다루기에 매우 효과적이어서 전 세계적으로 창조산업의 외연은 더욱 확대되고 있다. 유엔 창조경제 보고서에 따르면 창조기업은 세계 경제 침체에도 불구하고 급성장하고 있다. 지난 2000년 8,310억 달러(약 899조 9,730억 원) 규모이던 창조산업은 5년 만에 1조 3,000억 달러(약 1407조 9,000억 원)로 성장했다면서 그가 14개 국가의 창조산업을 연구한 것을 담은 목적은 창조산업과 기업가 정신에 관한 다양한 주제를 살펴, 창조적인 기업인과 기업을 지원하는 데 있었다. 콜레트 헨리는 실제 창조산업을 움직이는 기업가 정신을 실현할 때 겪게 되는 문제점이나 장애물을 지적하여 그것을 넘어설 수 있는 정보들을 제공하려 했다.[45]

《창조산업과 기업가 정신》은 홍콩, 일본, 한국, 싱가포르, 타이완에서 창조산업을 어떻게 정의하고, 측정하는지 알아본다. 또한 북유럽 5개국인 덴마크, 핀란드, 아이슬란드, 노르웨이, 스웨덴의 음악산업을 다룬다. 영국 창조산업의 발전 과정을 분석하고 창조산업의 기업가 정신이 성공적으로 발전한 사례로 아일랜드의 〈리버댄스〉를 정리했다. 뉴질랜드 영화산업에 주어지는 폭넓은 지원체계와 피터 잭슨의 사례를 통해 예술가가 성공하기 위해서는 재정이나 조직적 요소뿐만 아니라 상상력, 창조성, 혁신과 같은 핵심적인 특성이 필요하다는 것을 보여준다. 창조산업에 대한 투자를 방해하는 여러 가지 장애 요인을 살펴본 후, 이를 극복하기 위한 다양한 해결 방안을 제시한다. 또한 영국의 PACE(Performing Arts Creative Enterprise) 프로젝트 사례를 통해 기업가 정신을 어떻게 효과적으로 배양할 수 있는지 살펴본다. 창조산업이 러시아 경제에서 차지하는 중요성을 언급하고, 창조기업의 발전에 영향을 미치는 역사적·사회적 요인을 보고 창조산업에서 언어공학이 활용되는 다양한 사례를 보여준다. 불리한 여건에서도 핀란드가 언어공학 분야에서 성공을 거둘 수 있었던 이유를 두 개의 기업, 커넥터와 이미지토크의 사례를 통해 보여준다. 또한 창조산업과 지역 발전, 그리고 지식 이전에서 대학의 역할을 정리한다. 전반적으로 실제 창조기업을 만들어 운영하는 사람들이라든지 산업에 종사하는 리더들이 생각할 수 있는 범위에서 여러 분야가 토픽을 추적하고 있으며 창조경제와 창조산업의 강화과정에서 이러한 점이 더욱 확대되어야 한다.

헨리는 지금은 개인의 창조성과 역량이 사업적인 기술과 이루어야 할 때이고 미래에는 창조성과 힘께 재무적 관리, 마케팅, 협상과 프레젠테이션 기술과 같은 사업적인 역량이 반영되어야 한다는 주장을 강조한다.[46] 이러한 토픽들은 자영업의 형태로 일하는 창조자들에게는 매우 중요한 문제들이며 창조산업은 기업가 정신이 발현될 수 있는 매력적인 영역이라고 한다. 세계적인 수준의 창조기업을 개발하고 지원할 수 있는 일관성 있는 인프라를 포함해서 창조산업을 위한 정책적 접근을 다시 수집할 때가 지금이라고 강조한다. 이러한 인프라는 교육 부문에서 사업지원, 투자, 전문가 상담 수출과 국제무역 규정에 이르기까지 다양한 차원으로 구성될 것이다(NESTA, 2006: 44). 이러한 점들을 강조하는 것은 헨리가 창조기업가의 관점에서 창조산업을 분석하고 있다는 점을 알 수 있게 한다.

헨리는 기술은 틀림없이 창조산업의 하위 영역인 멀티미디어와 엔터테인먼트 분야의 성장을 가져올 것이라고 말하며 창조적 기업가들에게 새로운 기술들을 습득할 수 있도록 도와주는 교육의 역할이 중요하다고 말한다. 창조산업이 성장할 수 있도록 지원하는 문제는 정부에 많은 역할을 부여하며 창조산업은 국제적인 차원에서 특히 기업가 정신에 관한 흥미로운 주제를 제공한다고 보았다.[47]

6) 리처드 플로리다의 창조도시와 창조계급론

폴 레이와 셰리 앤더슨은 《세상을 바꾸는 문화 창조자들》에서 환경보호, 사회정의, 평화유지 등 사회문제에 적극적으로 참여하고, 동시에 개인적으로는 영적인 생활과 심리치료 등에 관심을 갖는 문화 창조적 집단의 등장을 말한 바 있다. 전 미국 인구의 32.3%, 유럽연합에서는 성인 인구의 약 35%, 일본에서도 약 30% 정도가 그에 해당한다고 말했다.[48] 이러한 사람들은 새로운 대안 문화(로하스)를 만드는 이들이고 당장의 경제적 부가가치와는 거리가 있다. 현재의 경제적 의미에서 창조자들에 대한 분석은 리처드 플로리다가 본격화했다.

《창조계급의 부상》(*The Rise of the Creative Class*)이라는 책에서 리처드 플로

리다(Richard Florida)는 현대사회의 주역은 창조계급(Creative Class)이라고 말한다. 창조계급을 '지식과 창의성을 발휘해 문제를 해결하고 새 가치를 만드는 창조적 활동을 통해 돈을 벌고, 자율성과 유연성을 지니며 일하는 사람들'[49]이라고 규정한다. 창조계급은 '도시를 중심으로 경제적·사회적·문화적 역동성을 창조하는 전문적·과학적·예술적 노동자 집단'이다. 복잡한 문제 해결, 독립적이고 합리적인 사고, 창의적 사고, 의사소통능력이 뛰어난 그들은 경제활동에서 창조성을 주는 역할을 하여 독자적인 위치를 가졌을 뿐만 아니라 사회의 지배적인 계급이라고 그는 정리했다. 한편 창조계급을 "유의미한 새로운 형태의 무언가를 창조하는 분야에 종사하고 있는 노동자 집단을 의미하며, 구체적으로 과학, 예술, 학문, 기술 등 모든 산업에서 창의적인 아이디어와 콘텐츠를 창출해서 경제기능을 담당하는 사람들이라고 정의하기도 했다.[50] 그는 창조계급은 예술가이건 과학자이건 기업가이건 창의성·개성·차별성·수월성을 소중히 여기는 창조적 기풍(ethos)을 공유해야 한다고 주장했다. 이인식은 창조계급의 가치는 개성·실력·다양성·개방성에 있다고 했다.[51] 그는 미국에서는 이미 전체 산업인구의 약 30%, 약 4,000만 명이 창조적 계급을 이루고 국가경제를 견인하는 세력이라고 말한다.

플로리다에 따르면 미국의 경우 창조계급은 1900년 10%에서 1950년 16.6%, 1980년 18.7%, 1991년 25.4%, 1999년 30.1%로 증가했다. 초창조계급(super-creative class) 역시 1900년 2.4%에서 1950년 4.4%, 1980년 8.2%, 1991년 9.2%, 1999년 11.7%로 늘었다. 두 계층을 합치면 미국의 창조산업 관련 종사자는 1900년 12.4%에서 1950년 21%, 1999년 41.8%였다. 21세기 초에 창조계급은 미국 노동자 전체 소득의 절반에 해당하는 1조 7,000억 달러를 수입으로 올

렸는데, 이는 제조 및 서비스 분야 근로자의 소득과 맞먹는 액수인 것
으로 추계되었다.

> "창조계급의 중심(핵)에는 과학, 공학, 건축, 디자인, 교육, 미술, 음
> 악, 엔터테인먼트에 종사하는 사람들이 있다. 그들의 경제적 기능은 새
> 로운 아이디어와 신기술, 새롭고 창의적인 콘텐츠를 창조하는 것이다.
> 이 핵심 집단 주변에서 비즈니스와 금융, 법률, 의료 및 이와 관련된 분
> 야에 종사하는 창조적 전문가들로 구성된 보다 광범위한 집단도 창조계
> 급에 해당된다."(p. 36)

거대 도시를 기반으로 한 창의력이 경쟁력의 핵심이 될 것이라고 주
장하며 창의력은 아티스트만이 아니라 기술자·건축가·서비스업 근
로자를 포함한 모든 영역에서 발생한다는 것이다.

리처드 플로리다는 제1차 경제공황 시기인 12살 때 아버지가 일하
는 뉴저지 안경공장을 견학한 적이 있는데 그곳에서 이 같은 영감을
얻었다고 밝혔다. 플로리다는 흑인·백인·라틴·아시안 등 수천 명
의 노동자들이 안경의 금속프레임을 만드는 모습을 목격했는데 그때
아버지가 다음과 같은 말을 했다고 한다.

> "여기 있는 모든 사람들이 공장부품과 같은 단순 노동력이 아니라 각
> 자 자기 고유의 영역에서 업무를 개선하려는 노력을 해왔기 때문에 공
> 장이 50년 이상 유지될 수 있었다."

아버지의 말을 통해 플로리다는 모든 영역에서 창조력을 발휘할 때
창조적인 전체 결과물이 가능하다는 것을 느꼈던 것이다.

여기에서 창조계급이 모여드는 주 무대로 '거대 지역'(mega region)이라는 개념을 들고 있는데 거대 지역은 서울·뉴욕·샌프란시스코·베이징·도쿄 등 전 세계의 40여 개의 도시가 서로 연결된 몇 개의 큰 지역을 말한다. 이러한 지역은 서로 연결되어 있으면서 발전하고 가장 많은 '혁신'을 만들어낸다는 것이다. 그는 샌프란시스코 일대의 인근 지역이 묶여서 탄생한 실리콘밸리를 가장 대표적인 사례로 들었다.

플로리다는 다른 책 《그레이트 리셋》에는 경제위기를 극복하기 위해서는 "상인이 아니라 건설자가 필요하다."고 주장했다. 월 스트리트처럼 수익성만으로 모든 것을 평가하는 시대는 더 이상 비전이 없다는 것이다. 새로운 가치를 담을 수 있는 거대한 재조정(Great reset)이 필요하고, 그 시작은 거대 지역을 통해 구현할 수 있다. 대도시 벨트인 메가 지역(Megaregions) 등에 대한 혁신도 필요하다고 보는데 예컨대 새로운 창조적 경제에 걸맞게 국민 전체의 타고난 재능을 계발하고 강화할 수 있는 특별한 학습법이 필요하다는 것이다. 거대한 리셋을 통해 다시 시작될 경제 성장은 새로운 아이디어 중심 경제에 걸맞은 새로운 경제 사회의 틀을 요구할 것이다."라고 강조했다.

그는 저술들을 통해 창조성을 경제적 원동력으로 하는 그들이 어떻게 자신의 일과 여가, 공동체를 변화를 이끌어내는지 살핀다. 예컨대, 칼라 없는 복장과 자유로운 시간관리, 다양한 여가활동, 자신의 가치관과 독자성이 주목받는 공동체 참여 등을 통해 일상을 변화시키고 있으며, 인종 및 성별의 차별 없이 다양한 분야의 창조성을 흡수해나가며 직장문화를 변화시키고 경직된 조직사회를 수평적 관계로 완화시키고 있다는 것이다. 이러한 변화들이 다른 계급과 기업 및 도시와 국가 경제에도 영향을 끼치고 있다며 미국 내 도시들의 창조성 지수와 하이테크 산업 지수를 비교하기도 한다. 〈뉴욕타임스〉는 이 책에 대해

"현대사회에서 창조라는 트렌드와 창조계급의 부상이 어떻게 우리의 일상과 직장, 공동체 등을 바꾸어 놓고 있는지를 극명하게 보여준 책"이라고 했다.

도시경제 발전을 이루는 창조도시가 되기 위해서 가장 중요한 요소는 창조계급의 사람들을 어떻게 끌어들일 것인가이다. 리처드 프롤리다가 미국 대학 졸업반과 MBA 2년차 졸업반 학생들에게 실시한 설문조사에 따르면, 직장 주거지를 선택할 때 가장 중요시하는 것은 바로 '다양성을 존중하는 곳'이었다. 이러한 측면은 문화의 다양성이 결국 창조계급을 불러 모으고 그들에게서 기존에는 없는 창조력을 발휘하게 만든다.

《도시와 창조계급》에서 그는 문화적 어메니티(amenity)를 강조한다. 그는 특정 지역에서 사람들에게 문화적인 만족감과 편리함, 쾌적함을 조성해주는 것이 필요하다고 본다. 창조성이 높은 인재들일수록, 자신이 누릴 수 있는 문화적 기회가 다양하고 풍요로운 곳에 친화감을 느끼면서 고도의 창조성을 발휘한다고 주장한다. 그는 한 도시가 성공하려면 창조계급의 라이프스타일에 맞는 환경을 제공해야 한다고 주장했는데 이러한 환경은 곧 그 도시가 가진 '장소의 품격'(quality of place)이라고 했다.

샌프란시스코, 보스턴, 워싱턴DC, 텍사스 주 오스틴, 시애틀 등 이런 미국 도시들의 공통점을 아느냐고 그는 묻는다. 이들 지역은 예술가, 음악가, 동성애자들이 많이 산다. 또 이른바 첨단기술산업들이 발전해 있다. 이런 첨단기술산업들이 주는 고용과 고임금의 기회와 삶의 질을 누리려는 고학력층 인재들이 많이 거주한다. 이들 지역은 저명한 지리경제학자 리처드 플로리다가 대표적으로 '창조도시'로 꼽는 미국의 도시들이다. 창조도시는 지난 20~30년 전부터 급속히 팽창하기 시작해 선진산업국가에서 지속적으로 고부가가치 일자리를 창출해내며 지속적 발전을 해나가는 도시를 말한다.

플로리다는 이런 창조 부문이 번창하는 창조도시가 되기 위한 요건으로 크게 3T를 든다. 여기서 3T는 기술(Technology), 재능을 가진 인재(Talent), 관용도(Tolerance)를 말한다. 이 3가지가 골고루 갖춰진 도시일수록 도시의 창조성이 높아진다는 것이다. 일반적으로 고부가가치 창조경제 시대에 걸맞게 기술과 인재가 있어야 한다는 것은 이해되지만 관용도는 잘 이해되지 않는다. 여기에서의 관용도는 매개변수이다. 관용은 여러 문화적·예술적 개방성과 생각과 가치관, 성적 취향 등의 다양성을 의미한다. 플로리다는 개방성과 다양성을 갖춘 지역일수록 재능을 가진 이들이 실험적인 아이디어들을 꽃 피우고 재능을 마음껏 발휘할 수 있다고 봤다.

무엇보다 그는 관용을 재는 척도로서 '게이 지수'(Gay Index)를 제시해 놀라게 했다. 게이, 즉 동성애자가 많이 사는 도시일수록 사회적 포용력이 많고 다양성이 높다고 했기 때문이다. 실제로 실리콘밸리가 있는 샌프란시스코는 미국 사회에서 1960년대 반전운동과 히피 문화의 본고장이고 동부와는 다른 혁신적 창조가 일어난 곳이기도 하다. 너그러운 도시가 창조경제가 번창하는 곳이 되는 셈이다.[52] 삼성반도체 공장이 있는 곳으로도 유명한 텍사스 오스틴이 대표적 사례다.

텍사스 주의 오스틴은 지난 20여 년간 미국에서 가장 성공적인 하이테크 산업 발전사례로 언급된다. 1984년 설립된 델컴퓨터 사의 성공에 힘입어, 오스틴은 미국에서 가장 뛰어난 컴퓨터 및 소프트웨어 개발 거점이 되었다. 오늘날 이 도시는 1,750개가 넘는 하이테크 기업들이 입지하고 있으며, 이 기업들에서 11만 명이 넘는 사람들(오스틴 전체 고용자 수의 20%)이 근무하고 있다. 하이테크 산업의 선도적 거점으로서, 오스틴은 지역에서 교육받은 지식 노동자 풀과 광범위한 레크리에이션 기회, 그리고 높은 삶의 질을 보유하고 있다. 이 도시 노동력의 교육 수준은 상당히 높다. (중략) 오스틴은 환경과 레크리에이션 어메니티(Amenity)를 지역경제 발전을 위한 초석으로 만든 대표적 도시다. (중략) 사실 오스틴은 라이브 음악과 얼터너티브 영화에 있어서는 미국 최고의 도시 가운데 하나로 유명하며, 암벽 등반, 활 사냥, 산악자전거 타기와 같은 야외 레크리에이션 활동과 더불어 다양한 야간활동을 즐길 수 있다. 이 도시는 경제, 레크리에이션, 환경 부문 모두에서 미국 최고의 도시 반열에 올라 있다. 〈포브스〉가 선정한 가장 사업하기 좋은 도시 1위, 〈포천〉이 선정한 하이테크 산업도시 1위, 〈POV 매거진〉이 선정한 붐타운 2위, 〈워킹 매거진〉이 선정한 가장 걷기 좋은 도시 5위, 그리고 〈바이시클링 매거진〉이 선정한 자전거 타기 좋은 도시 6위 등이 그것이다. (중략) 오스틴은 또한 라이프스타일과 삶의 질 문제에 노력을 기울였다. 이 도시는 고급 인재를 유치하고 보유하기 위해 레크리에이션 어메니티와 문화 어메니티 기반 조성을 위해 노력했다.

-《도시와 창조계급》, pp. 110-111.

그가 어메니티라는 개념을 어떠한 차원에서 사용하고 있는지 알 수가 있다. 결국 도시의 문화적 품격이나 환경적 쾌적함은 창조성의 배가와 연결된다는 점을 상기시킨다. 또한 창조적인 이들은 그들 자체의 경쟁력으로 그러한 조건의 공간으로 이동할 수 있는 경제적·사회적 권능을 갖고 있는 셈인 것이다. 그것은 전적으로 그의 창조성에서 기인한다고 보는 것이다. 그는 무엇보다 도시를 다시금 만들어야 하는 것에 관심이 많은데, 그 이유에 대해서 다음과 같이 말했다.

"지금 인류는 공황, 불경기, 경기침체 문제에만 골몰하는 대신 환경 재조정(reset)에 초점을 맞추어야 한다. 자본과 금융을 바탕으로 경제경쟁을 하던 시대는 지나갔고 사람의 창조력이 경쟁력인 사회가 도래하고 있는 것이다. 미래에는 창조 노동자가 경제의 50% 이상을 차지하는 구조를 만들어야 한다. 그런데 사람의 창조 능력을 끄집어내고 계발하는 역할은 기업이나 국가가 아닌 도시가 담당한다. 개개인이 살고 있는 도시야말로 각 개인의 생산성을 극대화시키기 때문에 어디에 살 것인가를 선택하는 일은 무엇보다 중요하다. 거주 장소는 직장, 연애, 결혼, 사회적 교류, 가족, 생활방식, 재산의 축적, 심리적 행복도 등에 있어 매우 큰 부분을 차지한다."[53]

어느 때보다 자본주의는 창조력을 요구하고 있고 이를 담당하는 것은 결국 사람일 수밖에 없다. 사람이 창조력을 발휘하게 하려면 그에 맞추어 그가 사는 공간을 잘 만들어 놓아야 한다. 예전의 산업화 시기처럼 인간을 기계와 구분 없이 거주시키는 공간에서는 결국 더 나은 창의력도 창조적인 결과물도 나오지 않게 된다.《후즈 유어 시티》에서 그는 "장소는 인재와 전문성에서 다양성을 낳고 이 다양성은 혁신의 핵심 자극제가 된다. … 도시는 그냥 커지는 것이 아니다. 도시는 다양한 모습으로 분화되었다."[54]라고 했다. 그는 거주지가 어떻게 경제에 영향을 미치는가를 다루고 있다. 경제적 이득이 다른 곳보다 특정지역에서만 늘어나는 이유를 밝히고, 능력과 재능 있는 사람들이 이주하는 현상과 주택시장의 등락의 동인을 분석한다. 또한 갤럽과 함께 2만 8,000명을 대상으로 실시한 '장소와 행복에 대한 조사'를 토대로 장소가 개인의 직업, 경제력, 인간관계, 웰빙에 큰 영향을 미친다는 점을 주장한다. 아울러 개인에게 맞는 최적의 장소를 찾는 기본 툴에 대한 정보를 통해, 장소의 중대한 역할과 개개인에게 적합한 장소를 선택하는 것이 행복하고 만족스런 삶을 위한 기회를 극대화하는 방법이라고 말한다. 오늘날의 핵심 경제요소들, 즉 재능, 혁신, 창의성은 세계의 경제 전반에 고루 분산되어 있지 않고 특정 지역에 집중되는 현상을 보이며 결국 오늘날 창조경제에서 경제 성장의 진정한 원천은 재능 있고 생산적인 사람들의 결집과 집중된 장소에 따른다고 주장한다.

앞으로 5~10년 안에 어느 곳이 부동산 투자의 적지가 될지 알고 싶은가? 2007년 〈비즈니스 위크〉에 "오늘은 보헤미안, 내일은 높은 임대료"(Bohemian Today, High-Rent Tomorrow)라는 도발적인 제목으로 실린 기사는 이렇게 묻고 있다. "예술가들이 지금 어디에 살고 있는가를 보라." 이 기사는 사회학자들과 정책입안자들이 오랫동안 예술가, 디자이너, 음악가, 저술가들이 도시의 개척자 — 지역경제에 자극을 주고 그 존재만으로도 거주지의 부동산 가치를 끌어올리는 경제의 만병통치약 — 로 생각해왔음을 지적한다.

젊은 층 인구를 한 번 상실한 곳들은 그들을 다시 되찾을 수 없다. 그 이유는 나이와 함께 이주가 둔화되기 때문이다. 경쟁에서 승리하는 장소, 도시들은 20대 중반의 청년들을 끌어들임으로써 일찌감치 우위를 차지하는 곳들이다. 이러한 장소들은 오래도록 이득을 본다. 젊은이들을 상실한 장소들이 다른 도시들을 따라잡는 것은 불가능하다. 독신자들이 살 만한 최상의 장소를 평가하고 그들이 정착할 곳을 찾는 일은 성장산업이 되었다.

결론적으로 플로리다 이론의 의의는 지역발전의 동인에 관한 논의

의 초점을 기업환경에서 인재환경으로 옮겼다는 데 있다. 창조산업의
주체인 이들은 삶의 질과 라이프스타일을 충족시키고, 그들의 창조성
(creativity)을 자극 및 강화시킬 수 있는 장소를 선호하며 그러한 장소로
적극적으로 이동하고 있다는 그의 말처럼, 창조인력이 특정 장소의 질
(quality)과 환경에 선호도를 보인다는 것은 도시 재활성화 전략에 중요
한 시사점을 준다. 창조인력이 선호하는 장소의 질과 특성을 파악하여
장소 개발(Place Making)에 적용한다면, 그들의 유입을 통해 도시의 경쟁
력을 높일 수 있을 것이라는 지적이다. 다만 그는 창조성을 바탕으로
일을 하고 있다면 누구나 '창조계급'이 될 수 있으며, 현대사회에서 창
조라는 트렌드와 창조계급의 부상이 특별한 새로운 계층의 등장이 아
니라 우리의 일상과 직장, 공동체를 바꾸는 작은 것들에서 시작할 수
있음을 강조한다. 그는 멋진 기업이 등장하고, 지역사회의 경제위기를
타개하려는 사람들에게 필요한 핵심덕목이 창조력이라고 했다. 그가
한 "1인 창조기업은 개개인의 창조성을 중요시하는 현대 경제 흐름에
부합하는 혁신적 아이디어입니다." 라는 말도 이러한 맥락 안에 있다.
캐나다 토론토대 리처드 플로리다 교수의 연구 결과에 따르면 한국의
'창조 지수'는 세계 38위다.

7) 찰스 랜드리의 창조도시 만들기

1978년부터 세계 45개국에서 200개의 도시전략 컨설팅을 수행한
찰스 랜드리(Charles Landry)는 '창조도시' 요인으로 유적 및 동시대 문화
시설의 풍부함, 국제적으로 네트워크를 형성해 최고들과 어깨를 나란

<그림 13> 찰스 랜드리의 '창조도시 만들기'

히 할 수 있는 능력, 발전의 본질적 부분으로서 디자인을 인식하는 능력, 사람들의 욕구를 이용할 수 있는 환경인식, 미디어를 통한 도시 상상작업에 대한 이해, 의사소통이 용이한 언어적 능력, 장애물 없는 상호교류 등을 들고 있다. 찰스 랜드리는 《크리에이티브 시티 메이킹》(*The Art of City-Making*, 2005)에서 잘못 이해된 창조도시에 대한 개념부터 바로잡는데, 그는 창조도시는 건축과 토목이 아니라 시민들의 문화적 잠재력에서 비롯할 수 있다고 본다. 그가 도시를 건설한다고 하지 않는 것은 도시를 건축과 토목적인 개념으로 보지 않기 때문이며 그렇기 때문에 그는 도시를 만든다고 한다. 즉, 도시창조를 주장하는 것이다. 그는 도시만의 색깔을 가지고 있어야 하며, 그것은 도시의 개성을 의미한다고 하였다.

"너무나 많은 도시들이 같은 모습과 같은 느낌을 가지고 있다. 너무나 많은 도시들이 추하고, 영혼이 없고, 그곳에 사는 사람들에게 영감을 주지 못한다. 너무나 많은 도시들이 그들의 독특한 문화적 차별성을 반영하지 못하고 있다. 많은 뭉치의 것들이 빠른 도시화에 순응하기 위해 생산되었다. 마치 공장들처럼 사람을 위한 집이기보다 창고 같은 빌딩들과 함께 도시들은 산업적인 느낌을 가지고 있다. 과잉으로 계획된 도로들이 도시를 지배하고 있다. 이들 도시들은 자동차를 위해 건설되었다. 도시의 건설자들은 사람들이 교감하고, 어울리고, 교류할 수 있는 조건들을 창조하는 소프트웨어에 대한 관심보다는 도시의 하드웨어에 높은 관심을 가지고 있었다.”
— 찰스 랜드리의 《크리에이티브 시티 메이킹》 한국어판 서문 중에서

랜드리가 보기에 너무나 많은 도시들이 똑같은 모습, 똑같은 느낌을 가지고 있어서 각 도시만의 독특한 문화적 차별성을 보여주지 못한다. 그렇기 때문에 두바이는 창조적인 도시가 아니라 전략적·자극적이라는 표현에 어울리는 도시라고 말한다. 흔히 창조적인 도시라고 하면 미국 뉴욕, 영국 런던, 호주 시드니, 스페인의 바르셀로나와 빌바오 등을 거론하지만 랜드리는 그런 세련된 도시뿐만 아니라 인도 델리의 빈민가 '고빈드푸리'도 창조적인 도시라고 말한다. '카사'라는 단체의 활동 때문인데 그 단체는 1988년에 창설해 '창조성과 모험 정신, 추진력을 되살려 슬럼가를 기회의 땅으로 만들자'는 목표 아래 54개가 넘는 공동체를 통해 사람들의 활동을 지원하고 있다. 랜드리가 생각하는 창조적인 도시는 시민의 활기를 북돋는 것은 물론 시민의 정체성을 이루게 하고 그 정체성을 확장시키는 도시, 시민들이 참여하고 응집해서 스스로 치유와 회복, 진화를 할 수 있는 도시를 말한다. 그가 말하는 '창조도시'는 시민들의 자주적·자발적·자생적인 창의성(창조성)이 필요하다. 그는 창조도시는 보는 사람에 따라 달라지고 창조도시를 처음 도출했을 때는 좀 더 넓은 개념이었는데 문화 역동성이 제대로 작

동하는 도시를 지칭했다고 밝혔다. 그는 다음과 같이 말하기도 했다.

"잘나가는 도시 그리고 성장하는 도시는 선대로부터 물려받은 유형적인 자산을 가진 곳이 아니다. 그 구성원들의 상상력이 풍부하고, 상상력을 생산적으로 활용하는 창조적인 시스템이 있으며, 그러한 시스템을 밀어주는 정치문화가 있는데도 발전하지 않은 곳은 없다."

그렇기 때문에 필요한 인재나 참여 전문가들의 폭은 넓어질 수밖에 없다. 건축가나 주택전문가뿐만 아니라 사회복지가, 기업인, 심리학자, 정보기술(IT) 전문가, 역사학자, 환경론자, 과학자, 예술가의 창조력이 요구된다고 말한다. 무엇보가 그가 강조하는 것은 창조도시의 새 경쟁력은 도시가 갖추게 될 문화의 깊이와 풍부함, 그리고 윤리적 가치 등이다. 사람들이 교감하고, 어울리고, 교류할 수 있는 도시가 다름 아닌 창조도시라는 것이다. 미래학자 호르크스도 디자인 도시를 말하면서 "디자인 도시를 만들 때 시민들의 참여를 계속 이끌어내는 것이 중요하다. 정책에 직접 참여하는 형태가 될 수도 있고 지붕이나 베란다에 정원을 꾸미는 방식이 될 수도 있다. 그런 것들도 모두 도시 디자인의 일부이기 때문이다." 라며 시민의 참여를 중요하게 주장했다.

찰스 랜드리는 세계 도시가 되려면 정치, 경제, 문화 이 세 가지가 고루 발전돼 있어야 한다며 세계 도시들을 계층화하면서 서울을 하위권인 3계층으로 꼽기도 했다. 1계층 세계 도시는 런던, 뉴욕, 도쿄, 2계층은 파리, 시카고, 로스앤젤레스, 홍콩, 상하이, 베이징, 싱가포르 등이다. 서울은 마드리드, 암스테르담, 토론토, 멜버른, 두바이 등과 함께 3계층에 선정됐다. 다만 호르크스는 "독일 베를린은 전쟁으로 전통 건물이 많이 파괴된 도시다. 서울과 비슷한 역사를 겪었다. 그런 점 때문에 오히려 창의적인 건축물이 더 많이 들어설 수 있었다."라고 조언했다.   찰스 랜드리가 말하는 '창조적인 도시 기획'(또는 도시 만들기)은 '제6장 도시는 살아 있는 예술작품이다'에서 말하듯이 바로 도시를 살아 있는 예술작품으로, 그리고 시민들이 참여하고 단결해서 도시의 변화를 이룩하는 곳으로 여기는 것이며 그리고 이를 위해 모든 영역의 사람들을 창조력을 동원하는 것이다. "도시가 발전하고 성장하기 위해서는 서로 다른 의견을 가진 사람들이 토론하고 협상하는 과정을 거쳐야 한다."고 말하는 것은 이러한 맥락에서 이해할 수 있다. 그의 개념에서 창조도시에서 가장 중요한 것은 사람이다.

Q: 창조도시의 지적 배경이 있다면?

A: 저는 역사와 정치, 경제를 공부했지만 문제를 보는 방법은 문화적입니다. 도시를 볼 때도 저는 도시 속의 사람을 보고 그들의 삶의 방식을 관찰합니다. 건물이나 도로가 아닙니다. 창조도시 컨설팅에서 가장 중요한 것은 시민들의 자신감입니다. 자신감이 있으면 문제 해결이 훨씬 쉬워집니다. 헬싱키만 해도 처음에 시민들은 도시가 어둡다고 생각했고 심리적으로 매우 위축돼 있었습니다. 여기서 발상의 전환을 가져왔습니다. 어둡다는 데서 빛을 생각해냈고 조명축제를 기획했습니다. 조명축제는 또다시 세계적인 조명 산업을 낳았습니다. 그 결과 헬싱키는 지금 세계에서 가장 밝은 도시가 됐습니다.

8) 에드워드 글레이저의 도시의 창조성론

　기원 전 6세기 아테네는 와인 · 올리브유 · 향신료 등을 거래하며 무역 중심지로 성장했고, 아테네는 무역을 통해 축적한 부를 바탕으로 페르시아군의 침공에 대항해 세력을 구축해 소아시아 국가 최고의 지성들이 몰려들었다. 결국 플라톤 · 소크라테스 등으로 대표되는 고대 서양철학의 중심지로 우뚝 섰던 것이다. 뉴욕은 보스턴을 제치고 영국의 식민지 가운데 가장 중요한 항구로 떠올랐는데 제2차 세계대전 후에는 전쟁으로 상처받은 유럽의 작가들과 화가들을 불러 모으며 지적 교류의 장(場)으로 부상했다. 아테네와 뉴욕의 공통점은 독립적 사상가와 예술가들이 자유롭게 아이디어를 교환하고 경쟁하고 협력하면서 혁신을 창조했다.

　《도시의 승리》(*Triumph of the city*)에서 이렇게 말하는 미국 하버드대 경제학과 교수 에드워드 글레이저는 도시 자체가 창조적 성과물을 만들어내는 공간이었다고 말한다. 그는 2006년 그의 책 《도시의 승리》의 국내 발간에 맞춰 한국을 방문한 자리에서 "사람은 반드시 도시에 살

<그림 14> 에드워드 글레이저와 '도시의 승리'

아야 합니다."라고 말했다. 그만큼 인간과 도시는 떼어놓을 수 없으며 창조적 결과물을 만들어내는 곳이기 때문이다. 공간학적으로 보았을 때 창조경제와 창조산업은 그에게 도시에서 일어나는 것이다.

그는 "고대 그리스 철학부터 현대의 페이스북까지 인류의 위대한 성과들이 이뤄진 곳은 모두 도시였습니다. 인적 자원의 집약지인 도시는 우리를 더욱 인간적이게 합니다."라고 했다. 그는 교육, 기술, 아이디어, 인재, 기업가 정신과 같은 인적 자본을 모여들게 하는 힘이야말로 도시와 국가의 번영은 물론, 인간의 행복에 중대한 영향을 미친다는 주장을 펼치고 있다.

그는 책에서 "도시의 인접성·친밀성·혼잡성은 인재와 기술·아이디어와 같은 인적 자원을 한곳에 끌어들임으로써 도시가 혁신의 중심지로 부상했으며, 이 점이야말로 성공하는 도시의 핵심 요인"이라고 한다. 아울러 "인구의 절반 이상이 도시에 거주하는 국가들의 경우 그렇지 않은 국가에 비해 소득 수준이 5배 이상 높고 영아 사망률은 3분의 1 수준에 그치는 것으로 조사됐다."고 자신의 주장을 입증했다. 그의 주장에서 중요한 것 가운데 우선 몇 가지 독특하게 다가오는데 우선 그는 사이버도시 같은 것은 별로 중요하게 생각하지 않는 듯싶다. 디지털 세상이 발달할수록 기존의 도시는 덜 중요할 것이라는 예측들을 보기 좋게 뒤엎어버리기 때문이다. 그는 "기술이 발달해 지구 반대편 사람과도 자유롭게 소통할 수 있는 시대가 왔지만 사람들은 여전히 도시로 몰리고 있고 도시는 어느 때보다 생기가 넘칩니다. 세계화와 기술의 발달로 도시의 중요성은 더욱 커졌습니다. 오늘날에는 지식과 아이디어, 혁신이 중요해졌는데 다른 사람과 부대끼면서 지식을 흡수할 수 있는 곳이 바로 도시이기 때문이죠."라고 말한 바 있다. 자유롭게 다른 사람들과 소통을 할 수 있을 만큼 교통이나 정보통신 기술이 발달했지만 여전히 사람들은 도시에 몰려든다. 이것은 어떻게 보면 사이버 세계의 한계를 지적하는 것이면서 인간의 근본적인 한계와 특성을 동시에 내포하고 있는 지적이기도 하다.

30년 전만 해도 전문가들은 기술 발달로 다양한 전자기기를 통한 상호교류가 가능해지면 직접 만나서 이뤄지는 대면접촉을 대체할 것이기 때문에, 그러한 대면접촉을 가능하게 해줬던 도시는 쓸모없게 될 것이라고 예상했다. 하지만 정반대로 진행되고 있다. 정보기술 때문에 도시는 훨씬 중요해지고 있다. 도시의 밀집성과 도시이기 때문에 더욱 활발한 대면접촉이 그 어느 때보다 중요해졌다. 지식은 갈수록 중요해지고, 세계는 더욱 복잡해졌기 때문이다. 아이디어가 복잡해지면서 이를 옮기는 과정에서 본래의 의미를 잃어버리기가 쉬워졌다. 반면 같은 공간에 있음으로 인해 발생하는 가치는 훨씬 커졌다. 인간은 주변에 스마트한 사람이 많을수록 자신도 더욱 똑똑해지는 사회적 동물이다. 스마트해진다는 것은 그 어느 때보다 중요해졌다.

인구 100만 명 이상 모여 사는 메트로폴리탄 지역에 거주하는 미국인은 다른 지역에 비해 평균 50% 이상 생산성이 높다. 노동자의 교육수준, 지적 능력(IQ)이 모두 특출나다. 그는 "도시는 다른 사람과 부대끼면서 지식을 흡수할 수 있는 곳"이라고 강조하는데, 인간은 직접 사람과 사람이 만날 때 그 만남 속에서 창조성이 더욱 발현되는 존재라는 점을 강조하는 그는 도시는 그 자체가 창조의 공간이고 도시가 복잡하고 거대할수록 그러한 창조성이 나올 가능성이 많아진다고 본다. 그는 도시 인구가 10% 많아지면 그 나라 1인당 GDP가 30% 높아진다고 했다. 도시는 인적 자원이 모여서 집적경제(economy of agglomeration)

의 생산성이 높다고 한다. 즉 그는 도시의 복잡성은 걱정할 게 아니라고 본다. 도시의 성장은 도시의 창조성 증가 때문이라는 것이다. 도시가 쇠퇴하는 것은 창조성이 없기 때문이다. 창조성이 없으면 창조산업도 없고 창조경제도 없다. 그렇기 때문에 거대 도시가 가지고 있는 문제들, 예컨대 빈곤의 발생은 도시가 성공하고 있다는 역설적인 결론에 도달하게 된다. 그는 책을 통해 도시의 밀집한 인구만이 부자건 가난뱅이건 모두가 즐기는 문화와 먹을거리를 제공하는 물질 기반을 분담할 수 있다고 말한다. 그는 "도시가 기회의 땅으로 부상하면서 가난한 이들을 끌어들이기 때문에 빈곤해 보이는 것이지만 도시 빈민은 시골 빈민과 비교했을 때 더 부유하고 더 위생적이며 더 많은 기회를 얻을 수 있다."고 한다. 같은 도시의 상위층과 비교하면 가난해 보이지만 도시의 인프라와 서비스를 이용하는 측면에서는 우월하다. 예컨대 전원 지역이 아무리 살기 좋아도 대형 병원에 가려면 한참을 가야 한다. 위급한 상황에서 도움을 받을 수 있는 곳은 도시다. 오히려 시골보다 대도시가 농산물 가격이 저렴하게 종합적으로 구비된다. 그는 "도시 때문에 사람들이 빈곤해지는 것이 아니라 도시가 빈곤한 사람들을 끌어모으는 것입니다. 도시의 빈곤 확대는 도시의 실패가 아니라 성공의 방증인 것이죠."라고 말하는가 하면 도시 때문에 오히려 환경오염이나 파괴가 적게 일어난다는 주장을 한다.

도시의 문제가 선신국이든 개발도상국이든 심각한 것은 맞는데(교통 체증, 주택 부족, 기반시설 노후, 폭발적인 인구 증가, 무력한 지방정부, 가난, 전염병 등등) 그의 책은 뜻밖에도 친환경적이 되고 싶다면 도시에서 살라고 권한다. 그는 '도시'하면 '자연'과는 반대 개념으로 여기기도 하는데 도시야말로 가장 친환경적인 시스템입니다. 사람들이 밀착해 살면서 이동의 필요성도 줄고, 집의 면적도 줄어 전체적인 에너지 소모도 줄어들기 때문입니다."라고 말한다. 나아가 대부분의 주민이 인근 대도시로 출퇴근하는 소위 '탄소 제로'의 전원마을보다 빽빽하게 들어선 건물 사이에서 일상 대소사를 걸어 다니며 해결하는 고밀도의 도심이 더 '그린'할 수 있다고 한다. 뉴욕 시의 1인당 에너지 사용량은 미국의 어떤 주보다도 적다. 반면 교외에서는 우유 한 병을 사려고 해도 자동차 시동을 걸어야 한다. 상대적으로 인구가 적은 미국 남부 도시는 뉴욕에 비해 가구당 휘발유 소비량이 75% 이상 많다. 캐나다 밴쿠버야말로 도시 설계 사례 가운데서도 보석 같은 존재이다. 근사한 풍광, 역동적인 경제, 풍부하고 활기찬 문화를 갖춘 밴쿠버는 지난 20년 동안 인구가 절반 이상 늘었는데 시민의 62%가 빽빽한 인구밀집지역에, 11%는 고층 건물 동네에 살지만 북미 서부 해안에서 가장 걷기 좋은 환경을 만들어 삶과 대기의 질을 높였다. 밴쿠버의 건축가들은 도로를 설계할 때 보행자, 자전거, 대중교통, 자동차의 순서로 생각했다. 지난 20년 동안 수만 명이 도심으로 이사해 왔지만 도로의 자동차 수는 줄었다. 보행자를 염두에 두고 설계하면 보행자가 늘어난다는 사실을 입증한 것이다. 밴쿠버 시내에는 전체를 아울러 공원이 조성되어 보행자나 자전거만의 고속도로가 있다. 출퇴근이든 쇼핑이든 웬만하면 모두 두 발로 해결할 수 있다. 새로 짓는 건물은 미국 녹색건축협의회의 에너지 환경 설계 리더십(LEED) 인증 제도에서 실버 등급 이상을 받아야 한다.

　나아가 그는 압도적으로 승리한 도시는 창조성이 높은 도시라고 한다. 즉 그는 "도시들 간의 경쟁에서 어느 한 도시가 압도적으로 승리했다고 해도 그리 걱정할 필요는 없습니다. 특히 경제적 생산성, 삶의 질 등 강점을 근간으로 한 공정한 승리라면 더욱 그렇죠. 다만 자연발생적인 성장이 아니라 공공부문에 의한 과도한 성장이라면 일부 분산하는 것도 방법이 될 수 있습니다."라고 말한다. 자연발생적으로 도시의 우위를 갖고 있는 것은 자연히 경쟁력이 높은 것이며 그 경쟁력은 당연히 창조성에 바탕을 두는 것이라고 본다. 도시의 성장을 인위적으로 규제해서는 안 된다는 입장인 것이다. 다만 그것이 자연스럽게 형성된 도시의 우위가 아니라면 문제가 있다고 지적한다. 그가 이렇게 도시의 창조성을 강조하고 낙관적으로 생각하는 것은 도시가 인간이 혼자 할 수 없는 일들을 할 수 있도록 하는 네트워크의 집합이라고 보기 때문이다. 그 안에서 모방하고 심지어 아이디어를 창조하는 것도 창조성과 연결된다고 본다. 그는 다음과 같이 지적한다.

"인간은 혼자일 때는 큰 힘을 낼 수 없지만 함께 힘을 합쳤을 때는 놀라운 성과를 이룰 수 있습니다. 이를 가능하게 하는 것이 바로 도시가 제공하는 인간들 간의 네트워크입니다. 인간들이 도시에 모여 살며 서로 배우고 아이디어를 훔치는 과정에서 인류의 위대한 성과는 더욱 늘어날 것입니다."

그는 또한 도시는 오랫동안 한 가지 똑똑한 아이디어가 다른 똑똑한 아이디어를 도출하는 지적 연쇄 폭발을 일으켜왔다고 말한다. 피렌체의 르네상스와 영국의 버밍엄과 맨체스터에서 일어난 산업혁명이 그런 폭발이었다는 것이다. 20세기 말 뉴욕에서 금융업이 성장한 것 역시 대도시가 불을 지핀 집단 지성의 빅뱅이라고 보았다. 인간이 모여 살면 혼자 살 때보다 더 나은 창조성이 나올 수 있는데 그것이 바로 도시가 갖고 있는 네트워크 때문이다. 만약 도시가 파편화되어 흩어져 있다면 도시의 창조성은 나올 수가 없다. "인간은 혼자일 때는 별 볼 일 없지만 함께 힘을 합치면 놀라운 성과를 낼 수 있습니다. 이것이 가능한 것이 도시가 제공하는 인간들 간의 연결망에서 비롯됩니다. 앞으로 이러한 기적은 점점 더 늘어날 것으로 봅니다. 그래서 인류에 미래에 대해 낙관적이고 긍정적일 수밖에 없습니다." 그래서인지 그는 "초고층 빌딩은 협업과 창의력을 높일 수 있고, 인적 교류를 활성화할 수 있다는 점에서 훌륭한 대안"이라고 했다. 그는 "도시는 옆으로 넓어지는 것보다는 위로 높아질수록 좋다"라고 주장한다. 여기에서 중요한 것은 초고층이 아니라 사람과 사람이 많이 만날 수 있는 기회의 공간이 많아진다는 것을 의미하는 것이다. 도시가 있는 한 그에게 디스토피아는 없는 것으로 보이고, 특히 창조도시가 있는 한 인류의 미래는 그에게 밝은 것이다. 창조도시는 이러한 네트워크를 잘 갖추거나 구축하고 있고 그 안의 개인들이 창조적인 활동을 할 수 있도록 기반을 마련해주는 노력은 어느 정도 필요하지만 그것이 지나치게 인위적으로 할당되고 지원된 것이라면 문제가 발생할 수 있기 때문에 조치가 필요하다는 입장인 것이다.

《도시의 승리》에서 그는 "인적 자본은 학교와 대학을 토대로 만들어진다."고 했다. 그는 인재를 유치하고 교육에 힘쓰는 도시는 번성하고, 빌딩과 인프라에 돈을 쏟아 붓는 도시는 망하고 만다고 했다. 이런 맥락에서 '작은 서점과 도서관은 창의적 도시 네트워크의 접점이 되어야 한다.'는 주장도 있을 법하다. 그리고 그는 "도시는 작지만 창의적인 기업이 살아 있을 때 번성한다. 거대한 기업들은 단기적으로 생산성이 높지만 역동적이고 새로운 아이디어를 창조하는 데에는 한계가 있다"라고 했다. 그는 단적으로 이렇게 비교한다. "한때 똑같이 제조업의 메카였지만 지금은 퇴락한 자동차 왕국 디트로이트와 금융ㆍ출판ㆍ문화의 도시로 변화해 세계의 중심으로 부활한 뉴욕을 비교하면 교육과 신기술이 도시의 흥망성쇠에 얼마나 지대한 영향을 끼치는지 분명히 알 수 있다." 그는 국가 또는 도시가 번영하기 위한 것으로 자연자원이 아니라 창조성을 든다. "19세기만 해도 한 국가의 성공 여부는 풍요로운 농지나 석탄 광산에서 나오는 원자재에 달려 있었지만 오늘날 경제적 성공은 국가 혹은 도시가 '얼마나 똑똑한가'에 달려 있다"라고 했다. 물론 자연자원도 중요하지만 그것이 이미 보장된 상황에서 요구되는 차별화된 무엇인가를 말할 때는 창조성이다. 글로벌 경제에서 그 자원들은 창조성이 담보될 때 언제든 공급될 수 있는 영역이 되어버렸다. 이와 같은 논의들은 결국 창조경제와 창조산업이 도시정책과 깊숙하게 관련이 되어 있음을 알 수 있게 한다.

9) 빌 게이츠의 창조자본주의와 창조경제

2013년 4월 빌 게이츠는 한국을 방문했고 청와대와 언론은 창조경제론에 대한 견해를 물었다. 그에게 창조경제론에 대한 견해를 물은 것은 그가 마이크로 소프트라는 세계적인 정보통신기술회사의 수장이었던 점도 있지만, 그가 과거에 한 다보스 포럼의 연설 때문이었다. 2008년 1월 24일, 스위스 도시 다보스에서는 세계경제포럼(WEF)

〈그림 15〉 빌 게이츠와 창조 자본주의 논쟁을 다룬 책

이 열리고 있었다. 부자들의 잔치라는 다보스포럼에 빌 게이츠는 다른 해와 마찬가지로 참가하고 있었다. 하지만 사람들은 빌 게이츠가 어떤 말을 할지 궁금했다. 6개월 뒤에 마이크로소프트 사에서 은퇴하기로 했기 때문에 다보스포럼에서 마지막 말을 남길 것으로 예측되었기 때문이다. 빌 게이츠는 다보스포럼에서 '창조 자본주의'(Creative Capitalism)를 이끌어냈다. 창조 자본주의라면 비창조의 자본주의 또한 있음을 의미한다.

> "순수 자본주의 체제에서는 사람들의 부가 증가하면 이들에게 돌아가는 금융적 인센티브도 증가한다. 사람들의 부가 줄어들면 금융적 인센티브도 영(零)이 될 때까지 줄어든다. 우리는 부유한 사람에게 돌아가는 자본주의의 혜택이 가난한 사람에게도 돌아갈 수 있게 하는 방법을 찾아야 한다."

빌 게이츠가 말하는 비창조의 자본주의는 순수 자본주의 체제이다. 그는 순수 자본주의에서는 부유한 사람들에게만 이익이 돌아간다는 점을 강조하고 있다. 그렇기 때문에 가난한 사람들에게 이익이 돌아가는 방법을 찾아야 한다고 본다. 중요한 것은 자본주의가 부자에게만 배려하는 것은 아니라는 점이다. 자본주의는 누구를 위한 시스템인가.

> "자본주의 정신은 자기 이익이 보다 광범위한 이익에 이바지할 수 있도록 만드는 능력에 있다. 혁신의 대가로 상당한 재정적 소득을 얻을 수 있는 가능성이 있기에 각계각층의 인재들이 다양한 발견에 나서고 있다. 자기 이익 추구를 중심으로 한 이런 시스템은 수십억의 삶을 향상시킨 위대한 혁신의 원인이 되었다. 하지만 이런 능력을 활용하여 모

든 사람이 그 혜택을 누리도록 하기 위해서 우리는 이 시스템을 재정비해야 한다. 제 생각에 인간의 본성에는 두 가지 위대한 힘이 있다. 자기 이익과 타인에 대한 관심이다. 자본주의는 유익하고 지속가능한 방식으로 자기 이익을 활용하지만, 오로지 지불 능력이 있는 사람들에게만 그 혜택을 준다."

자본주의는 바로 자기 이익을 추구하는 사람을 위해 움직인다. 자기 이익을 위해 혁신을 하게 되면 그것에서 부가 창출되기 때문에 사람들은 자신의 이익을 위해 다양한 혁신과 창조를 하게 된다. 그 결과 많은 이들의 삶을 향상시켰던 것이다. 하지만 그렇기 때문에 자기 이익을 위해서만 창조하는 이들을 위해 자본주의는 움직이고 가난한 이들은 더욱 가난해지는 일이 벌어지고 만다는 것이다. 그렇기 때문에 빌 게이츠는 그런 자본주의 시스템 재구축해야 한다고 주장한다. 돈이 많은 사람에게만 이익을 주는 것이 자본주의이기 때문이다. 그럼 도대체 어떻게 해야 한다는 것일까. 빌 게이츠는 창조적인 사람들과 기업이 나서야 한다고 주장한다.

"자선단체와 정부는 경제적 능력이 없는 사람들을 향해 우리의 관심이 집중될 수 있도록 도움을 주지만, 이들의 필요를 채우기 전에 자원은 비닥이 난다. 하지만 가난한 사람들이 신속하게 진보의 혜택을 누릴 수 있도록 하기 위해서는 지금보다 훨씬 나은 방식으로 창조적인 사람들과 기업을 활용할 수 있는 시스템이 필요하다."

정부나 자선단체는 이전에 가지고 있는 자원을 통해 그러한 가난한 이들을 도와주려고 하지만, 그것은 자원이 한정되어 있기 때문에 한계가 있을 수밖에 없다고 주장한다. 그들 자체가 창조하고 자원을 생산하지 않고 분배의 기능을 한다는 전제에 따른다는 지적이다. 그렇기 때문에 끊임없이 새로운 것을 만들어내는 이들, 즉 가용할 수 있는 원천을 만들어낼 수 있는 이들을 다른 방향으로 전환할 수 있는 시스템이 필요하다고 본다. 그럼 어떤 방향으로 전환을 해야 한다는 말인가.

"이러한 시스템은 두 가지 사명을 갖게 될 것입니다. 즉 이익을 창출하는 동시에 시장의 힘으로부터 충분한 혜택을 누리지 못하는 사람들의 삶을 개선하는 것이다. 이런 시스템이 지속적으로 유지되려면, 가능하면 언제든지 이익이라는 인센티브를 제공해야 한다."

개선된 시스템은 이익을 창출하도록 만드는 것은 여전히 유지하면서도 자본주의에서 이익을 누리지 못하는 사람들을 위한 개선에 초점을 맞추어야 한다고 주장한다. 물론 그렇다고 해서 의무감이나 사명이라는 측면에서 실현하는 것이 아니라 이익이라는 인센티브를 제공하는 시스템은 여전히 유효해야 한다고 본다. 예컨대, 가난한 사람들을 위해 기업이 노력한다면 그 기업의 인지도가 높아지고 그 인지도는 다시 이익으로 환원된다는 것이다. 그래서 빌 게이츠는 "저는 이 새로운 시스템을 창조 자본주의(creative capitalism)라고 부르고 싶습니다."라고 말했다. 그는 창조 자본주의란 "정부, 기업, 비영리단체가 협력하여 시장혜택의 범위를 확장함으로써 좀 더 많은 사람이 세계의 불평등을 완화하는 일을 하면서 이익을 창출하거나 인지도를 얻을 수 있는 방식입니다."라고 말한다. 이는 사실상 도덕과 윤리를 강조하는 것인데 시장주의자들 입장에서는 이에 대해서 부정적인 견해를 강력하게 갖고 있는 것이 당연한 일이다. 이를 의식한 듯 빌 게이츠는 다음과 같이 말하는

데 바로 순수 자본주의의 창시자인 애덤 스미스의 말을 인용한다.

"어떤 사람들은 '시장을 기반으로 한 사회적 변화'에 반대하며, 만일 우리가 감정과 자기 이익을 결합시킨다면 시장혜택은 확대되는 것이 아니라 축소될 것이라고 주장한다. 하지만 자본주의의 아버지이자 '국부론'의 저자로 사회에서 자기 이익의 가치를 굳게 믿었던 애덤 스미스는 자신의 첫 번째 저서에 다음과 같은 서문을 썼다. '아무리 이기적으로 보이는 사람이라도 그의 본성에는, 타인의 운명에 관심을 갖고 단지 타인의 행복을 보는 것 외에는 달리 얻을 것이 없어도 타인의 행복을 자기의 행복으로 삼게 하는 어떤 원리가 자리 잡고 있다.'"

찰스 다윈은 물론 그의 사상적 계보를 잇고 있는 진화심리학자들은 인간이 진화에 성공하고 만물의 영장이라는 타이틀을 얻게 된 것은 바로 도덕과 윤리 때문이라고 말한다. 그러한 점은 이미 아담 스미스가 〈국부론〉에서 이야기했다. 다만, 아담스미스는 지나친 도덕과 윤리가 아니라 현실적인 이익이 있어야 경제현상이 일어날수 있음을 강조했던 것이다. 하지만 애덤 스미스는 도덕과 윤리가 자본주의 시스템과 어떻게 연결되는지 구체적으로 분석 구조화하지 못했다. 마르크스는 아예 도덕적·윤리적으로 문제가 있기 때문에 자본주의를 해체하고 인간의 얼굴을 가지고 있는 공산주의의 지배를 제언했다. 하지만 공산주의와 사회주의는 개인은 물론 기업의 이익을 보장하지 못하여 인센티브를 통한 창조적 활동을 촉발·유지하지 못했다. 사회주의나 공산주의는 다른 사람들의 운명에 너무나 관심이 많고 간섭을 많이 하기 때문에 창조 자체를 위축시키고 만다. 하지만 자본주의는 너무 관심이 없어서 전체의 창조가 왜곡되고 만다.

"창조 자본주의는 타인의 운명에 관심을 가지며 이를 상호 도움이 되는 방식으로 우리 자신의 운명과 연결시킨, 자기 이익과 타인에 대한 관심이라는 하이브리드 엔진은 자기 이익이나 관심만으로 도달할 수 있는 것보다 훨씬 더 넓은 인간계층의 이익에 이바지한다. 이런 창조 자본주의는 이미 존재하고 있지만 아직 활용되고 있지 않은 시장을 발견하기 위해 비즈니스 전문지식을 개발도상국의 필요와 결합시킨다. 때로 시장의 힘은 개발도상국에서 영향력을 미치지 못한다. 그 이유는 수요가 없거나 자금이 부족해서가 아니라 이런 시장의 필요와 한계를 연구하는 데 충분한 시간을 할애하지 않기 때문이다."

빌 게이츠의 시각에서 인간계층에 이바지하는 것은 새로운 비즈니스의 영역, 시장을 발견하는 것이다. 결국에는 새로운 기업의 상품이나 서비스의 확장이 창조될 수 있는 것이 바로 타인 지향성 속에서 나온다는 점을 빌 게이츠는 지적하고 있는 것이다. 관심과 여력을 투입하면 그 시장은 충분히 창출된다고 본다. 그는 "이런 생각은 C. K. 프라할라드(C. K. Prahalad)의 저서인 《저소득층 시장을 공략하라》에 잘 담겨 있다고 주장했다. 특별한 창조를 통한 이익 동기 확장이라는 측면에서 여러 기업에 막대한 영향력을 끼쳤다는 것이다. 그렇다면 구체적으로 어떻게 기업들이 가난한 이들을 위한 비즈니스를 할 수 있다는 말일까. 빌 게이츠는 자신의 마이크로소프트 사가 어떻게 해왔는지 말하고 있다.

"우리가 끼친 가장 큰 영향력은 그저 무료 혹은 저렴한 소프트웨어를 제공하는 것이 아니라 기술을 통해 해결책을 창출하는 방법을 보여주는 것이다. 그리고 우리는 이런 전문지식을 더 많이 제공하기 위해 적극 노력하고 있다. 전 세계에 있는 우리의 제품 및 비즈니스 그룹과 인도의 연구소에 있는 뛰어난 인재들은 컴퓨팅을 보다 접근이 용이하고 저렴하게 만들 수 있는 제품, 테크놀로지, 비즈니스 모델을 만들기 위해 일하고 있다. 한 가지 예를 들면, 우리는 문맹자나 반문맹자가 최소한의 훈련이나 지원을 받고도 즉각적으로 PC를 사용할 수 있도록 비문자 방식 인터페이스(text-free interface)를 개발하고 있다. 또 다른 예를 들면, 우리는 무선 테크놀로지와 소프트웨어를 결합하여, 농어촌 지역에서 컴퓨팅 접근에 방해가 되는 높은 연결 비용 문제를 해결할 방법을 모색하고 있다. 우리는 가난한 사람들이 겪는 문제에 중점을 두고 생각하고 있으며, 가장 창조적인 사고방식을 가진 직원들에게 해결책을 내놓을 수 있도록 시간과 자원을 부여하고 있다."

우리는 무료로 그리고 저렴하게 소프트웨어를 제공하는 것이 가난한 이들을 위한 것이라고 생각하기 쉽다. 이러한 점은 다른 분야에서도 복지는 무료나 저렴함을 생각한다. 사람들이 용이하게 컴퓨팅을 하도록 만드는 것이 바로 중요하다는 것이다. 접근 비용을 낮추어 가난한 이들이 접근할 수 있도록 창조적인 아이디와 제품, 서비스를 만드는 것은 새로운 비즈니스의 영역을 창출하는 것이다. 기업에게는 새로운 이익을 주고, 가난한 이들은 필요한 상품과 서비스를 제공받을 수 있어야 한다. 이는 단순히 무료봉사를 정리하는 것과는 다른 측면인 것이다. 가난한 사람들을 위한 기술의 개발과 그것의 상품화는 비단 정보통신기술에만 한정되는 것은 아니다. 그렇기 때문에 빌 게이츠는 다양한 영역과 기업의 활동들을 소개하고 있다.

"글락소 스미스클라인같이 최고로 혁신적인 인력을 활용해 가난한 사람들을 도울 수 있는 새로운 방법을 연구하도록 하는 제약 회사가 많이 있습니다. 식품, 테크놀로지, 휴대전화 업계의 다른 회사들도 동일한 일을 하고 있습니다. 우리가 이런 분야의 지도자들을 모델로 삼고, 나머지 사람들이 이들과 대등한 위치에 서도록 한다면, 세상의 불평등과 맞서는 극적인 힘을 발휘할 수 있습니다.”

지금까지 빌 게이츠의 주장을 살펴보면 비창조적인 자본주의는 모두 기업 이익 쪽에 편중되어 있음을 알 수 있다. 물론 경제 주체들은 기업에만 한정되어 있는 것은 아니기 때문에 창조경제에서도 마찬가지다. 그렇기 때문에 “사업을 하든, 정부나 비영리 집단에 몸담고 있든 여기에 계신 모든 분에게 앞으로 창조적 자본주의 프로젝트에 참여하시라고 부탁드리고 싶습니다.”라고 말했다. 무엇보다 창조는 어느 날 갑자기 탄생하는 것도 아니며 그 맥락이 닿지 않으면 현실적인 설득력은 물론 실제적 유용성이 없을 수도 있다. 빌 게이츠는 전혀 새로운 것을 창조하라고 말하지 않는다.

“새로운 프로젝트일 필요는 없습니다. 기존 프로젝트를 바탕으로, 시장의 힘이 미치는 영역을 확대시킬 수 있는 곳을 살펴봄으로써 일이 진전되도록 도움을 주실 수 있습니다. 외국에 원조를 하거나 기부를 통해 세상을 변화시키고자 한다면, 시장의 힘이 가난한 사람들을 도우려는 노력을 뒷받침할 수 있는 방법도 함께 찾아주시지 않겠습니까?”

그가 보기에 재능 기부나 봉사로는 창조적인 결과, 더 근원적인 혁신을 할 수 없다는 것이다. 그가 여전히 믿는 것은 시장의 힘이다. 시장은 사람들이 요구하는 상품과 서비스를 공급하면 그것이 수요에 맞을 때 균형점을 찾는 것이다. 물론 이러한 점에 부합할 때, 창조한 이들이나 기업들에게 이익이 부여된다. 원조나 기부는 그 자체만으로는 창조를 촉발하는 것이 아니기 때문에 새로운 자원이나 부를 창출하는 것은 아니라는 것이다. 그러한 새로운 창조를 통해 부를 창출하는 집단은 기업이라고 말한다. 이런 점을 끝에서 다시 강조한다.

"저는 기업들이 가장 혁신적인 직원들의 시간 중 1%를 글로벌 경제에서 소외된 사람을 돕는 문제에 할애하는 것을 생각해보았으면 합니다. 이런 기여는 단순히 현금을 나눠주거나 직원들에게 자원봉사할 시간을 주는 것보다 훨씬 강력합니다. 이것은 여러분의 기업이 가장 잘할 수 있는 것을 집약적으로 활용하는 것입니다. 이것은 부유한 사람들의 삶을 향상시키는 두뇌집단을 모든 이의 삶을 향상시키는 일에 투입하기 때문에 창조적 자본주의의 위대한 형태라고 볼 수 있습니다."

창조경제에서 지속적으로 유지되어야 하는 것은 바로 개인들의 재능과 기술, 아이디어를 통해 지적자산을 이루고 그것을 재산권으로 보장받아 경제적 수익을 선순환시키는 것이다. 그것이 산업혁명을 가능하게 했던 것과 자본주의가 사회주의에 우위를 가질 수 있었던 점이다. 사실 자본이 사회적인 것인가 개인의 소유인 것인가가 핵심이 아니라 인간의 창조성을 끊임없이 발현하여 부와 자원을 누가 만들어내는 데 더 유리한가가 핵심이다. 창조경제는 기존의 방식보다는 더 높은 형태의 창조성을 부가하는 상품과 서비스를 요구하는 경제모델이라고 할 수 있다. 그렇기 때문에 문화예술적 코드가 적극 부각되기도 하는 것이다. 또한 상상력이나 미학적인 측면만이 아니라 인문주의가 강조된다. 여기에서 인문학을 강조하는 것이 아니라 인문주의를 부각하는 것인데 일반에게 필요한 것은 인문학이 아니라 인문정신, 즉 인간주의가 중요하기 때문이다. 기부나 원조를 하더라도 차라리 문화예술교육을 하거나 박물관, 미술관을 건축해주는 것이 더 나을 수 있다.

결론적으로 빌 게이츠의 창조자본주의는 결국 창조경제와 맞물려 있다. 창조적인 사람들과 기업들이 가난한 이들을 위한 상품과 서비스를 마련하는 데 기여하기 위해 창조성을 발휘하면 새로운 비즈니스와 부가 창출되어 하나의 창조경제를 이루기 때문이다. 동기부여와 이익을 통해 기업과 창조자들을 자연스럽게 유도하면 공동체의 이익도 증대된다. 이는 자칫 창조경제가 개인의 이익만을 우선할 수 있는 점을 보완할 수 있다. 그러나 빌 게이츠의 창조경제론은 비판을 받기도 한다. 뉴욕대학 교수 윌리엄 이스털리는 "기업들이 세계화로 만들어진 자본주의 피라미드에서 가장 밑바닥에 놓인 빈곤층을 모두 구할 수는 없다."고 했다. 일부에서는 빌 게이츠가 억만장자가 된 이후에야 자선활동을 시작하지 않았느냐는 냉소적인 반응도 있었다. 그의 견해가 모호하다면서 학자들 간에 창조자본주의에 대한 논란을 일으켰다. 하지만 기존의 자본주의 메커니즘을 수용하면서도 새로운 창조적 활동을 통해 빈곤과의 싸움에 나서야 한다는 주장은 의미가 있다. 그것은 정부가 해야 할 정책적 방향하고도 맞는다. 어떻게 보면 공기업적인 역할과 기능에서 창조경제를 만들내는 창조산업의 역할을 확인할 수 있기 때문이다. 기업과 정부 공공영역의 할 일이 무엇인지 생각할 수 있다. 가난한 이들을 위한 창업이나 비즈니스 행태에 대해서는 적극 정책적 지원을 검토할 수도 있을 것이다.

1. "창조산업 무역구조와 한국 · 영국 · 일본 경쟁력 비교", 〈코카포커스〉 2012-11호(통권 59호), p. 4.

2. "잡스 · 게이츠 · 저커버그 … 영재 기업인이 희망이다", 〈중앙SUNDAY〉, 2013년 2월 24일자.

3. [기고] 박광무, "문화콘텐츠로 창조경제시대 열자", 〈국민일보〉, 2013년 1월 7일 19면 3단.

4. [창조경제에서 길을 찾다] (2) "창조경제는 신문화", 〈전자신문〉, 2009년 3월 27일.

5. Creative economies are ones in which people are paid to think, where wealth creation is drive by ideas and innovation. The creative economy exists across all sectors of the economy ? including the 'old economy' of manufacturing and agriculture; for example, an industrial designer working in an automotive plant.

6. UNCTAD Creative economy reports 2010, p. 10.

7. UNCTAD Creative economy reports 2010, p. 7.

8. The creative industries are a subset of the larger concept of the creative industries. The latter encompasses a wide range of economic activity in which ideas, innovation and intellectual property are at the centre of value creation - science, engineering, medicine, financial services, etc.

9. http://mappingauthenticity.com/work/resources/concepts/creative-economy-strategies/

10. http://mappingauthenticity.com/work/resources/concepts/creative-economy-strategies/

11. [제4의 물결, 창조경제 혁명] 산업 · 정보혁명 넘어 창조사회가 대안, 〈한국경제〉, 2013년 3월 20일자, 1면 4단.

12. Peter Higgs, Stuart Cunningham, "Creative Industries Mapping: Where have we come from and where are we going?", *Creative Industries Journal*, 1(1), 2008, pp. 1-2; UNCTAD, "The creative economy report", Geneva/New York: UNCTAD/ UNDP, 2008.

13. Flew T. & Cunningham S. "Creative industries after the first decade of debate", Information Society, 26(2), 2010, pp. 113-123.

14. [창조경제에서 길을 찾다] ① "창의력이 힘이다", 〈전자신문〉, 2009년 3월 26일자.

15. "부족하고 쫓길 때 창조성 늘게 돼", 〈동아일보〉 2012년 9월 1일 A17면 4단.

16. Csíkszentmihályi Mihály, Flow: The Psychology of Optimal Experience, New York: Harper and Row, 1990, pp. 45-46, 59, 65, 88; Egbert, Joy, "A Study of Flow Theory in the Foreign Language Classroom", *The Modern Language Journal*, 87(4), 2003, pp. 499-510.

17. Bandura, A., "Self-efficacy: Toward a unifying theory of behavioral change", *Psychological Review*, 84, 1977, pp. 193-204; Bandura, A., *Social foundations of thought and action: A social cognitive theory*, Englewood Cliffs, NJ: Prentice Hall, 1986.

18. 유종호, 《서정적 진실을 찾아서》 15. 고전의 매혹, 민음사, 2001, p. 230; 정인서, "타자 인식과 감정성향에 따른 미메시스 행동에 관한 소론"(A Study on Mimesis according to the Others' Recognition and Affectivity), 《한국비즈니스리뷰》 제2권 1호(2009년 4월), pp. 249-266.

19. 리처드 도킨스, 《이기적 유전자》(제2판), Oxford University Press, 1989, p. 192; 수잔 블랙모어, 《밈》, Oxford [Oxfordshire]: Oxford University Press, 1999, pp. 288; 수전 블랙모어, 《문화를 창

조하는 새로운 복제자 밈》(*The meme machine*), 바다, 2010.

20. [테마진단] "창조경제를 잘 모르겠다고?", 〈매일경제〉, 2013년 4월 10일자 A39면.

21. 인터뷰 자료 참조: <http://www.wipo.int/sme/en/documents/cr_interview_howkins.html>.

22. "창조경제는 아이디어 파는 것 … 참신, 스타일의 나이키 대표적", 〈서울신문〉, 2013년 4월 1일자 1면.

23. Colette Henry & Anne de Bruin(Author, Editor), *Trepreneurship and the Creative Economy: Process, Practice and Policy*, Ed Elgar Pub (August 30, 2011), p. 1.

24. David Hesmondhalgh, The Cultural Industries Sage Publications Ltd, Second Edition edition (27 Mar 2007).

25. ['창조경제' 주창자 인터뷰] "새 아이디어 자체가 새 직업이 되는 사회 그게 창조적 생태계", 〈서울신문〉, 2013년 4월 1일자 3면.

26. 홍지연, 《아이의 영재성을 찾아주는 책읽기 방법》, 큰나, 2010, p. 182.

27. [리더스포럼] "창조경제의 핵심은 사람의 경쟁력이다", 〈전자신문〉, 2013년 4월 8일자.

28. Pratt, A. C., "Policy transfer and the field of the cultural and creative industries: learning from Europe?", Creative Economies, Creative Cities: Asian-European Perspectives. L. Kong & J. O'Connor. Heidelberg, Germany, Springer, 2009, pp. 9-23.

29. David Throsby, Modelling the Creative/Cultural Industries, Cultural Industries Seminar Network Seminar on "New Directions in Research: Substance, Method and Critique", held at Royal Society of Edinburgh, Scotland, 11-12 January 2007, pp. 1-8.

30. David Hesmondhalgh, The Cultural Industries, London: Sage, 2002.

31. UK Department of Culture, Media and Sport, The Creative Industries Mapping Document 2001, London: DCMS, 2001.

32. David Throsby, Economics and Culture, Cambridge:Cambridge University Press, 2001.

33. "창조산업 무역구조와 한국 · 영국 · 일본 경쟁력 비교", 〈코카포커스〉 2012-11호 (통권 59호), pp. 4-7.

34. Americans for the Arts, Creative Industries 2005; The Congressional Report, Washington DC: Americans for the Arts, 2005.

35. UNESCO Institute for Statistics, *International Flows of Selected Cultural Goods and Services 1994–2003: Defining and Capturing the Flows of Global Cultural Trade*, Montreal: UIS, 2005.

36. "6%의 창업기업이 신규 일자리 50% 창출", 〈내일신문〉, 2011년 12월 16일자 15면 4단.

37. NESTA 보고서, 2006, p. 53.

38. NESTA 보고서, 2006, pp. 54-55.

39. However, due to their associations with 'Old Labour' they were re-branded the 'creative industries' thereby linking them to the 'knowledge economy'.

40. Garnham N., "Concepts of culture? public policy and the cultural industries", Cultural studies,

1, 1987, pp. 23-37; Garnham N., "From cultural to creative industries: An analysis of the implications of the 'creative industries' approach to arts and media policy making in the United Kingdom," International Journal of Cultural Policy, 11, 2005, pp. 15-30; The latter notion draws upon the work of Bell, in particular his work on 'post-industrial society' which others have sought to restyle as 'the knowledge economy'. Details aside, this has positioned the creative economy as the cutting edge of the post-industrial knowledge economy: in other words as the 'new thing'... My central argument will be that we can only understand the use and policy impact of the term "creative industries" within the wider context of information society policy. For the use of the term "creative industries", as with related terms such as , serves a specific rhetorical purpose within policy discourse, 1973.

41.   in part reinforced by information society theories that suggest the creative industries are the leading edge of the next long-wave of economic development.

42.   Adequately nurtured, creativity fuels culture, infuses a human-centred development and constitutes the key ingredient for job creation, innovation and trade while contributing to social inclusion, cultural diversity and environmental sustainability. Creative Economy Report 2010.

43.   UNCTAD Creative economy reports 2010, p. 10.

44.   The Creative Cities Network connects cities who want to share experiences, ideas and best practices for cultural, social and economic development. Cities may apply to be endorsed by the Network and join the programme to ensure their continued role as centres of excellence and to support other cities, particularly those in developing countries, in nurturing their own creative economy.

45.   Gilbert Tan, J. BOOK REVIEW: "Entrepreneurship in the Creative Industry: An International Perspective", Edited by Colette Henry Cheltenham, UK: Edward Elgar, 2007. Enterprising Culture, 17, 2009, p. 381.

46.   Nicholas. C. Wilson, David Stokes, "Managing creativity and: The challenge for cultural entrepreneurs", *Journal of Small Business and Enterprise Development*, 12(3), 2005, p. 375 재인용. 헨리의 책, pp. 268-269.

47.   콜레트 헨리, 《창조산업과 기업가 정신》, 김광재·박종구 옮김, 한국문화관광연구원, 2010, pp. 269-270.

48.   폴 레이·셰리 루스 앤더슨 외, 《세상을 바꾸는 문화 창조자들》(*The cultural creatives: how 50 million people are changing the world*), 임정재 옮김, 한스컨텐츠, 2006, 1부 참조.

49.   리처드 플로리다, 《신창조계급: 우리 시대 무엇이 미래를 지배하는가》, 이길태 옮김, 전자신문사, 2011, 4장 창조계급: 새로운 경제 계급의 등장 / 창조계급은 누구인가; Florida R. L., *The rise of the creative class: and how it's transforming work, leisure, community and everyday life*, New York: Basic Books, 2002.

50.   "영어 통하는 국제도시에 인재 몰린다", 〈포커스신문사〉, 2010년 3월 12일자.

51.   "창의성·개성·차별성·수월성 떠받드는 기풍 공유하라", 〈중앙SUNDAY〉, 2013년 4월 7일자.

52.   [문화칼럼] "너그러운 사회가 창조도시의 근본", 〈매일신문〉, 2013년 3월 22일자.

53. "영어 통하는 국제도시에 인재 몰린다", 〈포커스신문사〉, 2010년 3월 12일자.

54. 리처드 플로리다, 《후즈 유어 시티》(*Who's your city?*), 박기복 · 신지희 옮김, 브렌즈, 2010 참조.

55. 리처드 폴로리다, 《후즈 유어 시티》, 박기복 · 신지희 옮김, 브렌즈, 2010 , p. 151.

56. 위의 책, p. 240.

57. 이철호, "창조계급과 창조자본: 리처드 플로리다 이론의 비판적 이해"(Creative Class and Creative Capital: Critical Understanding Richard Florida's Theory", 《세계지역연구논총》 제29권 1호, pp. 109-132.

58. 이지선, "창조인력의 유입을 위한 장소개발(Place Making) 전략 연구: 해외 창조산업 클러스터 사례를 중심으로", 이화여자대학교, 2009.

59. "1인 창조기업은 혁신 아이디어", 〈전자신문〉, 2009년 4월 9일자.

60. 찰스 랜드리, 《크리에이티브 시티 메이킹》, 한국어판 기획: 메타기획컨설팅, 도서출판 역사넷, 2009.

61. [문화칼럼] "창조도시란 무엇인가", 〈부산일보〉, 2011년 3월 22일자.

62. [지방시대] "'창조적 인재' 지역 스스로 길러야", 〈서울신문〉, 2008월 7월 8일자 재인용.

63. "디자인은 인재 모으는 핵심수단 … '디자인 경제'가 도시 이끌 것", 〈동아일보〉, 2010년 2월 24일자.

64. 위의 글.

65. 찰스 랜드리 인터뷰, "창조도시는 시민 창의력 · 적극적 실천이 좌우", 〈부산일보〉, 2007년 11월 24일자.

66. [Mega City] "도시경제학자 글레이저 하버드대 교수의 제언 … 도시 원동력은 창업과 똑똑한 인재", 〈매일경제〉, 2013년 4월 8일자.

67. [삶의 향기] "책 없는 거리", 〈중앙일보〉, 2012년 9월 4일자 36면.

68. Making Capitalism More Creative By Barbara Kiviat and Bill Gates more: <http://www.time.com/time/magazine/article/0,9171,1828417,00.html#ixzz2RHm8aT71>, Time(Jul, 31, 2008) 참조.

69. 빌 게이츠, "빈민 돕는 '창조적 자본주의' 모색", 〈국민일보〉, 2008년 1월 25일자.

70. 마이클 킨슬리, 《빌 게이츠의 창조적 자본주의》, 김지연 옮김, 이콘, 2011 참조.

제 2 부
창조경제의 기본 원리와 확장

1. 창조경제의 기초 동력:
강대국과 지적 권리의 지속화

영국의 창조경제에서는 개인의 솜씨와 재능을 활용하여 지적재산을 설정하고 이를 통해 일자리와 부의 창출을 기하는 것이 중요하다고 지적했다. 다시 한 번 반복하는 것은 여기에 영국이 추구하는 창조경제의 지향점이 있을 뿐만 아니라 창조경제의 본질적인 특징이 담겨 있기 때문이다. 이는 무엇을 의미하는가. 개인들은 누구나 자신의 창조성을 가지고 지적 창조물을 만들고 이를 통해 지적재산권을 보장받아야 한다. 이것이 잘 이루어질 때 사람들은 부를 창출할 수 있고 일자리가 늘어날 수 있다.

창조산업이나 창조경제는 비단 대기업이나 산업체에만 초점이 맞추어지는 것은 아니다. 출발은 개인이며 그것은 다시 개인들에게로 돌아와야 할 숙명을 가지고 있다. 각 개인은 누구나 자신의 아이디어나 창출 산물로 기업이나 나아가 그룹을 만들 수 있는 잠재성이 있으며 이는 제도적 · 정책적 · 법적으로 보장되거나 지지되어야 한다.

중국 문화대혁명 당시 마오쩌둥은 "먼저 파괴하라. 그러면 건설은 따라올 것이다."라고 했다. 그러나 그 결과는 참혹했는데, 슘페터의 창조적 파괴를 거꾸로 실행한 탓이었다. 조지프 슘페터는 《경기순환론》

에서 "혁신이 없으면 기업가도 없다. 기업가적 성취가 없으면 자본가의 이윤도, 추진력도 없다. 산업혁명, 곧 혁신의 기류는 자본주의가 살아남을 수 있는 유일한 요소였다."라고 했다. 혁신은 바로 새로운 기술이며 지적자산(Intellectual Property)의 형성을 말한다.

창조경제는 지적재산권의 창출과 활용에 초점을 맞춘 일련의 산업영역을 포함한다. 지식 집약적인 일련의 경제라고 말했다. 지적 재산권을 중요시하는 미술, 패션, 영화, 공연예술, 음악, 출판, 미디어 등은 물론 라이프스타일도 포함된다.

2001년 《창조경제》에서 호킨스는 창조경제(CE)가 창조생산품(Creative Product)의 거래(Transaction)로 이뤄지기 때문에 'CE = CP × T'라고 한다. 창조생산품, 곧 창조상품과 창조서비스는 대부분 지식재산(intellectual property)에 해당한다. 지식재산은 특허, 실용신안, 상표, 디자인 같은 산업재산권과 저작권을 통틀어 일컫는 용어다. 요컨대 지적재산이 창조산업과 창조경제의 핵심이다. 특허(patent)나 저작권(copyright)은 지식 생산을 장려할 목적으로 창안물에 대한 배타적 독점권을 일정 기간 보장하는 지식재산권이다. 미국이 창조경제 시장의 절대적 강자가 된 이유는 지적재산 강국이기 때문이다. 2004년 지식재산이 미국 총생산의 45%를 점유했다. 창조산업이 다른 어떤 분야보다 미국 경제에 크게 기여하고 있다. 지식재산이 기업의 경쟁력을 좌우하는 창조경제에 따라 세계 각국은 국가 생존 차원에서 지식재산 정책을 강화했다. 미국은 백악관에 지식재산 집행 조정관을 두었으며 제조업 강국인 일본은 2002년 총리가 지식재산 입국을 천명했다. 2008년 중국은 2020년까지 최고 수준의 지식재산 국가 건설을 겨냥하는 전략을 수립하고 2009년 3월 제11차 전국인민대표대회에서 지식재산 전략을 국가 발전의 3대 전략으로 공표했다.

게이츠, 잡스, 브린, 저커버그는 공통적으로 창의력이 뛰어난 발명 영재들이다. 발명 영재를 조기에 발굴하여 영재 기업인으로 육성해 성과를 거둔 대표적인 사례는 미국 '매사추세츠공대 기업가정신센터'(MIT Entrepreneurship Center)이다. 이곳에서는 MIT 학생들에게 소규모 첨단기술 기업을 창업하는 데 필요한 마음가짐과 핵심 역량을 가르친다. 그들은 반드시 특허등록으로 자신의 아이디어 권리를 보장받으려 한다. 그것은 사업화와 글로벌 기업을 위한 핵심이자 기초 전제조건이다. MIT 출신은 해마다 수백 개의 발명특허를 내서 여러 개의 새로운 회사를 창업한다. 창조경제 사회에서 중요한 것은 지식재산권에 대한 올바른 이해다.

"특별한 예외를 제외한 모든 경우에 국가적 번영이란 물적 대상이나 천연자원의 문제가 아니다. 오히려 그것은 제도, 즉, 인간의 사고·상호작용·사업활동의 틀에 관한 문제다."

《부의 탄생》에서 윌리엄 번스타인이 한 말이다. 번스타인은 '재산권'의 열쇠를 '독점체제로 인한 인센티브의 박탈이 없고, 독점가들에게 노동의 대가를 자의적으로 빼앗기지 않는 것'으로 폭넓게 해석했다. 로크는 자연물이 애초에 공동 소유이긴 하나 특정한 사람이 일정한 용도에 맞게 사용하거나 그것에서 이득을 얻기 위해 자연물을 수취할 수 있어야 한다고 봤다. 이처럼 사적 소유를 정당화한 로크의 사상은 훗날 개인의 노력에 의한 생산력 증대와 이익 추구로 대표되는 시장 자본주의의 성립에 큰 영향을 줬다. 소유권과 관련한 가장 기본적인 로크의 전제는 '신은 대지와 그에 속한 것을 인류 공동의 자산으로 부여했다'는 것과 '모든 사람은 자신의 몸에 대해 소유권을 가진다'는 것이다. 후자는 특정인의 소유권을 인정하는 근거가 된다. 자신의 몸을 써 자연물을 취득하거나 그것을 변형해 가치를 만들어냈을 때 그것은 그 사람의 소유물이 된다는 것이다. 노동을 통해 획득한 재산에 대해서만 절대적인 소유권을 인정했다. 로크가 사유재산권을 무조건으로 지지한 것으로 해석하고 있으나, 그는 모든 소유권의 근본은 자연인 대지에 있으며 노동을 통해서만 소유형태의 이전이 이루어진다고 했다.

그렇다고 이러한 소유가 무한정 인정되는 것은 아니다. 대전제를 벗어나는, 즉 자신이 지닌 노동력의 한계를 벗어난 부분에 대해서는 소유권이 인정되지 않으며, 스스로 노동을 해 취득했다고 하더라도 그것이 자신의 편익을 넘어선다면 소유가 인정되지 않는다.

존 스튜어트 밀은 오늘날 현대 경제학에서 나오는 지대(rents)의 범위를 토지 소유와 무관한 영역에까지 확대시킨다. 그에 따르면 지대 불로소득은 "개인이 순전히 단독 활동으로 생산할 수 있는 것을 넘어서는 모든 소득"이다. 이를 다르게 말하면, 경영상의 활동으로 버는 소득이 있음을 함의한다.

오스트리아 출신의 미국 경제학자 조지프 슘페터(Joseph A. Schumpeter)가 평생 연구한 주제는 '자본주의 발전의 원동력이 어디에서 나오는가'였다. 당시 경제학의 세계적 중심지였던 빈 대학을 졸업한 슘페터가 그런 문제의식을 갖게 된 것은 젊은 시절에 목격한 독일과 오스트리아의 눈부신 경제 발전 때문이었다. 1870년과 40년 뒤인 1910년을 비교하면 두 나라의 경제규모는 세 배 이상 커졌다. 국민들의 생활수준도 빠르게 높아졌다. 슘페터는 그런 경제 발전의 배경에는 사유재산권을 근간으로 하는 자본주의가 있다고 믿었다.[1]

노벨경제학상 수상자 폴 새뮤얼슨은 1961년 자신의 경제교과서에서 소련의 국민소득이 1984년쯤 미국을 추월할 것으로 예견했다. 하지만 예측은 크게 빗나갔다. 새뮤얼슨은 소련의 경제·정치제도가 착

취적이어서 현상유지는 되지만 창조적 파괴로 인한 혁신이 없어 성장 동력이 급격히 떨어진다는 점을 생각하지 못했다. 물론 여기에는 단지 농산물이나 가공용품의 산업생산품만 해당되는 것은 아니었다. 소련 체제의 한계는 개인의 지적재산권에 대한 보장이 없음이 주효했다.

노직(Robert Nozick, 1938-2002)의 핵심은 권리이론이다. 이 이론은 크게 세 개 부문으로 구성돼 있다. 첫째는 인간은 목적 그 자체이지 수단이 아니라는 의미의 칸트적 존엄이다. 집중할 분야를 선택하거나 삶의 목적을 설정하고 꾸려나갈 자유에 대한 개인적 권리는 그런 존엄에서 나온다는 게 노직의 주장이다. 두 번째 요소는 자기 소유권이다. 누구나 자신이 지닌 능력과 재주, 노동 등 자연적 자산에 대한 권리를 갖고 있다. 타인의 자유를 침해하지 않는 한 그런 자산을 자유롭게 사용할 권리가 있다는 것이다. 마지막 세 번째가 사유재산권과 소득 및 재산에 대한 권리이다. 이런 권리는 개인이 자신의 자산을 자유롭게 사용할 권리에서 나온다. 사유재산권이 없으면 개인의 생명과 자유에 대한 권리는 큰 의미가 없기 때문에 재산권은 자기소유의 권리와 자유권만큼 절대적이라는 게 노직의 입장이다.

경제학자 이스라엘 커즈너(Israel M. Kirzner)의 핵심 사상은 기업가의 상상력과 창조성에서 나오는 '기민함'이다. 이는 불확실한 세상에서 새로운 이윤 기회를 포착하는 창의를 뜻한다. 새로운 상품과 새로운 생산방법 등을 창출하는 혁신도 그렇다. 무엇보다 확실과 안정의 상황이라면 그런 기회를 잡을 수 없을 것이다. 모르는 것이 많고 불확실할수록 그런 창조적 행위를 통해 이윤을 낳는다. 그것은 단순히 열심히 일하거나 성실한다고 해결되는 문제는 아니다. 시장의 불균형, 즉 수요와 공급의 불일치를 창조적 행위를 통해 해결하는 것이 중요하고 그런 것을 행하는 사람일수록 그에 상응하는 부를 누릴 수 있다. 마차에서 자동차로 바뀐 것은 마차로는 더 이상 수용할 수 없는 시장의 상황을 자동차를 통해 대체했다고 본다. 즉 마차를 파괴하여 자동차가 나온 것이 아니라 마차를 넘어서는 수요를 자동차가 채워주어 불균형을 균형의 상태로 만들었다고 본다.

이슬람 지역에서 유목 전통은 재산권이 없는 상황의 좋은 예다. 게다가 토지 경계도 불명확해 공동소유라는 모호한 상태가 유지된다. 가장 큰 이유는 코란에 명시된 '이자 소득 금지' 조항 때문이었다. 금융업이 없다시피 하니 자본의 축적이 불가능했다. 19세기에 이르러서야 오스만제국은 유럽을 배우려 결사적으로 노력해 서구의 무기와 군사제도, 공장까지 수입했지만 결과는 실패였다. 개인의 소유문제가 해결되지 않았기 때문이다. 아무리 부유한 나라에서 아프리카를 원조한다고 해도 사실상 부를 축적하기에는 한계가 있다.[2]

기술 혁신을 보호하기 위해 만든 것이 특허법이다. 기원전 500년 그리스에서는 새로운 요리를 만든 사람에게 독점권을 줬다. 르네상스 시기인 1474년 베니스 공화국에서는 새로운 기계를 발명하면 공화국에 신청해 10년 동안 독점권을 부여받았다. 자신이 창조한 기술에 대해서 국가에 공개하면 제한된 독점 대가를 주었다. 그렇지 않으면 사람들이 공개를 하지 않았기 때문이다. 혼자만 그것을 가지고 있다면 국가 전체적으로 경제적 이득을 만들어낼 리가 없었다. 베니스 공화국은 실크 짜는 공정을 만들어낸 사람에게 특허를 부여했다. 만약 특허대로 물건을 허락 없이 만들면 그 물건을 파기시켰다. 이는 오늘날의 특허 침해에 따른 생산판매금지 처분과 같았다. 특별조례로 지적재산에 10년간 독점권을 보호해주자 주변의 창의적 과학자와 기술자들이 몰려들었고 문화의 황금기 르네상스를 이끌어냈다. 《부의 탄생》에서 윌리엄 번스타인은 "확고한 재산권 보호가 장인들을 혁신케 충동했다."라고 했다. 1623년 유럽에 비해 기술과 산업에 뒤져 있던 영국은 독점 조례를 제정했고, 14년간 특허권을 명시했다. 그 뒤 영국은 기술발전은 물론 산업혁명을 이루어냈다. 갈릴레오 갈릴레이도 이때 양수기 기술로 특허권을 따내었다.[3]

이러한 과정이 가능했던 이유 가운데 하나는 민주주의의 발현이었다. 1688년 발생한 명예혁명으로 영국은 권력이 왕에서 시민으로 넘어가 개인의 자유와 이윤추구가 가능해졌고 특허권도 왕과 소수 귀족에서 일반 시민으로 확대됐다. 제임스 와트의 증기기관과 리처드 아크라이트(Richard Arkwright)의 방적기(1769) 등도 특허법이 만들어냈다. 방적기만 해도 수력 방적기, 자동 뮬정방기 등이 개발되었으며 역직기 등도 발명되었다. 나중에는 정밀도가 높은 자동선반과 공작기계가 제작되었고 1830년 이후에는 기계에 의한 기계의 대량생산체제가 구축되었다.

특히 주목되는 것이 바로 제임스 와트의 증기기관이다. 최초로 증기기관을 발명한 사람은 토머스 뉴커먼이었다. 그렇지만 뉴커먼의 증기기관은 많은 결점을 안고 있었다. 2층 건물 높이의 거대한 규모에 엄청난 양의 석탄을 소비하면서도 정작 힘은 성능 좋은 물레방아와 큰 차이가 없었다. 이런 결점을 해소해 월등한 성능의 증기기관을 개발한 사람은 스코틀랜드 출신 기계공 제임스 와트(James Watt)였다. 1776년 3월 6일, 영국 버밍엄의 한 탄광에 신형 증기기관이 들어왔다. 탄광업자들은 그 성능에 놀랐다. 이전에 선보였던 뉴커먼의 엔진보다 연료를 3분의 1이나 적게 쓰면서도 힘은 두 배로 냈기 때문이다. 잔 고장도 없었다. 효율성과 신뢰성이 입증된 증기기관은 방직과 석탄·제철산업의 폭발적 성장을 이끌었다. 1763년 그는 뉴커먼 기관을 수리하다가 이 기관의 비효율성을 보고 충격을 받았다. 이 기관은 중심부에 있는 실린더에 증기가 채워지면 피스톤을 밀어내고, 다시 실린더를 냉각시켜 진공 상태가 되면 기압에 의해 피스톤이 실린더 쪽으로 밀려가는 식으로 작동했다. 이처럼 매번 실린더를 가열했다가 다시 냉각시키는 과정에서 열의 5분의 4가 낭비되고 있었던 것이다. 1765년 와트는 별도의 증기 콘덴서(condenser, 액화장치)를 사용함으로써 실린더를 계속 뜨겁게 달군 상태로 유지하는 획기적인 방식을 발견했다. 이후 뉴커먼 기관보다 훨씬 작으면서도 힘이 네 배나 강한 기관이 만들어졌다. 와트의 증기기관은 1769년 첫 특허를 받았고, 1776년에 상업적으로 이용되기 시작했다.[4]

와트의 증기기관을 활용해 1829년 조지 스티븐슨과 로버트 스티븐슨 부자가 증기기관차를 발명한 이후 증기기관은 광산 배수를 목적으로 발명됐지만 이 광산에서 나온 석탄이 다시 증기기관의 연료가 돼서 산업을 확산시켰다. 1825년 석탄을 갱도에서 뱃길까지 운반하는 목적으로 스톡턴과 달링턴을 오가는 철도가 열렸고, 1830년에는 맨체스터와 리버풀을 오가는 철도가 개통되었다. 증기기관차로 산업혁명의 근간인 석탄과 철, 면화 산업이 확산됐다. 증기선으로 영국에 실려 온 면화는 증기방직기를 이용해 천으로 바뀌었고 증기기관차에 실려 다시 시장으로 나갔다. 이런 과정을 연구한 윌리엄 로젠은 누구나 자신의 아이디어를 소유하고 이익을 창출할 수 있다는 개념의 확산이야말로 영국에서 발명과 기술혁신이 만발한 가장 큰 원인이었다고 지적한다. 그는 또한 에드워드 쿡이 고안해낸 특허 체제와 로크의 노동 가치설을 결합시켜 이 시기에 불완전한 하지만 발명 활동을 보호할수 있는 여지를 만들어냈다. 장인들은 이 공간에서 노동의 열매를 통해 부를 쌓을 수 있다는 사실을 깨달았고 곧바로 보상 가능성이 큰 곳에 노동을 투자하기 시작했는데 실패도 많았지만 그 실패의 교훈조차 발명가들의 새로운 발명으로 이어지는 자양분으로 활용됐다.[5] 영국이 전 국민이 발명과 생산과 무역에 열중하는 분위기였다.[6]

창조와 창제의 발명에 대해 각별한 인식을 갖고 있는 국가는 미국이었다. 미국은 1787년 처음 헌법을 제정하면서 제1장에 저작권과 발명에 독점적인 권리를 허용하는 규정을 넣었다. 초대 대통령 조지 워싱턴은 열렬한 발명 옹호론자였고 미국의 제3대 대통령 토머스 제퍼슨도 발명가이자 대단한 발명 애호가였다. 그는 미국 첫 특허청장을 지내기도 했다. 미국의 4대 대통령 제임스 매디슨은 1787년 문학 작가들의 저작권을 보호하기 위해 헌법제정회의(Constitutional Convention)에 언어를 제안했다. 벤저민 프랭클린도 모두 발명가를 겸했다. 이렇게 초대 지도자들이 강하게 창조와 창작권에 대해서 열망을 보인 것은 유럽대륙에서 독립한지 얼마 되지 않았기 때문이었다. 결국 미국인들은 이러한 창조를 통해서 세계 강대국이 되었다. 링컨 대통령은 '특허는 천재성이라는 불에 기름을 붓는 것'이라는 유명한 말을 남겼는데 미국 대통령으로서 유일하게 특허를 등록했다. 수심이 낮은 강에서 선박을 진전시키는 방법에 관한 특허였다. 이런 친특허 분위기 때문에 생전 1,300종 이상의 특허를 획득한 에디슨이 출현했다. 라이트 형제의 비행기도 미국에서 나올 수 있었다. 1840년 사뮤엘 모스는 전신을 발명해 특허를 받았다. 1876년 2월 14일 전화를 발명한 알렉산더 벨은 특허를 받았고, AT&T 회사를 탄생시켜 통신 산업의 시대를 열게 됐다.[7]

1957년 10월 3일 옛 소련이 세계 최초로 인공위성 스푸트니크를 쏘아 올리자 미국은 자존심이 상했고 1969년 7월 달 착륙 우주선 아폴로 호를 쏘아올린 후에 우주전쟁 기술에서 선두를 계속 유지하고 있다. 일본이 미국을 앞서나가는 전자제품 기술을 선보이자 디지털 기술을 통해 전세를 완전히 뒤집었다. 미국은 일본과 세계 경제의 주도권

을 놓고 격돌하던 1980년대에 특허청 심사관을 900명에서 3,000명
으로 대폭 증원하고 특허청장을 통상차관 수준으로 격상시키는 등 특
허중시(Pro-Patent)정책을 펼쳤다. 애플 사가 삼성에 대해서 특허권 소송
을 낸 것은 지배력을 강화하기 위한 전략이기도 하면서 바로 미국인들
의 창조권리에 대한 인식을 보여주는 것이기도 하다. 이처럼 특허 제
도는 서양에서 산업 발전 원동력이 됐고 이는 강대국을 만들어낸 핵심
동력이 되고 있다.

탕평인사로 존경받는 엘리자베스 1세 전 영국 여왕(1533~1603)은 양
말을 짜는 편물기계를 개발, 특허를 신청한 발명가에게 "그대의 발명
품은 가엾은 백성의 일자리를 모조리 빼앗고 말 것"이라며 퇴짜를 놓
았다. 역사가들은 엘리자베스 1세의 이 결정을 자신의 권력기반이었
던 백성의 눈치를 살핀 결과였고 이 때문에 시민들의 혁신 의욕을 꺾
어 산업혁명을 200년 가까이 늦추었다고 했다. 결국 더 많은 일자리와
부가가치를 생산하지 못했던 것이다. 산업혁명기는 '무수한 발명이 경
쟁적으로 이루어지고 그 발명들이 산업화로 이어져 부를 창출하는 방
향으로 적극 움직이기 시작한 시기였다' 고 볼 수 있다. 영국의 산업혁
명은 특허제도로부터 비롯되었고, 노벨상의 기초도 특허권에서 발생
한 로열티 때문에 가능했다. 물론 그러한 노벨상 때문에 인류의 진보
는 더 진전되고 있다.

로크는 공유물인 자연물에 인간이 노동을 투입함으로써 배타적 소
유권을 가지게 된다고 보았다. 근대 독일의 법학자 루돌프 폰 예링은
노동이 소유의 역사적 원천이자 윤리적 근거라고 규정하기도 했다. 이
러한 관점에서는 지적재산 역시 제작자의 정신적 노동의 결과물임이
분명하므로 배타적 소유권으로 보호받아야 한다는 결론에 도달할 수
있다.

창작자의 권리와 창작 동기 보호를 위한 카피라이트(copyright)는 지적 재산권이라는 뜻이다. 카피라이트 제도하에서는 저작자, 작곡자, 기타 창작자의 동의 없이는 창작물을 복제하거나 방송할 수 없다. 이 제도는 창작자의 경제적 이득을 보장해 창조 의욕을 높이고 그에 따라 생산되는 정보의 수준을 높이는 데 기여할 수 있다. 타인의 지적재산권을 완전히 부정한다면 아무도 지적 산물을 개발하려 들지 않을 것이며 이는 종국에 인류 전체의 지적자산 발전을 저해하는 결과를 초래하게 될 것이다. 따라서 지적재산의 부분적인 공유는 허용하되 상업적 악용을 금하고 저작권자의 창작 의욕과 동기를 보호해줄 수 있는 별도의 보상 방안을 마련하는 등 보다 현실적이고 합리적인 대안이 정착되어야 한다. 저작권에 대한 법적인 인식의 미비만을 생각하는 것도 타당하지 않다. 범법방지가 핵심은 아니고 창출이 핵심이기 때문이다. 그것은 무조건을 수익을 얻으려는 것만이 아니라 개인들의 부와 일자리를 창출하고 그것을 통해 경제적 자아 충족적 동기부여를 이룰 수 있는 매우 중요한 기제임을 각인해야 하는 것이다. 지적재산을 지키는 문제만이 아니라 전 국민 누구나가 지적재산권을 창출하고 그것을 통해 부를 누리는 존재가 되도록 해야 한다. 굴뚝산업이나 정보산업에서는 어떤 조직에 들어가 부를 만드는 측면이 더 강했다. 정보산업에서 창조산업으로 이동하면서 이는 더욱 의미를 잃었고 각 개인의 주체성과 자생성이 더 중요해졌다. 앞서서 다룬 내용들이 결국 창업국가론이나 벤처론으로 귀결되는 것을 말해준다. 물론 더 세밀하게 들어가면 미국식 재산권 설정의 부작용을 지적하기도 한다. 한편 진보적인 관점에서 카피레프트의 정신 등 공유자원과 창출의 문제가 있지만 이러한 점은 영국의 공영 방송 BBC를 통해 가늠해볼 수 있을 것이다. 이러한 점은 무조건 경제적 수익성과 시장성만을 우선한다고 하여 창조산업이나 창조경제가 선취되는 것은 아니라는 점을 보여주기 때문에 일견 참조할 만한 점이 있다.

2. 창조경제 형성의 원리

조셉 슘페터(Joseph A. Schumpeter)는 "모든 사람들은 반드시 적어도 부분적으로는 경제적으로 행동해야 하며 경제적 주체이거나 경제적 주체에 의존하지 않으면 안 된다."라고 했다. 개인과 기업, 국가 같은 경제 주체들은 시장에 참여하여 재화와 노동을 수요와 공급 측면에서 창출한다. 이를 통해 주체들은 최대한의 이익을 얻으려 한다. 여기에는 최대한의 이익을 얻는 데 필요한 일정한 원칙이나 행태들이 존재하는데, 이에 대한 연구는 활동 자체를 연구하는 미시경제학과 국가단위의 경제를 다루는 거시경제학으로 나뉜다. 애덤 스미스는 《국부론》(*An Inquiry into the Nature and Causes of the Wealth of Nations*)에서 인간은 현실에 만족하지 않고 좀 더 나은 상태를 항상 꿈꾸며 이를 위해 노력하는데, 이러한 각 개인들의 동기가 경제적 현상을 일으키며 국가의 부를 일으킨다고 보았다.

하나의 사실은 처음부터 끝까지 한결같이 경제적이거나 혹은 순경제적인 적은 한 번도 없고 항상 다른 중요한 측면들이 그 안에 존재한다. 경제 자체보다 더 중요한 것 중의 하나는 바로 '창조성'이다. 호킨스(2001)는 이 창조성을 21세기 중심경제 양식에서 핵심적인 경쟁요인이라고 했으며, 플로리다(Florida) 등은 "인간의 창의성이 최고의 경제

자원"이라고 했다. 또한 랜드리와 비안치니(Landry & Bianchini)는 21세기의 산업은 점점 더 창의력과 혁신을 통한 새로운 지식 생성에 따라 좌우된다고 했다.

창조경제는 문화산업이 영역을 넓힌 경제를 말한다. 이는 프랑크푸르트 학파의 비판이론에서 언급하는 부정적인 차원의 문화산업이 아닌 긍정의 문화산업의 확장이다. 헤스몬달프(2007)는 문화와 상징의 생산을 통한 문화산업의 확장이라고 보기도 한다. 그는 창조산업을 예술만이 아니라 문화산업 전반으로 확대시키고 창조적인 예술이 연관된 모든 산업으로 확장하여 접근했다. 나아가 넓게는 지적 재산권에 의존하게 하는 상징적인 제품을 생산하는 활동들을 창조산업으로 본다. 1994년 호주에서 'Creation nation'이라는 개념을 사용했는데 이를 1997년 영국이 크게 논의하면서 창조경제가 부각되었다. 당시 영국은 새로운 사회 문화 기술적인 도전들에 대한 다양한 대응 방안들이 모색되어야 한다고 보았고 이를 정립한 것이 창조경제론이다. 창조성은 혁신을 촉진하고 생산성을 높여 성장을 이룩한다. UN무역개발협의회(UNCTD)는 창조경제(Creative Economy)를 "사회의 통합과 문화적 다양성, 인간의 개발을 촉진하는 동시에 일자리 창출과 소득 증대의 원동력"(UNCTAD, 2008)으로 규정했다. UN무역개발협의회가 2010년 12월 간행한 〈2010년 창조경제 보고서〉에서는 창조경제를 "창의성, 문화, 경제, 기술 사이의 융합을 다루는 개념"으로 보고 있다. 창조경제를 '개인의 창의력과 아이디어가 생산요소로 투입되어 무형 가치(virtual value)를 생산하는 기업만이 살아남을 수 있는 새로운 경제'(Coy, 2000)라고 보거나 '경제활동에 필요한 투입과 산출의 주된 요소가 토지나 자본이 아닌 창의적 아이디어에 두는 경제'(Howkins, 2002)라고도 했다.

조셉 슘페터(Joseph Alois Schumpeter)는 《자본주의 사회주의 민주주의》

(1942)에서 단절된 비연속적인 변화가 혁신이라고 말했다. 그는 이를 창조적 파괴라는 말로 표현했다. 마차를 열심히 바꾼다고 해서 열차가 되는 것은 아니다. 근본적인 창조를 하지 않으면 마차는 절대 열차로 변화하지 않는다. 떡을 아무리 열심히 만든다고 해서 그것이 케이크가 될 수는 없다. 떡이 아닌 케이크로 근본적인 변화를 꾀해야 한다. 그것은 기술의 변화가 개입할 때 이루어지는 것이기도 하다. 마차를 만드는 기술과 열차를 만드는 기술은 전혀 다르며, 떡을 만드는 기술과 빵을 만드는 기술이 다른 것과 마찬가지다. 떡을 만드는 이들이 갑자기 케이크를 만들 수는 없다. 창조경제는 창조산업이 만들어내는 여러 가지 시장의 동학을 말한다. 창조경제는 문화의 경제를 다른 모든 경제에 적용하여 독보적인 경제 가치를 창출하는 것이다. 예컨대 영국의 창조산업은 전통적인 문화산업, 즉 광고, 방송, 출판 같은 분야를 다른 분야로 확장하여 경제를 견인하려 한다. 즉 전통적인 문화산업을 건설, 제조업 등 다른 산업분야에 접목시켜 새로운 부가가치를 창출하는 것을 목표로 했다. 창조경제 시대에서 창조성은 과학, 문화, 경제, 기술 등 다양한 분야에 요구되고 있고, 국가가 근본적으로 기반하는 4대 자본, 즉 사회, 인력, 문화, 제도와 창의성은 상호작용을 통해 산업의 부가가치를 높이고, 국민의 삶을 더욱 향상시킨다(UNCTAD, 2008).

창조경제에서 창조(創造)는 경제적 부가가치와 고용 창출에 필요한 산업적 창조활동을 말한다. 이는 개인에게만 한정되는 창조성과는 거리가 있다. 창조는 수요의 불확실성을 갖고 있으며, 아이디어의 독창성과 높은 솜씨를 중시하는 특징이 있고, 소비자와 구매자의 간단하지 않은 취향과 선호를 충족하기 위해 다양한 기술과 전문화된 인력을 활용한 복잡한 조직 활동을 필요로 한다. 창조적인 작업은 새로운 상품에 대해 불확실성을 줄여줄 때 의미와 가치가 크다. 높은 수준의 솜씨, 즉 장인의 경지, 최고의 수준을 구가하는 것을 의미하며 혼자 만드는 것이 아니라 조직적인 협업을 통해 가능하다. 특히 협업은 이제 혼자 만드는 것이 아니라 상호 의존적인 협동의 네트워크 속에 만들어진다는 것이다. 이러한 점은 디지털 환경과 맞물려 집단지성에 대한 중요성을 적극 부각시키기에 이르렀다. 사람들은 여러 수직적인 절차나 조직을 거치지 않고 저렴한 비용으로 새로운 방식의 조직화를 이룰 수 있다. 집단적인 자기표현과 자기 조직화 능력으로 새로운 조직을 꾸리고 협업활동을 할 수 있는 대안들을 찾을 수 있다. 찰스 리드비터는 다음과 같이 말하고 있다.

> 아이디어는 다른 사람과 나눌 때 비로소 움직인다. 혁신과 창조, 더 근본적으로는 번영과 행복, 그리고 미래에 대한 희망은 우리가 아이디어를 축적하고, 교환하고, 개발하는 데 이용할 수 있는 도구를 얼마나 갖고 있느냐에 따라 결정된다. 아이디어는 표현되고, 검토되고, 다듬어지고, 차용되고, 수정되고, 개작되고, 확장되면서 성장한다. 이런 활동은 한 사람의 머릿속에서 한꺼번에 이루어지는 경우는 거의 드물고, 대개 다양한 관점과 안목을 가진 수많은 사람들을 거치면서 이루어진다. (p. 276)

> 우리는 아이디어를 공유해야 한다. 그것만이 아이디어를 실현할 수 있는 방법이다. 아이디어를 공유하면 아이디어는 점점 늘어나고 자라나서 아이디어를 더욱 강화하는 순환고리를 이룬다. 우리는 무엇을 갖고 있느냐 뿐만 아니라 무엇을 공유하고 있느냐에 따라서도 규정된다. 이것은 우리가 앞으로 백 년 동안 신조로 삼아야 할 가치관이다. (p.296)

　창조경제에서 창조가 갖는 특징은 지식정보의 혁신이라는 측면에서 볼 수 있다. 이른바 하드웨어가 아니라 소프트웨어의 혁신이 창조경제의 특징이라고 할 수 있다. 소프트웨어 혁신은 어느 산업에서도 일어날 수 있다. 대부분의 소프트웨어 혁신은 새로운 상품과 서비스가 새로운 과정의 도입으로 일어난다. 소프트웨어 혁신은 비물질적인 차원의 혁신을 말하며 이는 지식정보사회의 새로운 특성과 부합한다. 전자책이나 음원, SNS 콘텐츠와 같은 것들을 생각해볼 수 있다. 소프트웨어 혁신은 기능적 수행보다는 미학적이거나 지적인 것에 호소하는 데 영향을 미치는 상품이나 서비스의 혁신을 의미한다. 소프트웨어 혁신의 의미 중 미학적 차원의 의미는 감각적 지각인 오감과 관련된 음악, 영화, 도서, 패션, 예술, 비디오 게임 등에 연관된다. 마케팅의 변화도 유도하는데 제품의 디자인, 제품홍보, 간접광고, 패키징 등의 변화를 포함한다. 그런데 이러한 범주에서 많이 벗어나고 있는 것이 진화하는 창조경제의 역동성이라고 하겠다. 끊임없이 변화하고 있는 창조경제의 특징에는 어떤 것들이 있는지 정리해보기로 한다.

3. 창조경제의 특징: 산업적 특징을 중심으로

1) 일반적인 문화적 창조산업의 특징

(1) 불확실성

우선 수요를 예측하기 힘들다(Caves, 2000). 누구도 수요를 알 수 없고 소비자도 새로운 창조상품에 대한 가치를 알 수 없기 때문에 수요가 불확실하다. 바로 이 때문에 투자는 고위험의 부담이 있고 역으로 고수익의 가능성이 있다. 제조업과 달리 문화산업에서 콘텐츠들을 기획하고 창작하는 일은 기본적으로 장인적인 창조성과 기능(솜씨)에 뿌리를 두기 때뮤에 자본을 막대하게 투입한다고 반드시 성공이 보장되는 것은 아니다. 그 가치와 효용성이 객관적인 평가를 받기에 가장 어려운 모호성을 지니고 있기 때문이다. 그러나 투자한 액수가 많다는 것이 성공적인 상품을 투자비용에 비해 막대한 이익 회수가 가능하지만 수요의 불확실성이 높아 실패할 가능성도 높다. 즉 고위험 고수익의 특성을 보인다. 이런 특성 때문에 소수 히트작품이 수익의 대부분을 가져간다. 실제로 미국 영화산업의 경우를 보면 10%의 영화가 50%의 흥행수익을 올리고 있다(Vogel, 2001).

이렇게 문화산업은 예술적 속성과 산업적 속성을 동시에 가지고 있다. 따라서 문화 상품의 제작 과정에서는 장인적인 노력과 개별적인 창조성이 그 실제 자산에 생명을 불어넣는 원천이지만 창조된 실현물은 다시 대중 시장에서 대량복제를 통해 유통기술과 네트워크를 거쳐 판매되는 것이다. 이 같은 이중적인 속성은 많은 기본 산업의 전개와 더불어 제작 부문과 유통 부문에서 각기 다른 원리로 움직이는 경향으로 발전한다. 나아가, 산업적인 차원에서 지배력은 결국 예술가의 개인적인 창작능력보다는 유통 부문에서의 권력을 통해 배급, 판매를 통제함으로써 산업의 최종목적인 경제적 이윤의 창구를 상대적으로 안정적인 형태로 관리하는 유통자본의 이익을 우선시하는 방향으로 전개된다.

반면 승자독식의 문제가 있다. 승자독식의 문제를 처음 제기한 것은 로센(Rosen, 1981)의 '슈퍼스타 경제학'(Economics of Superstars)이다. 그는 슈퍼스타 현상을 재능의 제한된 공급과 과잉수요의 상호작용으로 설명했다. 이런 현상에 대해 최근에는 프랭크와 쿡(Frank & cook, 1995)에 의해 '승자독식사회'(winner-take-all society)라는 개념의 도입으로 미국의 지속적인 소득 불평등의 문제를 제기하게 되었다. 그들은 승자독식 현상이 종래의 문화, 예술, 연예, 프로 스포츠 등의 부문에서 점차 모든 산업으로 확산되어나가는 경향이 있다고 주장한다. 이러한 현상의 핵심은 결국 일에 대한 성과의 측정과 보상기준이 절대적 평가가 아니라 상대적 평가를 하는 데서 나타난 것을 밝혀낸 것이다. 승자독식이 나타나는 원인으로 첫째는 규모의 경제에 의한 자연독점화, 둘째는 망 외부성(nework externalities)의 경로 의존성(path-dependence)에 의한 시장 선점, 셋째는 길러진 취향(cultivated taste), 마지막으로 지위상품(status goods)의 대한 소비자의 욕구를 들었다. 승자독식 시장에서는 지나친 과잉경쟁으로 인해 시장의 실패를 초래할 수 있다. 공공재(public goods)와 경험재(experience goods)로서 규모의 경제가 작동하는 특성이 있고 콘텐츠에 대한 수요는 다른 사람들의 콘텐츠 선택에 큰 영향을 받기 때문에 소비자 규모가 커질수록 이윤의 크기도 같이 증가한다.

(2) 문화적 할인율

문화적으로 유사한 나라의 사이에서는 문화의 유입이 일어나기 쉽다. 호스킨스와 마이러스(Hoskins & Mirus)는 문화가 다르면 콘텐츠가 갖는 소구력이 저하되는 '문화적 할인율'(Cultural Discount)이라는 개념을 이용해 일반적으로 소비자들이 자국 프로그램을 선호하는 이유를 설명했다. 즉 문화상품 특히 영상물은 일반적으로 생산국의 문화를 바탕으로 하기 때문에 다른 사람이 볼 때는 익숙하지 않아 문화콘텐츠가 국경을 넘어 유통될 때 가치의 하락 현상이 나타난다. 반대로 질적으로 일정한 수준을 갖출 경우 문화적 근접성이 높은 지역에서 소구력이 높아진다. 국내에서 인기드라마였던 〈사랑이 뭐길래〉의 경우, 중국에서 방영 당시 외화 시청률 2위를 기록하며 큰 인기를 끌었을 뿐만 아니라 한국 대중문화의 중국 진출 발판이 되었다.

이와 같이 국가 간 언어, 관습, 가치관, 신념체계, 역사 등을 '문화적 장벽'이라 하고 그 크기를 할인율로 나타낸 것이 문화적 할인율이다. 문화적 장벽이 높을 경우 문화적 할인율이 높고 문화장벽이 낮으면 문화적 할인율도 낮다. 장르별로 보면 게임, 애니메이션, 다큐멘터리 등은 문화적 요소가 약해 할인율이 낮은 반면, 드라마, 가요, 영화 등은 문화적 요소가 강하여 문화적 할인율이 높은 특성을 가진다. 문화상품은 말 그대로 문화적이기 때문에 타 문화권에 들어서면 그 가치나 효용이 일정 정도 감소한다. 하지만 문화의 보편성과 특수성은 상대적인 것이어서 시간과 장소에 따라 문화적 할인율은 얼마든지 달리 나타날 수 있다.

2) 부각되는 창조산업의 특성

(1) 윈도효과의 강화

　문화산업은 일반적으로 산업연관효과(전방효과와 후방효과)가 다른 산업에 비해서 매우 큰 것으로 알려져 있다. 창조경제에서 이러한 현상은 하나의 콘텐츠가 다양한 플랫폼을 옮겨 다니며 효용을 창출하여 산업연관효과가 다른 산업에 비해 크다. 하나의 콘텐츠가 특정 영역에서 창조된 뒤 부분적인 기술변화를 거쳐 시차를 두고 다른 영역의 상품으로 활용되면서 그 가치가 증대된다. 이는 가장 큰 특징으로 '윈도효과'(Window effect)와 관련이 있다. 예를 들어 영화와 애니메이션은 극장, 비디오(DVD), 케이블방송 및 지상파방송, 게임, 인터넷, 모바일, SNS 등에 사용될 뿐만 아니라, 캐릭터, 테마파크, 공연 등 다양한 분야에 활용 된다. 이런 OSMU(one source multi-use)가 활발한 것은 하나의 원천 콘텐츠를 다양하게 변형하여 부가 파생 상품을 개발하고 수익을 극대화하는 방안으로 COPE(create once publish everywhere), 미디어믹스, 크로스미디어라고도 한다.

〈해리포터〉와 〈반지의 제왕〉은 소설에서 영화로 재창조되었으며, 디즈니는 애니메이션, 캐릭터, 테마파크로 확장하였다. OSMU는 대중성이 있는 소설과 만화 등 콘텐츠의 확보와 개발이 무엇보다 중요하다. 글로벌 미디어콘텐츠 기업인 디즈니는 세계 문화원형(설화, 전설, 민담 등)인 백설공주, 라이온 킹, 미녀와 야수 등을 애니메이션, 캐릭터, 테마파크, 공연 등에서 활용한다. 또한 마블은 만화 캐릭터인 스파이더맨 등을 영화로 재활용하여 크게 성공을 거두었다. 이처럼 문화산업은 수요가 불확실한 고위험 산업으로, 특히 영화산업이 본질적으로 투입된 자금에 비례하여 흥행이 보장되지 않는 데서 오는 불확실성과의 싸움에서 OSMU가 일찍부터 활용되었다.

주요 국가별 OSMU 특성을 정리하면 다음과 같다. 미국은 해외 판매, 비디오(DVD), 극장상영, 지상파 및 케이블 등 2차 부가시장에서 수익을 얻는 글로벌 네트워크 시장을 형성하고 있다. 일본은 시장성이 검증된 만화를 애니메이션과 게임으로 변형한다. 영화와 애니메이션은 제작사 및 배급사, 완구사, 방송사, 출판사, 광고회사 등으로 구성된 제작위원회가 투자 및 개발에 참여하여 단시간에 수익을 창출하는 OSMU의 선순환의 상생 구조를 구축하고 있으며, 다른 나라의 모델이 되고 있다. 영국은 유럽 최대의 출판, 음악 시장을 형성《해리포터》와 같은 소설을 기반으로 공연, 음악(OST, 음원), 게임 등에 우위를 점하고 있다. 한국은 TV 드라마를 케이블방송, 위성DMB, 음악(OST), 공연, 인터넷, 모바일, SNS 등으로 크게 이용하고 있다. 이는 한류의 기반이 되고 있으며, 최근에는 만화를 원작으로 한 OSMU가 활발하다. 결국 OSMU를 성공적으로 활용하려면 대중성 있는 원천 콘텐츠의 확보와 개발, 사전 OSMU 기획과 협력 파트너십 등이 필요하다. 우리나라는 원작 토양의 취약성, 기업의 역량 부족, 협소한 내수시장 극복을 위해 OSMU 등을 활용한 선순환 구조 구축이 매우 절실하다 할 것이다.

(2) 네트워크 외부성과 스필 오버

지적 산물들이 대량복제와 네트워크에 의한 대규모 유통을 통해 그로 인해 얻어지는 부가가치는 그 어떤 시장 상품보다도 높다. 제작에 들어간 가격은 일정하지만 판매량은 새로운 비용을 적게 들이고도 얼마든지 늘릴 수 있으므로 판매량이 늘어나고 시장이 확대될수록 벌어들일 수 있는 수익의 액수가 기하급수적으로 증가할 수 있는 것이 문화상품이다. OSMU는 물론 하나의 지적재산물을 가지고 부가가치를 파생하는 것이다. 이뿐만 아니라 창조산업은 다른 타 산업에 큰 영향을 준다. 그것은 연관되는 경제적 효과를 발휘하는 것이기도 하지만 유무형의 창조적 활동들을 촉발시킴을 의미한다.

(3) 창조적인 노동과 비즈니스의 조화

창조산업은 '비영리적인 창조활동(창조적인 노동)과 단조롭고 일상적인 영리활동(상업적 비즈니스)과의 계약에 의한 네트워크'(Caves, 2000)다. 원천적으로 창작자의 내적 열정과 창조적 열의(Art for art's sake principle)가 중요한데 예술과 비즈니스의 교차영역으로 심미·표현적 가치와 기능적 가치의 조화가 필요하다. 고도의 창조력이 과연 비즈니스계약이 주는 부담감을 소화할 수 있을지가 관건이 된다.

(4) 숙련의 다양성과 차이성

　복잡한 창조적 제품을 생산하기 위해 창의적 인재 확보가 중요하다. 무엇보다 장인의 도제방식만으로는 이러한 창조적인 인재들을 길러내는 데는 한계가 있다. 장인은 자칫 이미 검증된 것에만 함몰될 가능성이 높기 때문이다. 이는 잘못하면 창조가 아니라 답습이나 유지에 머물고 융합보다는 개별화의 범주에만 머물 가능성이 많다. 또한 창조적 사고와 행동양식, 높은 수준의 경험과 숙련을 요구하는 전문 인력이 좌우한다. 여전히 창조경제에서 교육이 중요하다. 하지만 그 교육이 하나의 창조모델을 고집하거나 강요하는 순간 창조적인 인재는 배출될 수 없다. 숙련의 단계 이상에서 다양성과 창조적 변별이 구현되는 교육 콘텐츠와 시스템이 중요해진다.

(5) 프로젝트 기반의 클러스터 지향성

　한 명이 만들어내는 것이 아니라 여러 사람이 함께 하거나 조직과 조직이 연계되어 집적과 시너지 효과를 발휘해야 한다. 인력관리 중심의 업무조직, 다수 기업들 간에 공간 집적화 및 네트워킹 활성화가 필요하다. 그것은 작업장일수도 있고 공동체이거나 지역 나아가 도시일 수도 있다. 그것은 결국 창조국가와 연계되는 맥락 안에 존재한다. 이때 중요해지는 개념이 집단지성이다. 집단지성은 창조경제의 핵심 창작 원리이다. 이는 반드시 클러스터를 기반으로 하는 것만 아니라 다양한 커뮤니케이션 방식을 통해 이루어질 수 있다. 이를 위해서는 비판과 문제제기가 자유로운 수평적인 대화와 담론 형성의 문화가 일상화되어야 한다.

(6) 무한한 다양성의 시도

기존의 장인의 작품과 달리 시간적 제약(Time flies principle)이 있다. 다품종 소량생산에서 생산비를 좌우하는 시간경제가 지배원리로 작용한다. 한편으로 다양한 플랫폼(window effect)과 상호 다각적 활용을 통해 고부가가치를 창출한다. 다양성이 많을수록 이러한 측면은 정보통신기술을 통해서 더욱 시너지 효과를 일으키기도 한다. 미국에서 윈도우, 스마트폰, 페이스북 등 가장 창조적인 성과물이 항상 나와 세계를 지배하는 것은 개척정신과 히피정신이 경제적 마인드와 결합했기 때문이다. 자유와 이로 인한 다양성은 추상적 관념적인 것이 아니라 실제 우리 현실의 물적인 창출과 밀접하여야 의미 있다는 실용주의의 관념을 생각할 필요가 있다.

(7) 삶 속 생산과 소비의 선순환

공장제 산업시대에는 문화가 외면되었고 문화산업시대에는 여전히 문화적인 측면과 생산적인 측면이 분리되어버린 채 산업 속의 사람들이 문화에 대해 관심을 갖는 가운데 문화경제가 형성되는 과정에 초점을 맞추었다. 정보화 시대에는 디지털 속에 문화와 창조를 가두었다. 창조산업에서는 미디어와 가상공간 그리고 실제공간과 문화예술이 같이 융합한다. 창조산업은 창의성을 바탕으로 노동과 여가를 결합해 생산성을 높이고, 고용을 증진하며, 부가가치 생성에 도움을 주고, 삶의 태도를 바꾸어 놓는 복합적인 개념이다. 생산과 소비가 삶 속에서 같이 공존 융합한다. 생산과 소비는 따로 분리되는 것이 아니라 삶속에서 서로 상호 영향을 주고받는 선순환의 역학 속에 있기 때문이다.

(8) 지식재산권의 영속성

시공간을 초월하는 영속성(Arts longa principle)과 보편성 존재가 되는 창작자의 저작권 보호장치가 필요하다. 영국이 창조경제론에서 강조한 지식재산권(Intellectual Pro-perty Right) 은 인간의 정신적 창작을 보호하기 위한 제도적 권리를 말한다. 문화산업은 사실상 저작권을 거래하는 산업이다. 지식재산권은 물질문화에 부여되는 산업재산권, 정신문화에 부여되는 저작권, 그리고 신지식재산권 등으로 나뉘는데, 저작자의 권리를 인정하는 저작권이 사실상 저작권의 거래라 할 수 있다. 지적상품은 복제와 전송이 용이하기 때문에 상품 자체보다 상품 저작권이 수익의 원천이 되는 것이다. 인간의 창조적 산물로 이윤을 창출하기 위해서는 강력한 보호대책이 필요하지만, 공유가 일상화된 디지털 문화에서는 쉬운 일이 아니다. 이러한 특성은 진흥정책 차원에서 다양한 이슈를 촉발시킨다. 저작권 정책의 균형 발전의 필요성에 따라 저작권 정책이 경제적 초점에 맞추어진 저작물 보호와 함께 이미 창출된 저작물의 보다 많은 활용과 사용을 통해 사회 후생 증진 및 문화적 가치 실현에 기여해야 한다.

(9) 양질의 일자리 창출 극대화

　생산유발, 경제영향력, 고용유발 등에서 제조업과 기타 서비스업을 추월하고 있다. 문화산업의 고용유발계수는 최종수요가 10억 원 발생할 경우 직간접적으로 유발되는 취업자 수인 고용유발계수는 약 16명으로, 서비스업 평균인 15명보다 높을 뿐만 아니라 제조업 평균인 9명의 약 2배 정도에 달하는 높은 고용유발 효과를 나타내고 있다. 취업유발계수도 24명으로 농림수산업(67.6명)에 이어 2위를 기록하고 있다. 전체 고용증가율은(2000~2004)은 2.16%인데 반해 문화산업은 7.86%로 나타나 문화산업의 고용유발 효과가 높아 문화산업 육성이 실업문제 해결에 기여를 할 수 있음을 나타내고 있다. 창조산업에서는 이보다 더 많은 효과가 있다. 그것은 타 산업과 연관과 파급이 더 크기 때문이다. 이는 특히 뉴미디어와 테크놀로지에 결합되는 창조산업일수록 창조경제상의 고용창출의 폭발을 일으킨다. 이는 캐나다의 '태양의 서커스'의 사례에서 확인할 수 있다. 그러나 창조경제의 일자리는 고노동/저임금의 수준을 표방하지 않는다. 창조경제는 양질의 일자리를 창출한다. 고임금은 물론 인간적인 대우 그리고 품격을 존중받는다. 이는 구글과 같은 기업이 문화경영을 표방한 것에서 우리는 이미 충분히 숙지하고 있다. 노동은 정신적으로 강해도 돌아오는 수익은 수평적이거나 그에 상응한다.

4. 진화하는 창조경제

창조경제라는 말이 시대를 한껏 풍미하고 한국사회를 휩쓸고 있지만 정작 창조경제의 당사자도 모르는 현상은 어디에서 비롯하는가 물을 수밖에 없다. 그것은 바로 창조경제가 어디에서 연원했는지 정확하게 짚지 않고 적용하기 때문이다. 하지만 그것이 전부는 아니다. 고정된 창조경제 개념이 아니라 변화가 중요하기 때문이다. 그 속의 핵심 원리가 중요하다.

매우 사소한 영역에서 시작한 창조적인 작업들이 생각지 못한 크리에이티브 이코노믹스를 이룬 사례들에 주목하면 더욱 이를 짐작할 수 있다. 앞으로 다룰 내용은 무엇보다 새롭게 부각되고 있는 과학기술과 ICT 그리고 문화예술까지 아우르고 있다. 그렇게 되는 이유는 창조경제는 끊임없이 진화하고 있기 때문이다. 우리가 많은 사례들에서 확인해야 하는 진화적인 창조경제는 다음과 같은 특징을 지니고 있다.

(1) 창조경제의 원래 개념에서 응용하기

이 순간에도 창조경제는 창조된다. 본래 개념은 잊을 수 있으나 핵심원리를 잊지 말아야 한다. 창조경제라는 말이 어느 영역, 어느 나라에서 나왔는지, 그 개념이 정확하게 무엇인지 따지는 것도 중요하지만 무엇보다 창조경제의 출현 배경과 그것을 움직이는 핵심적인 동력이 어떤 것인지가 더 중요함을 인식해야 한다. 영국의 창조경제는 반드시 주목해야 하지만, 과학기술에도 적용되는 그 철학과 원리가 중요한 이유다. 창조경제론을 표방하지 않았어도 창조경제의 원리들에 부합하는 사례들에 주목해야 한다.

(2) 창조경제는 실시간 진화: 문화예술과 미디어 과학, ICT의 융합

창조경제는 문화예술, 미디어에서 출발하여 정보통신(ICT) 그리고 바이오, 메디컬 공학에 이르기까지 그 영역을 날로 확장시키고 있다. 따라서 그 진화의 방향은 물론 그것을 추동하는 그 안의 메커니즘을 이해해야 한다. 그것의 인식 속에 또 다른 창조경제가 탄생하기 때문이다. 아울러 단순한 융합을 넘어서서 창조경제를 이끌어가는 유인동기에 창조경제의 진화동력이 있기 때문이다. 이런 맥락에서 문화산업이 과학기술공학은 물론 뇌공학, 바이오 메디컬 산업과 연계되는 창조고리에 주목해야 한다.

(3) 창조경제는 창조산업의 형태로 생동

창조경제는 따로 존재하는 것이 아니라 창조산업을 바탕으로 이루어진다. 그렇기 때문에 창조산업에 주목해야 하며, 창조산업을 이루는 창조기업의 육성이 연계되는 점을 중시해야 한다. 현실 속에서 창조경제를 만들어내는 각각의 창조산업은 무엇인가, 그것에 집중해야 한다. 그것은 이미 현실경제 속에서 존재하나 그 가치를 인정받지 못하거나 핵심가치들이 정리되지 못하고 있다. 중시해야 한다. 그 각각의 산업에 진면목을 보아야 한다.

(4) 창조경제는 각 창조 주체의 선순환

창조경제는 개인에서 계급, 기업, 국가, 다시 개인으로 이어진다. 창조경제는 시민과 국민 개개인에서 시작한다. 창조경제의 창조시민에서 출발하여 창조리더, 창조계급, 창조지역, 창조도시, 창조국가로 확장되어 시너지 효과를 일으킨다. 따라서 창조경제 자체만을 부각시킨다고 하여 본질적인 효과가 일어나지는 않는다. 또한 특정 기술개발에만 집중하여 물량공세만을 투여하는 경영과 투자정책이 가진 한계를 창조경제가 왜 지적하고 있는지 주목해야 한다.

(5) 이스라엘과 유태인이 주목받는 이유 환기

문화적으로 창조적인 개인들을 길러내고 그들이 내놓은 창조적인 아이디어들이 상품화로 나아가 기업화, 산업화되며 이를 전 국가화는 물론 세계화하는 철학과 원리들이 창조경제의 중심에 있다. 그러한 일련의 과정은 단순히 시스템의 도입이나 확립이 아니고 창조적인 문화의 형성에 기반해야 한다. 이스라엘은 유대인과 탈무드의 정신이 국가는 물론 유태인 네트워크를 통해 끊임없이 유지 확장되고 있다.

(6) 창조경제의 주체들은 관통하는 원리 재인식

각 개인의 재능과 아이디어, 혁신적인 활동과 결과물이 지적자산물로 형성되어 항구적인 부가가치를 창출하는 메커니즘이 바로 창조경제의 동력임을 인식하고 그것을 다양한 영역에 끊임없이 적용하여야 한다. 개인과 기업, 국가에게 돌아오는 유무형의 지적자산이 일으키는 선순환에 초점을 두어야 하는 것이다. 이런 관점에서 그들이 세계 각 지역에서 이룩한 창조계급과 창조 네트워크, 창조기업을 주목하자. 무엇보다 지적인 아이디어가 지속적인 부가가치 창출을 이루어 각 개인에게 그 수익이 정당하게 보장될 수 있는 시스템을 만들고 그것에 각 개인들이 쉽게 접근 가능할 수 있도록 해야 한다.

(7) 거창한 것이 아니라 사소한 것들이 창조경제 형성

이스라엘과 마찬가지로 한국은 다른 강대국에 비해 투여해야 할 비용과 자원을 최소화하면서 큰 부가가치를 얻어야 한다. 한국인과 비슷한 유태인이 세계를 지배한 이유는 기존에 사소하고 미미하게 간주되어 있는 영역의 잠재적 가치를 알아보고 그것을 새로운 창조의 영역으로 형성시켰기 때문이며, 그렇게 하려면 이것에 필요한 사회문화, 제도, 법, 정책적 지원이 어떻게 필요한지 주목하자. 우리 초코파이 하나가 세계를 주름잡고 있는 것에서 보듯이 작고 사소한 것에서 창조경제가 창출된다. 기존에 공유하고 있지만 사소한 차이 하나가 전혀 생각하지 못한 부가가치를 창출하고 그것이 글로벌 승자가 되기도 한다. 핸드폰은 자동차와 텔레비전에 비해 무시를 당했지만 세계에 걸쳐 엄청난 수익을 창출하고 있다.

(8) 창조경제 인간형

지식정보사회에서는 적합한 모형이나 모델을 탐색하는 인간형이 우선되었다. 창조경제사회에서는 혁신적인 대안을 만들어내는 탐험적인 인간형이 우선한다. 고객과 소비자, 시민의 고차원의 선택과 기호를 만족시켜야 하는 창조경제에서는 산업시대의 모범생보다는 모험생이, 탐색형 인간보다 탐미형 인간이 중요하다. 그러나 모범생과 탐색형 인간은 모두 거리를 두어야 하는 존재들은 아니다. 모두 탐미형 인간의 창출을 위해서는 갖추어야 할 요소가 있다. 다만 그것이 최종 목표는 아니라는 것이다. 탐미형에도 모범적인 유형이 있고, 탐미를 위해서는 탐색이 필요하다. 창조하는 데에도 기본 개념과 모델 그리고 정보탐색이 필요하다. 따라서 융합적 관점에서 최우선 가치차원에서 인간적 유형을 생각해야 한다.

(9) 창조경제의 안전핀은 패자부활

창조가 중요하고 모험과 탐미는 리스크를 동반한다. 따라서 리스크를 줄이거나 사후에 이의 타격이 주는 영향을 최소화하는 조치들이 취해져야 한다. 창조경제의 안전핀은 자칫 패자의 나락으로 떨어질 수 있는 창조적 개인, 기업, 모임의 부활을 뒷받침하는 것이다. 안전한 매트리스 위에서 다양한 창조적 활동과 시도가 활성화되어야 한다. 이를 위한 국가와 시민사회, 공동체의 역할 배분과롤 모델이 시급히 구축되어야 한다. 창조 기업들은 다시 재기하여 현재의 경지를 이룰 수 있었다. 패자부활의 제도와 시스템은 창조경제의 안전핀이므로 이를 구축하는 것이 무엇보다 선행되어야 한다.

다음에서는 국가별 정책적 사례를 살피고, 각 영역에서 창조경제의 창조산업 현상과 사례가 각각 어떻게 형성되었는지 분석하고자 한다.

1. 민경국 교수와 함께하는 경제사상사 여행 (23): 기업가이론의 창시자 조지프 슘페터, "경제 성 장 동력은 '창조적 파괴' 이끄는 기업가 정신", 〈한국경제〉, 2013년 2월 15일자.

2. 윌리엄 번스타인, 《부의 탄생》, 시아출판사, 2005 참조.

3. [이어령 특별 인터뷰] "초지적재산권의 경쟁이 시작됐다", 〈중앙일보〉, 2012년 8월 31일자 36 면.

4. 주경철, [경제사 뒤집어 읽기] "증기기관은 노동자에게 더 많은 일감을 줬다", 〈한국경제〉 2011년 4월 29일자 24면.

5. 윌리엄 로젠, 《역사를 만든 위대한 아이디어》, 21세기북스, 2011 참조.

6. 중국 관영 텔레비전(CCTV)을 통해 방영된 다큐멘터리 〈대국굴기〉 영국편 – 4부: 공업 우선 (工業先聲) – 영국(18-19세기) .

7. 벨은 특허를 못 받을 뻔 했다. 1876년 2월 14일 벨이 특허를 신청한 같은 날 엘리샤 그레이가 두 시간 늦게 신청을 해서 누가 먼저 발명을 했는지 시비가 생겼기 때문이다. 결국 미 특허청 은 벨의 손을 들어주었다.

8. [특허가 기업경쟁력] (기고) "특허심사 처리기간 단축", 〈한국경제〉, 2002년 4월 8일자.

9. [思士들의 事事件件] 〈파이낸셜뉴스〉, 2009년 11월 12일자.

10. 케이브즈는 소비자가 새로운 창조상품에 대한 가치를 알 수 없기 때문에 수요가 불확실하다 (Demend Is Uncertain)고 한다. 이런 특성을 'Nobody knows property'로 불렀다(Caves, 2000: 2-3).

11. 양종회, 《미국의 문화산업체계》, 지식마당, 2004, p. 174.

12. 지식재산권은 문학, 예술, 연출, 공연, 음반, 방송, 발명, 공업 특허 등 지식활동에서 발생하는 모든 권리를 뜻한다. 전에는 지적재산권 혹은 지적소유권이라고 불렀으나 최근 지식재산권으 로 법률 명칭이 변경됐다. 크게 산업발전을 목적으로 하는 산업재산권과 문화창달을 목적으 로 하는 저작권으로 분류할 수 있다. 이 두 권리는 지적 창작물을 보호하는 무체(無體)재산권 이라는 점과 보호기간이 한정돼 있다는 점에서 동일하다. 그러나 산업재산권이 특허청 심사 를 거쳐 등록해야만 보호되는 반면 저작권은 출판과 동시에 보호된다는 점에서 다르다. 보호 기간도 산업재산권은 10~20년 정도로 비교적 짧고 저작권은 저작자 사후 30~50년까지로 상당히 길다(두산백과사전).

13. 산업재산권은 특허권, 실용신안권, 상표권 네 가지로 나뉘며, 신지식재산권은 컴퓨터 프로그 램, 데이터베이스, 도메인 네임, 전통지식 등 새롭게 포함된 재산권이 속하게 된다.

제 3 부
창조경제의 사례분석

1. 국가별 사례분석

1) 영국: 위대한 영국 창조정책 프로그램

영국은 일찍부터 '혁신과 창조성'을 중요한 개념으로 보고 이러한 혁신과 창조성이 향후 영국의 미래를 이끌어갈 것이라고 믿고 있었다. 그럼에도 불구하고 이전의 영국 창조산업 정책 환경은 창조산업에 대한 경제적 고려가 부족해 창조산업이 생산적 동인이라기보다는 유흥거리로 여겨졌고, 심지어 경제학자들은 창조산업을 종종 소비산업(Comsumption Industry)으로 범주화했다. 그러나 문화예술과 경제의 융합은 영국의 정책입안자들이 창조산업에 대한 정책적 개입의 필요성을 인식하는 계기가 되었다(pratt, 2004). 이에 따라 영국은 창조산업을 '개인의 창조성, 기술, 재능 등을 이용하여 지적재산권을 설정하고, 이를 활용하여 일자리를 창출할 수 있는 잠재력을 지닌 산업'으로 정의하고, 창조경제 및 관련 산업 육성을 21세기 장기 비전으로 제시하여 정부 주도적인 정책을 수행해나가고 있다.

영국의 창조산업의 정책목표는 ① 미디어 다원주의[1], ② 대중의 문화접근 및 문화를 통한 사회통합[2], ③ 창조산업을 동력으로 하는 '창조경제'의 발전, ④ 참여하는 문화예술 교육의 확대[3]에 있다. 특히, 창조경제의 담론은 창조산업의 경제적 효과와 고용 창출 그리고 문화 창조 교육이다. 어린이와 청소년에 대한 직접참여 형태의 다양한 문화예술 교육이 문화소비자와 생산자를 길러낼 뿐만 아니라 창의성, 적응력, 관용정신을 갖춘 미래의 시민을 길러내는 데 크게 기여하고 있다.

영국은 유럽 국가들이 선호하는 문화산업 대신 창조산업이라는 좀 더 포괄적인 정책범위를 설정하고 있으며, 그 핵심적인 골자는 2008년의 〈창조영국전략〉부터 잘 드러나고 있다. 콘텐츠 향유는 궁극적으로 콘텐츠를 통하여 만족스러운 문화생활을 영위하고 문화에 대한 감식능력과 이해도를 향상시키며, 궁극적으로 국민들이 일상 속에서 창조적 능력을 발휘하여, 삶의 만족도를 높이는 것이다. 영국의 창조산업 정책도 이러한 문화적 가치지향을 기본적인 토대로, 국가경제의 발전을 위해 창조산업이 어떻게 기여할 것인지에 대해 고민하고 있다. 세부과제들을 보면, 다른 국가들과 마찬가지로 인프라의 구축과 확장에 기초하여, 디지털 영국에 요구되는 교육과 인재양성, 연구개발과 공공서비스 등에 관심을 집중하고 있다. 이런 맥락에서 보면, 영국의 창조산업은 단순히 문화영역에 국한된 정책 프레임을 넘어서 범국가적인 정책으로 국제경쟁력, 경제적 현대화, 도시 활성화, 경제적 다각화, 국가 명성의 제고와 국가경제개발[4] 등 일종의 미래형 국가의 청사진을 제시하는 광범위한 정책 프레임이다.[5]

영국의 창조산업 정책이 본격적으로 시작된 것은 1997년 토니 블레어 정부가 창조산업을 육성하여 'Creative Britain'을 건설하겠다는 비전을 제시하면서부터이다. 1998년 영국문화미디어체육부(DCMS)는 영국 경제에서 가장 빠르게 성장하고 있는 산업의 하나로서 '창조적 분야'(Creative disciplines)라고 부를 수 있는 영역들을 발표하고, 1998년과 2001년 영국 정부는 〈창조산업 전략보고서〉(The Creative industries mapping document)를 통해 창조산업을 정의하고 창조산업의 규모와 구조 등 경제적 효과를 수치로 증명함으로써, 정치권, 언론, 학계, 문화예술계 등으로부터 다양한 관심을 불러일으키고 창조성에 기반을 둔 지식 산업의 중요성에 대한 공감대를 형성하는 등 창조산업 육성정책을 공론화하였다.[6]

이 보고서의 정의에 따라 창조산업은 창의성을 바탕으로 한 산업 활성화의 측면을 반영하여 광고, 건축, 예술과 골동품, 공예품, 디자인, 패션, 영화 및 영상물, 레저 호환 소프트웨어, 음악, 공연예술, 출판, 소프트웨어 및 컴퓨터 서비스, TV 및 라디오 방송 등 총 13개 분야로 분류되고 있다. 이와 아울러, 창조산업으로 분류하지 않았지만, 매우 밀접한 관련업종으로 관광업, 의료업, 박물관업, 문화유산 및 스포츠업을 제시하고 있다. 이후 영국은 2000년에 '디지털콘텐츠 육성 실천계획'을 발표해 창조산업이 GDP의 10% 수준으로 성장하도록 육성하고 관련 일자리를 100만 개 이상 창출하겠다는 목표를 세웠다. 뿐만 아니라 새로운 미디어 환경에 대응하고자 2000년에 발표한 백서 '커뮤니케이션의 새로운 미래'를 통해 방송·통신 융합미디어를 총괄할 단일 규제기구인 Ofcom(Office for Cmmunication)을 2003년에 설립하였고, 'Communcation Act 2003'을 제정하였다. 이는 방송과 통신을 분리하여 규제하던 기존의 수직적 규제체계를 수정하여 전송과 콘텐츠를 구분해 전송 영역을 단일 규제하는 수평적 규제로의 전환이 주된 내용이다.[7]

2005년에는 문화미디어스포츠부가 창조산업에 대한 포괄적인 정책을 개발하고 영국을 세계 최대의 창조산업 허브로 발전시키기 위한 '창조경제 육성계획'(Creative Economy Program)을 추진하였다. 이에 따라 '창조경제 프로그램'(Creatieve Economy Programme)을 개설했다. 이 사업의 주된 내용은 창조산업 핵심사안 각각에 대해 특별위원회를 설치하고 정책제안과 창조산업의 홍보, 전국, 지역, 지방의 관련 단체들과 네트워크 구성과 협력 강화 등의 도모이다. 한편, 인력양성 및 네트워킹 활성화를 통한 간접적인 지원도 중요한 역할을 차지한다. 스킬셋(시청각산업)과 문화 창조 스킬셋(예술, 건축, 디자인 등)이 각 산업에 대한 인력수요 조사, 연구, 훈련 및 교육, 활동을 통해서 현장인력의 재교육과 신규인력의 현장 진입을 돕고 있다.

창조경제 프로그램은 주요 현안으로 인력양성(교육/훈련), 지적재산업의 효과적 활용, 기술개발, 경영기법의 개발, 재원조달, 문화다원성 확보, 인프라와 연구 분석의 중요성을 지적하고 이에 대한 정책 개발을 진행했다. 영국 정부는 2012년 런던올림픽을 앞두고 영국을 더욱 혁신적이고 창조적인 경제로 발전시키기 위해, '크리에이티브 브리튼'(Creative Bratain)이라는 슬로건 아래 2008년 2월 창조산업 육성에 관한 중장기 전략을 발표했다. 2008년 4월, 영국 정부는 혁신을 위한 노력으로 "창조적 영국: 새로운 경제를 위한 새로운 재능"(Creative Britain: New Talents for the New Economy)이라는 타이틀 아래 8개 부문 26개 중장기적 정책 과제를 제시한다.

국립과학기술예술재단(NESTA)은 영국 정부가 과학기술 및 예술 분야를 위해 조성한 사회적 투자기금을 운용하는 기구다. 사회단체, 벤처기업, 사회적 기업 등의 반짝이는 혁신 아이디어 등을 지속적으로 지원하는 영국 혁신의 심장과도 같다. 1998년 영국 정부가 1998년 사회단체 등 '제3섹터 기관'이 벌이던 창의적인 연구와 사업을 지원하는 공익재단 설립을 제안했고, 영국 의회가 NESTA 설립을 의결했다. 사업 선정과 투자, 평가 등은 공무원·교수·기업인·법률가 등으로 이뤄진 NESTA 이사회가 결정하는데 객관성·공정성을 기한 것이 성공

비결이기도 했다. 창업훈련, 멘토링, 자문 및 자금지원 등 창업의 단계별 맞춤 지원과 더불어 대학, 지역 기업 및 전문가협회 연계를 통해 창업 지원사업의 효율성을 높이고 있다.

NESTA의 주요 연구는 크게 세 분야다. 첫째 경제성장, 둘째 창조적 기업, 셋째 공공 및 사회 등이다. 세 파트에서 각각 내놓는 독립된 연구 결과물들이 상호작용을 일으키며 더욱 새로운 혁신적 아이디어를 생산하는 원동력이 된다. 이렇게 연구만 하는 것이 아니라 직접 투자를 진행하기도 한다. NESTA는 현재 헬스케어 · 환경 · ICT(Info rmation & Communication Technol ogy: 정보통신기술) 분야에서 5,000만 파운드 규모의 벤처 투자를 진행했다. NESTA는 이런 벤처 투자를 통해 연간 1,500만 파운드 규모의 자체 수익을 낸다.[8] NESTA는 2012년 4월 공공기관에서 민간기관으로 전환했다. 이로써 독립성이 더욱 강화됐다. 재원은 복권기금(National Lottery)에서 가져온 3억 2,000만 파운드(5,000여억 원)였다. NESTA는 해마다 이 기금에서 나오는 이자 2,000만 파운드(300여억 원) 정도를 씨앗 돈으로 삼아 정부와 별개로 창조적인 사업을 벌이고 있는데, 2012년 6월부터 제프 멀건이 대표를 맡아 운영하고 있다. 그는 "창의적이고 혁신적인 아이디어가 미래를 주도할 것"이라며 "NESTA는 사회적 기업과 벤처 투자, 정책과 혁신 연구, 지방정부 · 복지 · 예술 후원, 혁신기술 지원 등에 집중하고 있다."고 말했다. 그는 영재단(Young Foundation)에서 사회혁신을 주도했었다. 2008년부터 '플랜 A', '플랜 B'라는 단기적 사회혁신을 추진했던 NESTA는, 최근 장기적 혁신 이행안을 담은 '플랜 I'를 내놨다. 초기단계의 기업 · 단체 지원, 과학기술 혁신 지원, 노동시장 · 공공부문 · 교육 혁신 등 12가지 혁신 내용을 담았다.

NESTA는 네 가지 기준으로 창조산업을 분류했다. 콘텐츠(content),

서비스(services), 체험(Experience), 원본(originals) 등이 그것이다. 콘텐츠에는 출판이나 텔레비전 방송, 영화 상영, 녹음음악 등이 속한다. 서비스에는 홍보 마케팅, 광고, 디자인 등이 속한다. 체험에는 관광이나 전시, 관람이 있다. 원본에는 골동품이나 조형물, 유물이 속한다. 미디어와 문화유산, 예술을 이 네 가지 기준으로 아우르고 있다. 2009년 NESTA는 독립 스튜디오 경쟁력, 퍼블리셔 스튜디오 경쟁력, 서비스 경쟁력, 인력풀, 콘솔판매 감소에 따른 경쟁력, 온라인게임 경험도 등 총 19개 항목을 통해 각국의 게임산업 경쟁력을 평가하면서 한국 게임 산업의 경쟁력이 미국, 일본에 이어 세계 시장 3위라고 발표하기도 했다. 이 기관도 끊임없이 변신의 변신을 모색하고 있으며 그 역할과 그에 따른 효과는 계속 진화하고 있다.

2) 이스라엘: 창조기업 인큐베이팅 프로그램과 시스템

이스라엘 학생의 80~90%가 창업에 도전할[9] 만큼 이스라엘은 창업국가이다. 최근 10년간 창업기업에 투자된 벤처캐피털 자금은 150억 달러에 달할 만큼 창업국가 이스라엘의 벤처기업 창업지원을 위한 정부 정책은 다양하다. 이스라엘은 좁은 내수시장의 한계 극복을 위해 벤처기업의 창업 초기부터 글로벌화를 지향하고 정부는 이를 정책적으로 지원한다. 이스라엘 정부는 1990년대부터 24개 벤처 인큐베이터를 통해 2,000여 개의 신생 벤처기업을 지원해왔다. 각 인큐베이터는 신생 벤처기업이 자리 잡을 때까지 2년간 돕는다. 인가받은 프로젝트는 예산의 85%를 연구 개발 자금으로 제공하고 연구시설뿐 아니라 경영과 마케팅도 지원한다.[10] 그 정책 프로그램을 자세히 살피면 다음과 같다.

(1) 인큐베이터 프로그램

1990년대 초 100~200만 명의 동구 및 러시아의 유대인들이 이스라엘로 대거 유입했다. 이스라엘 전체 인구 700만 명의 약 17%였다. 대부분 과학자 및 엔지니어로 구성된 고급인력들로 이들의 기술력을 효과적으로 흡수할 수 있는 프로그램의 필요성이 대두되었다. 이에 따라, 1991년부터 자국 창업기업 육성 및 러시아계 이민자들의 기술력 흡수를 위하여 인큐베이터 프로그램(Technological Incubators Program)을 시작했다. 2002년부터는 운용의 효율화를 기하고 시장에 대한 정부의 직접적 개입을 최소화하기 위하여 인큐베이터의 운영을 민간 벤처캐피털에 맡겼다.

운용방식은 사업 아이디어를 가진 개인에 대한 창업지원 프로그램으로 정부 연간예산 미화 4,500만 달러(약 500억 원)를 주었다. 프로젝트별 최대 50만 달러(약 5억 5,000만 원)를 지원(연간 80개 프로젝트)했고, 이중 정부는 85%, 인큐베이터는 15%를 부담했다. 인큐베이터는 시설 운영 및 창업자에 대한 행정, 법률, 회계 등의 서비스를 지원하여 창업자가 기술개발에만 집중할 수 있도록 했다. 입주자는 시설 입주 후 최대 2년 이내에 기술개발 완료, 상업화 및 투자유치를 받아야 인큐베이터 졸업이 가능했다. 인큐베이터(Incubator) 운용을 보면 OCS는 인큐베이터 운영에 대한 허가제도 시행했다. 인큐베이터 운영자는 VC(venture capital)이며, 이들은 단독 혹은 컨소시엄을 구성하여 인큐베이터 관리회사를 설립하여 운영했다. 이들은 우수창업 초기기업에 대한 지분을 미리 확보해 놓을 수 있는 권리를 누려서 지분의 최대 75%까지 확보 가능했다. 2000년 초 민영화 이후, 운영기간 만료(8년)가 되면 OCS는 VC 대상으로 인큐베이터 운영에 대한 입찰을 순차적으로 실시했다.

(2) 지원 형태와 프로그램 사례

벤처기업 육성을 위해 보조금을 지원하는 형태와 벤처캐피털을 통한 간접 지원이 있다. 보조금을 통한 벤처기업 창업지원정책의 특징은 Grant 방식으로 연구개발비의 50~80%까지 지원하며 사무실 임대에서부터 사업기획, 타당성 조사, 초기자금 지원 등이 있다. 창업의 전 단계에 걸쳐 실질적인 지원으로 창업의 성공률을 제고한다. 요즈마 캐피털과 같은 정부 주도의 벤처캐피털을 통해 창업기업이 부족한 상업화와 마케팅을 지원하고 이를 통해 기업들의 R&D 역량강화를 지원한다. 이스라엘을 이런 역동적인 창업국가로 탈바꿈시킨 근저에는 1993년 출범한 요즈마 펀드의 역할이 컸다. 에후드 올메르트 전 총리가 1990년대 산업노동부 장관이었던 시절부터 요즈마 프로젝트라는 벤처 지원 프로그램을 운영했다.

인큐베이터의 주요 기능
- 입주기업에 대한 사무실 공간 및 각종 집기 제공
- 창업에 대한 재정 지원 (정부측 + 민간측)
- 관리 기능 지원 (비서, 회계, 법률, 상품화)
- 관리 및 기술 지원, 사업 방향에 대한 가이드

- 잠재적 소비자, 파트너 및 투자자와 연결
- 입주기업 간 상조 효과 유도

① 요즈마로 대변되는 정부 벤처캐피털 육성

혁신을 뜻하는 '요즈마'(YOZMA) 프로그램은 1993년 이스라엘 정부가 이스라엘 하이테크 산업에 투자할 외국자본 유치를 위해 설립한 이스라엘의 대표적인 공공투자 프로그램이다. 요즈마는 히브리어로 창의·독창·창업 등과 같은 뜻을 가진 단어다. 즉, 새로운 것을 창조하고 새로운 기업을 창업할 수 있도록 도와주는 벤처캐피털(venture capital) 펀드이다.

요즈마 펀드는 벤처캐피털에 자금을 대주는 역할을 하는 펀드다. 요즈마 프로그램은 자본이나 담보능력 없이 아이디어만으로 출발하는 벤처기업인들에게 자금조달을 해결해주기 위해 설립된 정부 주도의 벤처캐피털이다. 투자를 받은 기업은 경영에 실패해도 정부에 투자금을 갚을 필요는 없다. 각종 담보와 보증을 잡는 한국 벤처캐피털과 판이하다. 창업기업에 대한 투자자금은 벤처캐피털과 정부가 2 대 1 매칭 방식으로 투자하여 수익이 나면 정부 지분을 민간투자자가 인수하는 방식으로 운영한다. 자금지원뿐만 아니라 경영 노하우, 마케팅, 파트너 발굴 등의 서비스를 제공하는 벤처캐피털 산업을 육성하기 위해 1993년 요즈마 벤처캐피털을 설립했다. 요즈마 벤처캐피털은 10여 개의 자회사 펀드를 조성하는 등 벤처캐피털 산업을 육성하는 한편, 하이테크 기업에 직접 투자하는 등 두 가지 역할을 수행했다. 요즈마 벤처캐피털의 출범으로 1991년 1개였던 이스라엘의 벤처캐피털은 2010년 현재 70개를 넘고 있으며 자금 규모도 12.6억 달러에 이른다. 이스라엘 정부는 1993년에 1억 달러를 조성하여 8,000만 달러는

10개 민간 벤처캐피털에 자금을 대주는 요즈마 펀드로, 나머지 2,000만 달러는 정부가 직접 투자하는 요즈마 벤처펀드로 사용했다.

운영방식은 건당 800만 달러를 1개의 연구 개발업체에게 전용 배정한다. 요즈마는 진행 중인 경영활동에 계속 참여하며 파트너들에게는 일정한 기한이 종료된 후 펀드에 있는 요즈마 지분을 매입할 권리를 부여받는다. 요즈마는 이스라엘인이 설립하거나 이스라엘인을 핵심 지위에 채용하는 외국인 업체들과의 협력을 강화한다. 대표적인 투자 성공 사례로 의료기기 업체인 바이오센스(Bio sense), 인터넷 시뮬레이션 업체인 이-심(E-Sim), 통신인프라 업체인 텔레게이트(Telegate) 등이 있다. 요즈마 펀드는 투자 결과와 실적이 좋았기 때문에 1997년 민영화됐다. 요즈마 펀드 경영진이 이스라엘 최대 그룹인 오퍼(Ofer) 그룹과 손잡고 인수했다. 요즈마 그룹은 1998년 요즈마 II, 2002년 요즈마 III 펀드를 잇달아 설립해 투자 규모를 확대했다. 펀드 규모는 초기 1억 달러에서 10년 후 40억 달러 규모로 커졌다. 그 특징을 요약하면 다음과 같다.

요즈마 펀드의 출자를 받으려는 민간 벤처캐피털에 기존 금융회사와 소유 관계가 없는 독립적 회사를 세우라고 요구한다. 정부는 민간이 조성한 벤처캐피털의 40%(최대 800만 달러까지)만 요즈마 펀드에서 투자해 민관 벤처캐피털 10개를 만들었다. 요즈마 펀드는 첨단기술을 가진 기업이 창업하고 초기에 기반을 다질 수 있도록 창업 기업의 초창기에 집중하여 투자한다. 요즈마 펀드는 정부가 1억 달러만 투자했고, 나머지는 민간의 자금을 모아 2억 5,000만 달러를 조성했다. 이후 민간에 맡겼고, 요즈마 펀드의 투자 성공에 자극을 받아 이를 모방한 형태의 민간 벤처캐피털이 많이 생겼다. 벤처캐피털 10개엔 반드시 하나의 이스라엘 금융회사와 외국 금융회사가 참여토록 했다. 벤처

기업을 많이 육성하기 위해선 외국의 선진 기법을 배워야 한다는 원칙 때문이었다. 실제 미국·독일·네덜란드·일본·싱가포르 등이 외국 투자자로 참여했다. 정부의 수석과학관(OCS: Office of the Chief Scientist)이 요즈마 펀드 이사회에 참여했다. 수석과학관은 정부에서 첨단기술 창업 기업의 육성을 돕는 자리인데, 이들이 이사회에 참석하면서 창업 기업의 애로 사항들을 벤처캐피털에 개진하고 벤처캐피털의 요구 사항을 창업 기업에 전달하는 정보 교환의 중심축 역할을 했다. 요즈마 펀드는 민간에 높은 수익률을 실현할 기회를 제공했다. 보통 다른 나라의 벤처캐피털 정책은 투자자의 손실을 정부가 보전해주거나 세제 혜택을 제공하는 데 초점을 맞추지만, 요즈마 펀드는 최대 5년 안에 정부가 갖고 있는 지분 40%를 이자 5~7%를 더해 살 수 있는 권리를 투자자에게 제공했다. 이를 '업사이드 인센티브'(upside incentive)라고 한다. 벤처 투자자로서는 창업 기업이 성공하면 정부 지분을 싸게 살 수 있기 때문에 그만큼 이익을 얻을 기회가 많다. 이러한 기대가 민간의 참여를 성공적으로 이끌어냈다. 요즈마 펀드는 처음부터 민영화를 계획하고 시작했다. 보통 다른 나라 벤처캐피털 정책의 실패 원인 중 하나가 정부 정책이 민간의 참여를 구축(crowding-out)하는 것이다. 그러나 요즈마 펀드는 민영화가 전제였기 때문에 민간의 자발적 참여를 구축하지 않았다.[11]

② Tnufa 프로그램

Tnufa 프로그램은 수석과학관실에서 운영하는 신생기업 육성 프로그램으로 초기 비용의 85%, 최대 20만 세켈(약 5만 달러)까지 지원받을 수 있으며, 해당 기업이 사적자금을 받을 수 있는 단계에 도달할 때까지 지원한다. 기획단계(pre-seed stage)에서는 타당성 조사, 사업계획서 작성, 파트너 탐색, 투자자 유치 지원 및 초기단계의 기술벤처에 대해서는 초기 자금(seed money)을 지원한다. 정부자금을 지원받은 창업자는 매출이 발생할 경우에만 7년에 걸쳐서 3~5%의 기술료 형태로 정부자금을 상환한다.

③ 기술 인큐베이터 프로그램

산업무역노동부에서 직접 운영하는 프로그램으로 재무부, 수출공사, 상공회의소와 협력하여 신생기업이 사업을 시작할 수 있도록 사무실 임대, 금융지원, 기타 상담지원 등 포괄적인 지원을 포함하고 있는 프로그램이다. 소요되는 자금의 85%가 정부지원이며, 개별 프로젝트에 대해 최대 2년까지 지원한다. 이스라엘에는 총 24개의 인큐베이터가 있으며, 이를 통해 총 200여 개의 신생기업이 지원을 받고, 지원 대상 신생기업의 60%가 IT관련 기업이다.

④ 바이오텍 펀드와 Vertex 펀드

요즈마 펀드 이후, 유일하게 정부가 직접 출자하는 펀드다. 2010년 5월 4개의 이스라엘 VC를 선정했고 최근 1개 VC를 철회했다. 민간에서 6,500만 달러를 유치하면 정부가 2,500만 달러를 매칭(1억 달러 펀드)했다. 3개의 VC가 자금유치에 성공하면 총 3개의 펀드가 결성(각 1억 달러)되었다. 바이오 분야 우선은 2000년 이후 이스라엘 정부의 국가적 아젠다이지만 펀드 조성이 어려운 점을 감안해 예외적으로 정부가 출자했다.

Vertex 펀드도 추진되었는데 KVIC과의 MOU체결을 통하여 1억 5,000만 달러의 펀드 결성을 했고, KVIC은 2,500달러의 출자를 결정했다. 1st closing의 목표를 5,000만 달러로 추진하기도 했고, 중국, 일본 및 캐나다의 기업과 협의했다. 1st closing 이후 최종 closing까지는 통상 1년 소요되는데, 최종결성 규모는 예정했던 1억 5천만 달러보다 컸다.

(3) 장기적·지속적인 국가 창업정책

이스라엘에서는 정부 차원의 장기적인 창업정책이 중요하다. 이스라엘은 산업통상노동부 산하에 수석과학관실(OCS: Office of the Chief Scientist)을 운영하고 있다. 이곳에는 10년 이상 기업을 경영한 최고경영자(CEO)나 벤처투자 경험을 가진 150명 정도의 석·박사 소지자들이 있다. 이들은 연간 100억 달러의 예산을 가지고 26개의 인큐베이터 시스템을 통해 창업을 지원한다. 특히 환경기술, 생명공학 등 10~15년 앞을 내다보는 고위험 프로젝트에 예산의 70%를 집중한다. 70년대 해수의 담수화 프로젝트, 80년대 원자력 안전기술, 90년대 IT벤처 육성, 2000년대 인터넷 보안기술 등이 모두 10년 앞을 미리 내다본 OCS의 작품이다.

수석과학관실(OCS)의 역할

- 이스라엘 인큐베이터 프로그램에 대한 관리 및 감독
- 인큐베이터에 대한 Franchise 관리(운영 허가 및 운용요건 재심사 등)
- 각 인큐베이터에서 올라온 프로젝트에 대한 승인 결정 및 재정지원
- 연간 예산 관리(U$45M, 한화 500억 원 가량)
- 프로젝트별 최대 U$500,000까지 가능(이 중 정부분담은 최대 85%)
- 연간 85개 정도의 프로젝트 승인(승인요청 건은 대부분 통과된다고 함)

- 입주기업의 R&D 투자비를 발생 시마다 직접 기업에 벌충해줌(관리목적상)

이스라엘은 모든 정부부처를 창업국가의 기반이라 할 수 있는 과학기술과 정보기술(IT)을 중심으로 운영한다. 전담부처는 없지만 국가경영의 최우선 기조를 과학기술과 ICT에 두고 있다.[12] 따라서 이러한 부분에서는 이스라엘이 한국에게 정책적 모범이 될 수 있을 것이다. 다만 이스라엘은 그 자체가 아니라 미국 경제와 떼어놓을 수 없는 관계에 있음을 다시 인식할 필요가 있다.

(4) 정책적 시사점

이스라엘은 벤처 창업문화와 국방연구를 기반으로 한 산업발전, 과학기술을 중시하는 정부 정책 및 지원체계 등을 통해 강소국으로 도약했다. 창업국가 이스라엘은 정부의 보조금과 벤처캐피털을 통한 직간접적인 지원으로 국가적으로 벤처창업을 활성화하고 이를 통해 세계 최고 수준의 연구개발투자를 지속하고 있다. 이스라엘처럼 싱가포르도 각각 '기술인큐베이터 프로그램', 'CREATE 프로그램' 등의 해외 우수 과학지 및 연구원 유치 관련 R&D 프로그램을 운영 중이다.[13] 싱가포르의 정책도 매우 모범적이지만 이스라엘이 더 성과가 좋은 것은 사회문화적인 차원에서 이스라엘이 더 창조적인 아이디어가 많이 나오기 때문이다. 결국 정책 제도나 시스템 만이 아니라 창조성이 발현 인정 공유 사업화되는 과정의 일상적 구축이 매우 중요함을 알게 한다.

3) 핀란드: 스타트업 프로그램

　핀란드는 노키아가 경제성장을 주도해왔다. 노키아는 핀란드 수출의 25%, 법인세의 22%를 차지했고, 노키아의 매출이 핀란드 국내총생산의 20%를 넘었다. 우수 인재들이 노키아로 가고, 국가 경제가 노키아 중심으로 돌아가면서 신생 기업은 설 수 없었다. 그러나 2007년 애플의 아이폰이 등장한 이후 노키아 주가는 전성기 때의 20분의 1로 줄었다. 스마트 환경과 맞물려 글로벌 금융위기로 노키아가 위기에 빠진 2009년에는 핀란드의 경제성장률이 –8.3%를 기록할 만큼 심각한 상황에 빠졌다. 노키아라는 글로벌 공룡의 존재가 도리어 핀란드 기업들이 노키아에 종속되는 결과를 낳았다.[14] 노키아 본사는 2012년 6월 전체 직원 중 20%인 1만 명을 감원한다는 대규모 구조 조정 계획을 발표했고, 일부 사업부 매각과 임원진 개편, 핀란드 · 독일 · 캐나다 일부 공장 폐쇄 등을 추진했으며 9월에는 한국 생산법인 노키아티엠씨의 직원 950명 중 75%를 감원하는 대규모 구조조정을 단행했다. 노키아의 국내총생산 기여도는 0.8%까지 축소됐고, 12년 만에 시가총액의 94%가 사라졌다.[15] 〈월스트리트저널〉은 "노키아의 고통이 핀란드 고통이 되고 있다"는 기사를 통해 특정 기업에 과도하게 집중된 핀란드 경제 구조의 취약성을 지적하기도 했다.

　핵심은 새로운 기업의 육성이었다. 미국 노동부 통계에 따르면 최근 30년간 설립 5년 이내의 신생기업이 미국에서 만든 일자리가 4,000만 개다. 이는 정확히 같은 기간에 미국 전체 순고용 증가치와 같다.[16] 정부의 지원정책에도 불구하고 핀란드의 벤처 창업활동은 선진국 가운데 가장 부진해 '핀란드의 역설'이란 말까지 나왔다. 핀란드는 세계에서 가장 혁신적인 국가 중 하나로 꼽힌다. 국가경쟁력을 비롯해 혁신과 관련된 각종 국제통계에서 항상 세계 최상위권이다. 2012년 초 독일의 쾰른경제연구소가 발표한 혁신지수 조사에서도 1위를 차지했다. 하지만 언제나 창업지수는 낮았다.

노키아가 부진의 늪에 빠진 이후 정부는 창업 활성화를 위해 대대적 지원에 나섰고 산·학·연의 노력이 시너지를 내면서 젊은이들의 도전정신이 다시 살아났다.[17] 핀란드 경제는 최근 3년간 평균 성장률(2.1%)이 유로존 평균(0.9%)을 웃돈다. 비결은 창업이었다. 핀란드 제2의 도시 에스푸에 있는 알토 대학에는 '벤처 차고'(Venture Garage)라고 불리는 창업 지원자들의 집합소가 있다. 이 창업 지원센터는 2010년부터 매년 봄·가을 약 20팀을 선정해 '창업 사우나'(Startup Sauna)라는 이름의 집중 창업 지원 프로그램에 참가할 수 있는 자격을 준다. 핀란드 정부의 기술 진흥 기구인 테케스(Tekes)의 지원을 받는 이 프로그램이 첫해에 배출한 36개의 기업은 창업 후 한 해 동안 약 860만 유로를 벌어들였다. 테케스는 2011년 한 해 동안 1,928개 프로젝트에 6억 1,000만 유로(약 8,800억 원)를 지원했다.[18] 기술혁신투자청(TEKES), 벤처 캐피털펀드 핀베라를 통해 자금마련부터 경영위기 극복을 위한 네트워크 형성까지 지원했다.[19] 노키아의 추락을 보며 핀란드 정부는 2008년 대학을 근본적으로 흔든 개혁을 도입했다. 헬싱키기술대학, 헬싱키 경제대학, 헬싱키 아트와 디자인대학을 합친 알토대학이 2010년 탄생했던 것이다.

노키아에서 떨어져 나온 사람들이 창업한 신생 기업이 300개가 넘었다. 즉 노키아가 1만 5,000명에 달하는 대규모 구조조정을 단행하는 과정에서 퇴직 연구개발(R&D) 인력들을 중심으로 300개 이상 새로운 기업이 탄생해 핀란드가 벤처·중소기업 중심 경제로 거듭났다는 것이다. 때맞춰 등장한 스마트폰 게임 앵그리버드는 핀란드의 경제 판도를 바꿔놓았다.[20] 2003년 헬싱키기술대학 학생 셋이 창업해 2009년 앵그리버드 게임으로 히트 친 로비오는 창업을 꿈꾸는 젊은이들의 역할 모델이 됐고, 이는 기술 이전 생태계를 구축해 창업 열기를 확산시켰다.[21] 이후 강한 벤처·중소기업으로 대체하는 저력을 발휘하기에 이른다.[22]

BBC는 "핀란드에서는 '노키아의 몰락이 우리나라에 일어난 최고의 행운'이라는 말이 공공연하게 돌기도 한다"고 전했다.[23] 국가 부채가 유로존 평균의 절반일 만큼 재정이 탄탄하고 제도에 대한 신뢰는 북유럽 국가 중에서도 제일 높다.[24] 이점이 새롭게 기업을 육성해도 언제든지 탄력을 받을 수 있는 건전한 환경이기도 하다.

핀란드는 신생 기업들에 고용청 심사를 거쳐 창업 후 18개월까지 월 500~700유로씩 생활지원금을 제공하고 창업자보험에 가입시켜준다. 또 대기업이 개발한 지식재산권을 중소기업들이 상용화할 수 있는 프로그램을 가동했다. 2009년 노키아에서 개발된 1,000개 아이디어 중 100개가 이 프로그램으로 선택됐고, 14개 기업이 창업돼 일자리도 200개나 생겼다.[25] 핀란드기술청(TEKES)이 창업 자금 중 절반을 지원하고 벤처캐피털 등이 가세하는 구조다. 고용 창출 효과가 탁월하자 정부는 당초 3년으로 예정했던 이 사업을 2012년까지 연장했다. 핀란드 기술혁신투자청(TEKES)은 노키아가 직원의 창업을 전문적으로 돕는 '이노베이션 밀'이라는 프로그램을 운영하도록 했다. 이 프로그램을 통해 노키아 퇴직자들이 세운 신생 기업만 300개가 넘었다. 앵그리버드의 주인공 로비오도 이 기업들 중 하나였다. 핀란드 정부는 또 정부 주도 벤처캐피털인 '핀베라'를 통해 스타트업 자금지원에도 적극적으로 나섰다. 핀베라는 26억 유로(약 3조 7500억 원) 기금으로 매년 벤처 기업 3,500여 개를 지원해 새 일자리 1만여 개를 만들었다.[26] 필란드

경제고용부 소속 독립법인인 핀베라 그룹에서는 벤처캐피털 담당자 20명을 비롯해 380명의 전문가들이 일한다. 전체 기금은 26억 유로(약 4조 206억 원). 이 가운데 벤처 지원기금은 1억 2,000만 유로(1,856억 원)로 해마다 평균 1,500만 유로(232억 원)가량을 벤처 지원기금으로 사용하고 있다. 핀베라의 자금 지원은 수출 기업을 위한 지원, 벤처, 창업초기 단계 지원 등으로 나뉜다. 초기 창업 펀드의 경우 2년씩 6년 동안 지원된다. 스스로 설 수 있을 때까지 지원한다는 개념을 가지고 있다. 기금의 직접적인 지원을 통해 벤처기업들의 착근과 성장을 돕지만 벤처에 지원되는 나머지 자금의 70%는 주요 은행들이 지원할 수 있도록 보증, 알선도 한다. 200여 엔젤 투자가 등 전 세계 투자자들을 핀란드 벤처 및 중소기업과 연결해주고 있다. 핀베라가 지원 대상을 결정하는 주요 기준은 혁신 역량과 팀워크, 사업계획 및 시장을 이해하려는 실용적인 접근, 열정 등이다.

기술혁신기금인 테케스는 더 중장기적인 차원에서 지원하지만 핀베라는 당장 실용화·상업화될 수 있는 아이템과 벤처들을 집중적으로 지원한다. 의회 산하 시트라(Sitra)는 실험적인 개발사업을 비롯한 전반적인 연구개발 및 벤처에 기금을 지원하고 있다. 핀란드 과학계가 자부심 있게 선보인 방사능 항암 치료기술인 '붕소 및 중성자 포착 치료 시스템'(BNCT)을 실용화는 공공 기술혁신 연구지원기구인 테케스(tekes)가 30민 유로(약 4억 6,000만 원)를 연구 종잣돈으로 지원하면서 이루어질 수 있었다.[27]

핀베라의 화두는 스마트 시대에 대한 적응, 네트워킹, 글로벌화, 시장과 국제경제의 작은 변화를 포착해 전체적인 흐름에 적응할 수 있도록 하는 시스템화이다.[28] 핀란드는 막강한 R&D 예산을 오타니에미 사이언스파크에 집중적 지원하고 있다. 단지 내 고부가가치 일자리가 현재 14만 개에 달하는데 2006년부터 연평균 5%씩 증가하고 있다. 핀란드 헬싱키에서 서쪽으로 20분 정도 떨어진 에스푸라는 지역에 북유럽 최대 하이테크 창업 인큐베이터 단지 '오타니에미(Otaniemi) 사이언스파크'가 있다. 노키아 본사와 코네, 마이크로소프트 등 글로벌 기업은 물론 신생 창업기업 등 800여 개 기업이 입주하고 있고, 알토(Aalto)대학과 핀란드국립기술연구소, 국립기술개발청(Tekes)도 있어 산학 융합 시너지를 내고 있다. 체계화된 창업교육 덕에 매년 500개가 넘는 비즈니스 아이디어, 40~70개 창업, 200개 이상의 특허를 낳고 있다. 오타니에미 단지가 '학생 창업의 산실'로 불리는 배경에 바로 알토대학이 있다. 이 학교는 2010년 헬싱키공대와 헬싱키디자인예술대, 헬싱키경영대 등 3개 대학이 합쳐져 탄생해 디자인과 비즈니스, 공학의 융합교육을 실험해왔다. 특히, 알토대학의 기업가정신센터(ACE) 중심으로 구축된 창업육성 시스템인데, 학생들은 디자인팩토리, 벤처거라지(Venture Garage), 이노폴리(innopoli) 3단계를 거치면 자생력을 갖춘 기업인으로 변신한다. ACE는 미국 실리콘밸리 등과의 제휴 및 네트워킹 기회를 제공하고 엄격한 평가과정을 거쳐 벤처기업에 투자해 집중 육성한다. 이 과정을 통해 지난해 로비오와 레미디 커뮤니케이션 같은 세계적 모바일게임 회사들이 길러졌다.

'앵그리버드'로 유명한 로비오도 폐업 위기를 넘긴 이유를 여기에서 창업했기 때문이라고 했다. 1단계 디자인팩토리는 창업 아이디어 생성과 채집을 활성화한다. 융합교육과 연구, 테스트를 모두 거치고 학기를 마치면 새로운 비즈니스 모델을 만든다. 2단계 벤처거라지는 엄격한 선발과정을 거친 아이디어를 갖고 매월 약 750유로의 금전적 지원과 멘토 프로그램을 통해 본격적인 창업 교육과 비공식적 네트워크 활동을 한다. 벤처거라지에서는 산업계 베테랑과 교유할 수 있는 주말

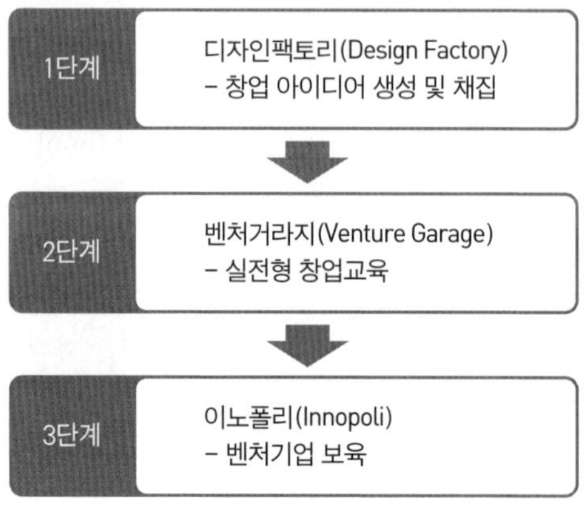

<그림 16> 오타니에미 사이언스파크 창업교육

캠프 '창업 워크숍'과 신규 기업가 훈련캠프 등에 참여한다. 여기에서 숙성된 아이디어를 실행하기 위해 직원이 늘면 3단계 벤처들이 집적된 공간 이노폴리로 옮겨 일한다.[29] 헬싱키대학 기숙사가 세워진 이후 국립기술연구센터(VTT)도 옮겼고 창업 프로그램을 통해 성장한 기업이 연이어 입주하면서 커졌다. 산·학·연의 유기적인 움직임에 따라 '기업 생태계'가 형성됐고 그 옆에 정부의 정책이 뒷받침되었다.[30]

해외 인재유치정책을 적극적으로 폈다. 핀란드 정부는 해외 구직자가 인터넷에 경력을 등록하면 이를 각 회사로 연결해주는 '인재 연결'(Talent Match) 프로그램도 개설했다. 1,000여 개의 기업이 입주한 오타니에미 사이언스파크에는 중국, 나이지리아 등 110개 국가에서 온 수많은 이들이 일하고 있다. 현 핀란드 정부정책은 대기업과 중소기업을 동등하게 대우하는 것을 중점에 둔다. 국립기술청(TEKES)은 대기업과 하청업자 간 협력이 활발한 기업에 기술연구자금 신청 시 높은 점수를 부여한다. 무엇보다 핀란드 정부가 키우는 창업문화가 '뉴 노르딕 모델'이다. 정부가 요람부터 무덤까지 책임지기보다, 개개인이 자율성을 키워 성공할 수 있도록 시장 원리를 통해 지원한다.[31] 핀란드는 2018년까지 '기업, 생산성, 노동의 즐거움 프로그램'을 통해 종업원의 혁신참여를 장려하기로 했다.[32]

4) 독일: 스핀 오프 크리에이터와 히든 챔피언

(1) 독일의 히든 챔피언 전략

10년 전 독일은 유럽의 병자 취급을 받았다. 다른 유럽 국가들이 회복하는 가운데 독일 경제는 침체의 늪에 빠져 있었다. 실업률은 유로존(유로화 사용 17개국) 평균을 웃돌았고, 과도한 재정적자로 인해 유럽 예산규정을 위반하고 있었다. 금융시스템 또한 위기였다.[33] 그런데 2012년 유로존(유로화 사용 17개국) 재정위기가 유럽을 공황 상태로 내몰고 있을 때, 실업률은 치솟고 경기회복의 희망은 보이지 않았지만 예외 국가가 있었다. 바로 독일이었다. 유럽연합(EU) 통계청이 밝힌 2012년 10월 독일의 실업률은 5.4%였는데 독일 통일 이후 최저 수준이었다. 이는 연금 제도가 잘 갖추어져 있어 자발적 실업자가 많은 독일 상황의 특수성을 고려하면 놀라운 결과였는데 같은 기간 스페인과 그리스의 실업률이 각각 26.2%, 25.4%였다. 독일은 2010년 3.7%, 2011년 3.0%의 성장세를 기록했다.

유럽 금융위기에서 대부분의 선진국이 경제성장이 멈추었지만 독일의 수출은 오히려 2009년부터 매년 평균 8% 성장했다. 연간 무역수지는 1,500억 유로 이상 흑자를 냈다. 2011년에는 전년보다 11.4%

증가한 1조 601억 유로를 기록, 사상 최초로 수출 1조 유로를 돌파했다.[34] 이런 독일 경제의 힘 때문에 재정위기에 빠진 국가들은 독일의 지갑이 열리기만을 지켜보는 실정이라는 지적도 나왔다.[35] 심지어 영국 일간 〈가디언〉은 2013년 3월 31일 키프로스 사태와 같은 유로존 위기가 '독일이 지배하는 유럽'과 같은 정치적 괴물을 탄생시켰다며 독일의 파워가 지나치게 커지는 것 아니냐는 우려가 나오고 있다고 보도했다.

경제나 산업적으로 독일은 다른 나라 기업들이 쉽게 모방할 수 없는 특화된 분야의 고품질 부품을 생산하고 있다. 독일 국민들은 제조업이 독일의 경제적 성공을 결정하는 핵심 요소라고 굳게 믿고 있다. 국내 총생산(GDP)에서 제조업이 차지하는 비중은 25.6%로 영국, 미국의 배에 달한다. 총 수출액 중 제조업 비중은 70% 이상이며 특히 자동차, 기계, 화학 등 3대 산업 비중이 50% 이상을 차지한다.[36]

독일이 유럽의 구원투수 역할을 하고 있는 것은 노동시장 개혁을 바탕으로 1,600여 개에 달하는 세계적 강소기업들이 나라 경제를 든든히 받쳐주고 있기 때문이다. 중소기업은 독일 전체 기업 372만 개의 99.6%를 차지한다. 전체 고용의 70%를 떠맡고 있고, 국가 순부가가치의 47.3%를 생산한다. 중소기업의 매출액은 전체 매출액의 40%에 달한다. 독일 경제에서 중소기업 없는 고용과 성장은 상상할 수 없다. 독일 중소기업연구소에 따르면, 독일 내 중기업 수는 약 44만 개로 전체 기업(약 362만 개)의 12%를 차지한다(2010년 기준). 중기업의 고용인원은 총 1,184만여 명. 이는 독일 전체 고용인원의 46%에 달하는 수치로, 대기업(40%)과 소기업(14%)보다 비중이 높다. 중기업이 독일 산업의 '몸통'인 셈이다. 독일 중소기업의 영업이익률은 7.7%로, 대기업의 5.8%보다 높다. 정책 지원 효과가 컸다. 독일은 1960년대 후반 석탄·철강 산업 침체, 일본의 급부상 등을 경험하면서 기업체 수가 10% 가까이 급감했다. 정부가 나서서 1979~1987년까지 '인건비 보조금' 정책을 통해 9년간 2만여 개 중소기업에 연구개발(R&D) 인력 예산 32억 마르크(약 4조 5,000억 원)를 집중 지원했다. 이 때문에 약 3만 명 이상 연구개발 인력이 늘면서 상시 연구개발 활동하는 중소기업 수도 3분의 1 이상 증가했다. 이들 중소기업 중 상당수가 성공적인 중기업으로 성장했고 이들이 독일 경제 토대인 수많은 '히든 챔피언'(Hidden Champion)이 됐다.[37] 특정 전문분야에서 높은 기술력으로 세계시장을 선도하고 시장점유율 1~3위를 차지하는 '히든 챔피언'은 1,350개 사에 이른다. 한국의 히든 챔피언이 20여 곳이고 세계에는 2,000여 개의 히든 챔피언이 있다. 즉 상당수의 기업이 모두 독일에 있다. 독일의 히든 챔피언 기업들은 1994년부터 2004년까지 10년 동안 평균 8.4% 수준의 높은 매출액 증가세를 나타냈다. 같은 기간 독일 전체기업 평균 매출액 증가가 2.7%, 독일주가지수(DAX지수) 상장 대기업들의 매출액 증가가 평균 4.9%인 점을 감안하면 놀라운 결과이다.[38]

독일에서 히든 챔피언은 세계 최고의 제품을 만드는 기업, 대기업과 같은 경쟁력을 가진 중소기업으로 통한다. 일반 소비자들에게 잘 알려져 있지 않아 히든 챔피언으로 불린다. 이들이 만든 제품은 대체할 만한 다른 제품이 없어 경기부침과 무관하게 높은 가격에 팔린다.

히든 챔피언이 발달할 수 있었던 첫째 요인으로 독특한 교육 시스템을 들 수 있다. 독일에는 대학 등록금, 입시지옥, 대학 서열화가 없지만, 독일의 대학 진학률은 35% 수준을 유지한다. 대학에 모두 갈 필요가 없는 사회다. 독일의 교육제도는 실용적이다. 초등학교 4학년을 마치면 인문학교, 실업학교, 기능학교 중 적성에 맞는 학교를 선택해 입학하는 시스템이 독일 산업의 근간이다. 실업학교를 졸업하면 3

년제인 응용과학대학에 입학하고, 바로 여기서 독일 산업의 중추인 엔지니어들이 배출된다. 기능학교에서는 1주일에 3일 동안 기업으로 나가 현장 실습을 하며, 졸업 후에 해당 기업의 정식 직원이 된다. 이들이 독일 산업의 기반이 된다. 직업교육은 독일을 청년실업 위험에서 구해줬다. 현장 맞춤형 교육을 실시하여 기업체의 만족도가 높다.[39] 매년 80% 이상의 취업률로 청년실업해소와 중소기업 고용안정에 기여하고 있다.[40]

월급과 연봉은 학력에 따르지 않는다. 대부분의 독일 기업들이 학력이 아니라 경력으로 연봉을 지급한다. 4년제 대학을 졸업한 신입사원이나 3년제 응용대학을 졸업한 2년 차 직원이나 월급 차이가 없다. 고등학교만 마친 뒤 같은 기간의 경력을 쌓아도 마찬가지다.[41]

그들이 취직해 들어가는 기업은 모두 우수한 기술은 물론 훈련 시스템을 가지고 있다. 중소기업의 경쟁력은 우수한 기술 축적 때문에 가능하며 독특한 직업훈련제도의 미덕은 마이스터 제도에서 연원하여 중소기업이 세계 최고의 기술력을 바탕으로 최고의 경쟁력을 유지하는 원동력이 되고 있다. 독일 장인의 기술전통은 중세 길드에서부터 시작된다. 독일의 직업훈련은 현장에서 장인 지도하에 기술을 배우는 방식이다. 훈련을 마치면 곧바로 현장에 투입, 장인의 노정에 나서게 된다.[42]

또 신뢰를 중시히는 기업 문화가 있다. 한국과 날리 독일은 상대 업체가 가격을 제시하면 그대로 믿고 따라준다. 협상과 교섭에 소요되는 사회적 비용이 줄어들고 이는 결국 각 기업들의 경쟁력을 향상시킨다. 중소기업에 대한 시장적 지원제도가 발달했다. 독일 연방정부는 ZIM을 통해 시장 진입장벽 제한, 은행이나 해외기업과의 거래 비용, 직원의 역량 문제 등을 해결해준다. 독일의 중소기업 지원정책은 대부분

연방경제기술부의 '중견·중소기업 혁신프로그램'(ZIM) 제도 내에서
이뤄진다. 이는 소매업 종사자, 수공업자, 자영업자 및 종업원 500명
미만의 서비스업과 제조업 분야 중소기업들을 대상으로 한 제도다. 지
역별 중소기업 지원정책도 발달해 있다. 예들 들어 노르트라인베스트
팔렌 주 정부는 중소기업의 경쟁력 제고를 위한 컨설팅 비용의 절반을
부담한다. 구조조정이 필요한 중소기업에서는 추가 컨설팅 보조금을
지원받을 수도 있다. 충분한 담보가 확보되지 않은 중소기업의 경우에
도 주 정부가 채무를 보증한다.[43] 주 정부는 연방 정부와 별도로 다른
형식의 지원제도를 도입할 수 있다. 지방정부에서는 입지지원정책이
핵심이다. 재산세 및 영업세 징수율을 조정하는 조세인센티브를 통해
지방정부는 중소기업을 지원한다. 지방마다 수도요금이나 전기요금
혜택을 줘 중소기업의 부담을 줄여주는 방식이다. 대기업보다 규모가
작은 개별 중소기업에 조세 부분은 큰 영향을 미치기 때문이다.[44] 독일
은 R&D에 투자하는 중기를 지원하는 '미텔슈탄트 혁신 프로그램'을
운영 중이며 독일재건은행은 중기의 해외진출을 지원한다.[45]

또 정부의 감시체계도 있다. 독일에서 정부의 역할은 기업들이 공
정거래법, 독점방지법 등 이미 존재하는 법을 잘 지키는지 감시하고,
연구개발과 인재양성 등 큰 그림을 그려주는 것이다. 오히려 정부 지
원이 적어서 독일 기업이 강해진 측면도 있다. 중소기업이 대기업과
의 불공정 거래로 고통받지 않게끔 철저한 감시체계를 갖추는 게 최우
선이다.[46] 또한 중소기업은 투자를 많이 한다. 독일 중소기업의 매출
액 대비 연구개발(R&D) 투자 비중은 2007년 기준 3.6%로, 대기업의
3.1%보다 높다. 히든 챔피언 기업들은 매출액의 5% 이상을 연구개발
에 투자한다. 히든 챔피언은 대기업과 비슷한 수준인 5% 이상을 쏟아
부어 기술적으로 차별화된 제품을 만든 뒤 50% 이상을 수출한다. 독

일 정부는 중소기업을 위해 다양한 지원을 하고 있다.[47] 중소기업의 혁신기술 개발 지원을 위해 2013년 28억 유로(3조 9,502억 원)를 투입한다. 독일은 지난 10년 동안 혁신기술 지원 예산을 2배 이상 늘리며 중소기업 기술경쟁력 강화에 주력하고 있다.

가족기업이라는 점도 독일 산업에서 중요한 점이다. 독일의 많은 히든 챔피언은 가족 기업이다. 가업 승계를 '부의 대물림'으로 여기지 않는 이유는 가업을 이어받으면서 끊임없이 혁신을 시도하고, 고용을 창출하고, 세계 경쟁력을 갖추기 때문이다. 통독 후 독일 경제는 실업자 증가와 동독 지역 주민들의 재취업 어려움으로 고통을 받았다. 이에 독일 정부는 상대적으로 기업경영과 기술력이 뒤떨어지는 동독인을 위해 소규모·소자본의 가족기업 비즈니스 모델을 개발했고, 경영교육도 적극 실시했다. 그 결과 동독 지역에서도 자기 자본과 가족·친인척 고용인을 중심으로 한 성공적인 가족기업들이 속속 등장했고, 지역사회에서 탄탄한 경제력을 구축해나갔다.[48] 독일 정부는 지난 2009년 개정된 독일 세법을 통해 고용 수준을 7년간 100% 유지한 가족기업에게 상속세를 전액 면제해준다.[49] 5년 이상 사업과 고용을 유지할 경우 상속세의 85%를 면제받을 수 있도록 했다. 독일 기업들은 상속세 등을 줄여주는 것을 넘어 폐지를 요구하고 있다.[50]

신뢰의 금융제도도 한몫 한다. 바라 버지니아 부쳐(Barbara Virginia Bottcher) 도이치은행의 유럽경제정책 리서치 총괄 책임자는 "독일 중소기업의 성공은 우수한 기술력과 함께 관계형 거래은행(House Bank) 및 공적금융기관을 통한 금융지원이 큰 역할을 했다."며 "공적금융기관인 저축은행은 중소기업·자영업 대출의 27%를 점유하고 있을 만큼 중기대출이 활발하다"고 했다. 또한 "은행을 통한 여신이 어려운 혁신적 중소기업은 은행과 기업이 공동 설립한 펀드를 통해 상업은행 대출금의 80%까지 보증받을 수 있다"며 "독일 은행들은 담보가치에 따른 대출보다는 기업의 자기자본이나 미래가치로 심사를 하기 때문에 상대적으로 대출이 용이하다"고 말했다.[51]

독일 중소기업의 성공은 뼈를 깎는 자기 혁신의 노력과 적극적인 정부 지원, 중소기업을 존중하는 사회문화가 톱니바퀴처럼 맞물렸기에 가능했다.[52] 가족 중심의 중소기업에서 잊지 말아야 할 점은 단순히 그것이 부의 세습이 아니라는 것이다. 기업의 가업 승계에 대해 독일 국민들은 '부의 세습' 측면으로만 바라보지 않고 오히려 기술 등 경쟁력을 대물림하고 기업주가 고용 유지를 통해 지역사회에 대한 책임을 이어간다는 인식이 강하다.[53] 정년도 기본 65세고 임원은 69세까지 보장한다. 정년은 있지만 일할 수 있을 때까지는 고용을 최대한 보장한다. 중요한 것은 그 기업이 핵심적인 기술과 노하우가 있는지가 중요하며 그것에 그냥 안주하는 것이 아니라 끊임없이 창조적인 노력을 통해서 발전시켜나가는가이다.

장기적인 관점에서 지속가능한 창조적 생산물의 유지를 견지하는 태도가 중요하다. 독일 만하임대학 중소기업연구센터 소장인 미하엘 보이보데(Micheal Woywode) 교수에 따르면 "대부분 기업가들은 돈을 한꺼번에 많이 벌려는 생각을 하지만 독일의 히든챔피언 경영자들은 기업을 오래 유지하려는 목적으로 장기간 투자하고 지속가능한 성장을 추구한다."고 한다.[54] 또한 필요하면 채용했다가 필요 없으면 해고하고 이런 게 아니라 가족처럼 한 번 채용하면 평생 고용하는 기업들이 많다.[55] 독일 기업은 아직도 철저하게 기술 위주의 제품을 만들어 제품으로 승부를 본다. 제품도 아웃소싱보다는 자체 생산체계를 갖춰 최상의 품질을 유지하려 한다.[56]

독일은 재정 위기에 대비해 2010년부터 재정건전화 계획을 가동했지만 유독 교육과 연구·개발(R&D) 투자는 늘리고 있다. 독일 정부와 기업들은 2009년 667억 유로를 R&D에 투자, 유럽에서 최대 규모를 기록했다. 또 총 R&D 투자액의 68%를 기업들이 했다. 기업별 R&D 투자 규모만 볼 때 유럽의 상위 25개 기업 중 폭스바겐, 지멘스, 다임러 등 11개 기업이 독일 기업이었다. 2009년 독일 국내총생산(GDP)에서 R&D가 차지하는 비중은 2.83%로 핀란드, 스웨덴에 이어 EU 회원국 중 3위를 차지했다. 독일 정부는 유럽 재정위기 속에서도 2013년 R&D에 60억 유로, 교육에 60억 유로 등 총 120억 유로의 예산을 추가 지원한다. 또 2015년까지 GDP의 10% 수준으로 R&D 및 교육 예산을 확대한다. 정부와 기업의 지속적인 R&D 투자 확대 노력은 '하이엔드(high-end·최고급) 제품'을 생산하는 연구집약형 산업 분야에서 큰 성과를 내도록 했다. 독일경제연구소에 따르면 1995년 독일 연구집약형 산업 비중은 12%였으나 2007년 16%로 크게 증가했다. 반면 경쟁국인 일본은 95년 11%에서 2007년 11%로 동일했고, 미국은 2005년 9%에서 2007년 8%로 떨어졌다. 독일은 2010년의 경우 인구 1만명당 14.7건의 특허를 등록해 미국 11.1건, 프랑스 7.1건, 영국 6.4건 등 주요 선진국보다 많았다.

독일에서 자동차산업을 중심으로 통신기기, 의료장비, 정밀기기, 나노산업 등 연구집약형 산업이 균형적으로 발전할 수 있었던 것은 R&D의 인적 자본에 대한 투자가 지속돼왔기 때문이다.[57] 첨단기술 전략(High-Tech Strategy) 프로그램을 적극 가동하고 있다. 무조건적인 기업 지원이 아니라 기후변화, 에너지, 안전·보안기술, 통신기술, 건강, 수송 등 시급한 사회문제 해결을 위한 신기술에 선별적으로 지원하고 있다. 독일 정부는 재생에너지 등 신기술 분야에 지원을 집중해 새로운 히든 챔피언을 찾고 있다. 독일은 2012년 하반기부터 개인 투자자나 엔젤 투자자가 혁신적인 신생 기업에 투자하고 자문을 제공할 수 있는 '벤처캐피털 투자 보조금' 정책을 시행할 예정이다.[58]

　도르트문트 프로젝트는 지역의 대표적인 첨단 창조산업 육성의 성공적인 사례로 언급된다. 루르 지역 도시 중 하나인 **도르트문트**에서는 1960년대 철강산업에 3만 6,700여 명, 탄광 산업에 3만 8,500여 명이 각각 종사했지만 지난 1997년 그 수는 각각 6,400여 명, 1,400여 명으로 급감했다. 대표 철강 회사인 티센 크룹은 1996년부터 2000년까지 3만 개의 일자리를 줄여야 했다. 이에 다급해진 티센 크룹과 도르트문트 정부가 고용창출을 위한 프로젝트를 실시했다. 철강에서 일자리를 만드는 대신 새로운 산업과 기술로 바꾸었다. IT·물류·나노마이크로 산업이 그것이었다. 세부 클러스터를 선정해 연구개발(R&D)을 추진하고 각 창업을 지원했다. 도르트문트는 기술과 산업의 중심지로 재탄생했고 그 결과 7만여 개에 달하는 일자리를 창출할 수 있었다. 도르트문트에는 10개의 클러스터가 있다. ICT·마이크로&나노·생산기술·과학·전기차·바이오 등이다. 미세전자기계기술(MEMS) 클러스터도 띄웠다. 현재 10여 년이 지난 지금 이곳은 한 번 더 혁신과 발전을 시도하고 있다. 미래를 주도할 시장을 4개로 나누고 이들 시장을 개척하기 위해 '크로스-클러스터' 정책을 도입했다. 특화된 클러스터 간 기술협력을 진행하는 방식이다. 도르트문트에는 주목할 만한 벤처기업 지원정책이 있다. 대표적인 지원 시설이 마이크로시스템 테크놀로지(MST) 팩토리다. 9,400㎡ 규모 건물에는 사무실과 실험실, 클린룸 시설까지 갖춰 놓고 첨단기술 분야에서도 스타트업이 과감하게 도전할 수 있도록 시설과 공간을 제공하는 방식을 갖고 있다. 스타트업을 위한 혁신 환경 경쟁 프로그램에 참여하면 무료로 600여 명의 전문가에게 도움을 받을 수 있으며, 벤처 투자자와도 효율적으

로 연결된다.[59]

　결정적으로 독일이 유럽의 천덕꾸러기에서 모범생인 된 이유 가운데 하나는 혁신을 실시했기 때문이다. 독일은 임금 상승 제한과 생산성 향상을 위한 구조 개혁을 동시에 추진하면서 경쟁력을 다시 확보했다. 기업, 근로자, 사회의 자발적인 임금 상승 제한은 독일 개혁의 핵심이었다. 높은 실업률이 지속되면서 독일 근로자들은 낮은 임금을 받아들이고 더 오랜 시간 일했다. 당시 유로존 내 성장하고 있던 주변국들의 임금은 연간 2~3% 상승하는 데 그쳤다. 독일의 또 다른 교훈은 생산성을 증대하기 위해 서비스산업 부문에서 확실하게 개혁을 추진했다는 점이다. 다른 국가들의 관심사가 국제경쟁력 강화와 제조업에 맞춰져 있었던 데 비해 독일은 상당 부분 앞서서 개혁 조치를 시행했던 것이다.[60]

　독일에서는 문화적으로 프로테스탄트적인 소명의식도 중요하게 작용할 것이다. 롤프 마파엘 주한 독일대사는 "독일 사회의 가치관은 분명히 기독교적인 영향을 크게 받았다. 프로테스탄티즘은 노동윤리와 사회윤리에 실제 중요한 영향을 미쳤다. 특히 막스 베버는 기독교적 윤리가 무엇인지 명확하게 제시했다."라고 말했다.[61] 자신의 직업에 대한 소명의식으로 열심히 매진하는 가운데 창조성은 발현되는 것이다. 한 언론매체는 독일이 청빈사상을 바탕으로 다른 유로존 국가를 위기로부터 해방시켰다는 징제성을 갖게 만늘었다며 더 이상 나치주의나 인종주의자가 아닌 바른 사고를 가진 선생님이나 도덕적 계몽주의자로 여겨지길 바라고 있다고 전했다. 영국의 일간 〈가디언〉은 2013년 3월 31일 독일이 경제적으로 우세함에도 불구하고 여전히 문화를 포함한 소프트파워에서 미약하기 때문에 유럽에 대한 경제적 지배를 우려할 필요가 없다고 했다. 그 예로 유럽 어디에서도 독일어를 배우려는 사람은 생각보다 많지 않고 영화나 TV 프로그램 역시 유럽에서조차 주목받지 못한다는 점을 들었다. 이는 독일이 안고 있는 근본적인 창조경제의 과제를 내포하고 있다. 물론 창조경제에서 문화는 문화산업 자체에만 함몰되지 않는다는 점을 가디언이 염두에 둘 필요성은 있었다. 이러한 측면에서 독일에서는 문화와 창조경제를 표방하고 있다.

(2) 독일의 문화와 창조경제[62]

독일의 '문화와 창조경제'(Kultur-und Kreativwirschaft)[63]는 창조적이고 유기적 인간의 활동을 근간으로 한다. 이는 작가, 영화제작자, 음악인, 공연가, 건축가, 디자이너, 컴퓨터게임 개발자들이 예술성, 문화적 다양성, 창조적 혁신을 하고, 동시에 지식과 창조 혁신으로 실물경제에 역동성을 불어넣으려 한다. 이러한 측면은 문화예술적인 영감이나 작품이 다른 산업 분야에 독창적인 결과물로 이어지는 창조산업의 맥락과 닿아 있다. 다만 다른 점은 독일의 문화와 창조경제는 특히 중소기업과 자영업자들에게 기회를 제공한다는 점이다. 이러한 점에 주목하는 것은 독일이 중소기업을 우선하는 정책을 계속 유지한 기조도 있으나 박물관, 미술관과 같은 공공 분야와 각종 협회, 재단과 같은 비영리 민간영역뿐만 아니라, 실제로 실물경제 영역에서 문화적 혹은 창조적 재화와 서비스의 기획, 생산, 제작, 분배를 주도적 담당하는 경제 주체로 부상하였기 때문이다. 독일의 문화와 창조경제와 관련하여 총 11개의 세부산업이 있는데, 이 산업들은 'Kultur in Deutschlan'(독일 내 문화)라는 조사위원회의 개념정의에 따라 연방과 각 주 정부가 지향하고 있는 분야다. 구체적으로 음악, 출판, 미술, 영화, 방송, 공연예술, 디자인, 건축, 언론으로 구성된 문화와 창조경제의 세부산업들은 '문화경제'(Kulturwirtschaft)라는 개념으로 알 수 있다. 여기에 광고와 소프트/게임 산업 역시 이른바 창조경제의 영역으로 들어간다. 그러나 이러한 영역이나 분야는 어느 날 갑자기 불거진 것은 아니다. 이미 1980년대 말부터 문화와 창조경제는 매출과 고용에서 역동적인 경제영역 중 하나로 발전했다. 잘 알려져 있다시피 유럽에서 문화와 창조경제는 EU 전체 GDP에서 2.4%를 차지할 정도로 성장했다(2009년 기준). 독일 역시 해당 분야에서 2011년에 약 24만 4,000여 개 회사가 1,430억 유로 이상의 매출 규모를 기록하며, 전체 문화와 창조경제가 생산해낸 총부가가치가 약 630억 유로, 전체 국민경제에서 약 2.4%를 차지했다. 이러한 통계수치는 많이 들어본 것인데 다만 이것은 자동차, 기계, 화학과 같은 독일 내 주요 산업과 비슷한 수치다.

한편 현재 문화와 창조경제 분야에서 약 100만 명이 종사하고 전 세계적 화두인 고용과 실업 해결에도 큰 기여를 한다. 이는 독일 전체 노동자 중 약 3.1%에 해당하며, 그 가운데 약 74만 명은 사회보험이 적용되는 경제인구로서 안정된 일자리가 문화와 창조경제 분야에서 창출되고 있다. 독일 정부는 문화산업을 창조경제의 핵심으로 파악하고, 다양한 지원책을 실시하고 있다. 문화와 창조경제는 독일 내 주요 경제영역으로 성장했으며, 상당수 양질의 일자리를 창출하여 청년실업 문제에 대응하고 있다. 제조업과 수출 중심의 독일이 문화와 창조경제를 통해 내수시장을 활성화시키고, 중소기업을 육성하며, 고용문제를 해결하는 과정은 비슷한 경제구조를 지니고 있는 한국 경제에 함의를 주고 있다.[64]

이 같은 내용으로 보면 아직 독일의 문화와 창조경제는 본격화되어 있다고 평가할 수는 없을 것이다. 아직은 원론적인 수준에 있기는 하지만 앞으로 독일 경제력을 선두로 문화적인 차원의 창조경제가 부상할 가능성이 높아지고 있는 것은 사실이다. 독일이 미국과 같이 전 세계적인 지배력보다는 히든 챔피언을 통한 창조경제의 창조산업 모델을 구축할수 있을지 좀 더 지켜보아야 한다. 무엇보다 중요한 것은 각 개별정책이라기보다는 그것을 어떻게 전 분야에 확산시키기 위한 창조경제 차원의 정책이나 경영지원이 있는가의 문제가 중요하기 때문이다.

5) 미국: 창조와 특허 그리고 창업 미국, 미국혁신전략

2011년 2월 경제성장과 미래 경쟁우위 유지를 위해 정부 운영 방식 개혁과 창조성을 활용한 경제성장 전략인 〈미국혁신전략 보고서〉[65]를 발표했다.[66] 이 보고서는 국민의 창조성과 상상력에 투자해 새로운 일자리와 산업을 창출할 수 있음을 언급하고, 급속하고 광범위한 지속의 경제성장을 위해 국민들에게 있는 재능과 독창성을 응집하기 위한 오바마 정부의 노력을 표현했다. 2009년 발표한 동일 제목의 보고서[67] 프레임워크를 기반으로 미국 현안 이슈를 반영해 5개 이니셔티브를 내놓았는데, 그 내용을 보면 무선 이니셔티브, 특허개혁, K-12 교육, 청정에너지, 창업 미국 등이다. 눈에 띄는 것은 특허 개혁과 창업 미국이다.

무엇보다 특허 개혁 측면에서 혁신적인 제품의 시장 진출 지연 및 고임금 일자리 창출을 저해하는 특허 처리기간을 35개월에서 20개월

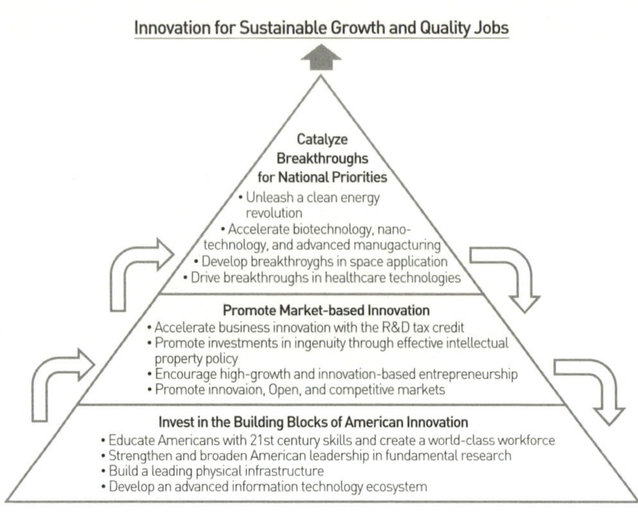

<그림 17> 미국 혁신전략 구도

자료: A Strategy for American Innovation: Securing our Economic Growth and Prosperity, The White House-National Economic Council, Council of Economic Advisors, Office of S&T Policy, 2011.

로 단축하고, 우수 특허가 12개월 내 시장에 출시될 수 있는 모델을 제시(three-track model)했다.

창업미국 측면에서 전국에 기업가 정신을 고취시키고 고성장 신생 기업 육성을 위해 대학 실험실 기술이전 촉진 및 창업 초기자금 지원 등에 각 10억 달러 규모의 이니셔티브 조성을 내걸었고 추진과제로 세계 최고수준 인력 양성, 기초연구 분야 미국 주도권 강화, IT 에코시스템 구축, 시장기반 혁신 촉진을 위한 R&F(Research & Experiment) 세액 공제, 효율적 지식재산 정책을 통한 재능과 독창성 촉진 등을 제시하고 있다.

오바마 대통령은 취임식(2013. 1. 22)에서 미국이 지속 가능한 에너지 개발을 선도하고, 새 일자리와 신(新)산업 공급이 가능한 기술들을 다른 나라에게 내주지 않고 선점지배를 통한 경제 활력 유지를 강조했다. 첫 국정연설(2013. 2. 12)에서는 세계 우수인재 유입을 통해 미국을 '혁신의 요람'으로 만들고 이민법과 교육과정 개정, 미국 기업의 생산기지 본국 이전 가속화(reshoring) 등을 통한 경제 활성화 전략을 선보였다. 이민법 개정으로 해외 고급 인재 유입으로 기업의 혁신성과 창업을 늘려 일자리 창출을 도모하는 등 미국 IT와 과학기술계 기대에 부흥을 추진하겠다고 밝혔다. 또한 미국 기업의 해외 생산기지 본국 이전(reshoring)을 위한 적극적 세제 지원 등을 통한 중산층 일자리 강화에 초점을 주었다. 캐터필러(Caterpillar) 사는 일본으로, 포드(Ford) 사는 멕시코로, 인텔(Intel) 사는 중국에서 미국 현지로 생산기지를 이전하고, 애플(Apple) 사는 맥(Mac) PC 생산라인을 미국으로 이전할 예정이다.

대통령과학기술자문회의는 〈Transformation and OpportunITy: The Future of the USResearch Enterprise〉 보고서를 통해 혁신과 고용창출 유지를 위한 지속 가능한 국가의 발전 원동력이 기초연구임을 대통령에게 조언했다. 과거 20년간 세계적 경쟁 심화, 기업의 강화된 단기적 성과 추구는 민간 부문의 기초연구와 초기 응용연구를 감소시켰고, 이에 대한 대응이 미흡하면 혁신의 해외 유출이 점차 늘어날 것이라고 했다. 그 대응책으로 새로운 산업 플랫폼 형성으로 연계되는 대학 기초연구 강화, 기업의 연구개발 투자장려정책을 제시하고 GDP 대비 총 연구개발비 비율을 현재 2.9%에서 3.0%로 올리고 시험연구비 세액공제의 영구지속화를 주장했다. 구체적인 실제 사례를 좀 더 살피면 다음과 같다.

IBM은 〈Smarter CITies Challenge Report〉를 통해 도시의 지속적 발전을 위해 가장 중요한 요소는 경쟁력 있는 인재 육성으로 특히 최첨단 분야의 인재양성을 위한 교육의 필요성을 강조했다. 교육에 대한 지속적인 투자가 국가 경쟁력 강화에 중요 사항으로 학생, 학부모, 지도자의 지원 및 정부와 기업의 참여를 강조했다. P-TECH(Pathways in Technology Early College High School)는 위의 IBM 보고서에 따라 미국 고등교육에 새로운 패러다임 전환을 예견하는 시스템으로 평가받는 조기 고등교육 프로그램이다. 뉴욕 시 교육부(NYC Department of Education), 뉴욕시립대(City University of New York), NYC College of Technology, IBM의 민간-공공 파트너십을 통해 2011년 9월 104명의 학생으로 개교했다. 하이테크 경제시대 인재 수요에 대응하기 위해 대학-기업-창조계층(현재·미래 수요가 높은 과학, 기술, 엔지니어링, 수학 중심)과 새로운 파트너십을 개발하는 학교에 인센티브를 제공하는 등 미국 모든 학생들에게 P-TECH 제공 필요성을 주장했다. IT 및 공학 분야 취업교육과 진학교육이 통합된 9~14학년 제도를 도입한 경제 발전-교육을 연계하는 새로운 선도적 모델로 고등학교 교육과 함께 2년간의 대학교육을 포함한다. 졸업 이후 연 4만 달러 수준의 IT 분야 취업이 목표다. IBM 및 뉴욕의 다른 기업에서 인턴십이 가능하고 IBM은 참여 고교 및 대학과 제휴하여 커리큘럼, 멘토링, 현장학습, 인턴십 등을 지원한다. STEM 중심의 교육이 진행되며 고등학교 재학 중 CUNY의 New York City College of Technology에서 무료로 준학사 또는 2년의 대학 학점 취득 가능하도록 했다. 정보통신, 컴퓨터, 엔지니어링, 수학, 과학 관련 직종에 대한 개별화된 지원을 받고 IBM은 인턴십 및 연수 기회와 취업 우대 혜택을 제공한다.

무엇보다 뉴욕교육개혁위원회 권고에 P-TECH 모델을 미국 전역에 확대되어 등 미국의 새로운 교육 개혁 혁신 모델로 등장했다. 미국 내 유사한 형태의 통합학교 설립이 전파되고 있으며, 시카고는 통신기술 분야 파트너십을 활용하여 P-TECH와 유사한 5개 학교를 설립했다. 뉴욕, 일리노이 주 이외에도 메인, 매사추세츠, 미주리, 노스캐롤라이나, 테네시 주도 오바마 행정부의 직업교육(vocational education)에 대한 지원확대와 강조에 힘입어 P-TECH 형태의 학교 설립을 검토 중이며 이러한 시도는 Career and Technical Education(CTE)으로 불린다.

6) 유럽연합: Europe 2020과 EU Framework Program[68]

유럽집행위원회는 2010년 3월 유럽의 향후 10년을 준비하는 Europe 2020을 발표했다. 유럽의 금융경제위기를 타계하기 위한 전략으로 스마트 성장(smart growth), 지속 가능한 성장(sustainable growth), 포용적 성장(inclusive growth) 비전을 제시했다. 특히 R&D와 혁신 시스템 개혁을

〈표 4〉 EUROPE 2020

Flagship Initiative	추진 전략
스마트 성장	① 이노베이션 연합: 연구, 혁신을 위한 기본 여건과 재원접근 개선을 통해 혁신역량과 투자를 강화하고, 과학과 시장과의 사이의 갭을 메워 혁신과 제품화 연계 강화 ② 젊은이의 자유로운 이동: 교육시스템 개선과 유럽 고등교육기관의 경쟁력 강화 ③ 유럽에서의 디지털 과제: 시민들의 창조성 제고와 연계 강화, 혁신 촉진을 위해 2013년까지 전유럽 시민에 초고속 인터넷 보급
지속가능한 성장	④ 자원 효율적인 유럽: 자원 효율적이며 저탄소 경제로의 이행을 지원 ⑤ 환경에 우선성장 산업 정책: 기업가 정신 함양을 통해 새로운 기술·기능 개발하고 수백만의 고용 창출 추진
포용적 성장	⑥ 새로운 기능과 고용을 위한 의제: 노동 이동성 증대를 통한 노동시장 현대화, 노동참여 증대를 위한 평생 기술교육 추진 ⑦ 빈곤 대책을 위한 유럽 플랫폼: 경제적·사회적·지역적 통합 촉진, 빈곤 및 소외 계층의 사회 참여 지원

참조:한국과학기술기획평가원 보고서

위한 우월성 확보, 연구주체 간 협력 및 성과확산, 수학, 공학전공자들의 충분한 공급 및 창조성, 혁신, 기업가 정신의 교육 강조, 문화적 다양성 확보와 창조적 문화산업 육성, 민간 R&D 촉진을 위한 세제혜택과 금융지원을 포함한 지식확장 추진 등 다양한 전략을 제시했다. 높은 창조적 재능, 강한 산업 기반, 다양한 서비스 영역, 풍부하고 질 높은 농업 및 해양업, 단일시장과 공통 화폐, 세계적으로 가장 큰 무역연합과 창조력을 유럽연합 국가들의 강점으로 강조했다.

특히 문화와 창조산업의 커다란 잠재성에 주목하고 Europe 2020 실현과 경제 성장 및 일자리 창출을 위해 관련 조직 구성과 프로그램을 추진한다. 유럽 내 문화와 창조산업은 2010년 유럽 GDP와 고용의 3%를 차지한다.

2011년에 유럽디자인 리더십기구(European Design Leadership Board) 출범으로 21세기 디자인 주도권을 확보하고 유럽인의 삶의 질 향상, 유럽과 지역경제의 경쟁력 확대, 공공서비스 품질과 효율성 향상을 추진한다. Culture Program(2007~2013) 후속인 Creative Europe 프로그램(2014~2020)에 18억 유로를 투자하여 문화, 음악, 공연예술, 문화유산 등 관련 산업 경쟁력 향상을 제고하고 있다.

유럽위원회는 2009년을 '유럽창조와 혁신의 해'(European Year of Creativity and Innovation)로 지정하고, 혁신의 원동력으로 개인·직업·기업·시회 경쟁력과 행복의 핵심요소인 창의성 승진을 위해 회원국들을 지원하고 있다. 추진 목적을 다시 보면 유아, 초중등 과정의 정규·비정규 교육을 통한 창조성 촉진, 적극적·혁신적 사고를 증진시키는 수학·과학기술 연구 추진이 있다. 또한 문화적 다양성 확보와 창조적 문화산업 육성이 주목된다. 창조성과 혁신에 기반한 지역 발전 전략 마련과 공공·민간 서비스의 혁신 등도 의욕적으로 추진한다.

유럽 각국 장관들은 창조경제는 재능 있는 인적 자원을 요구하며, 유럽은 끊임없이 재능 있는 인력을 교육 · 양성 · 유치하고 집중해야 한다는 것에 합의한 바 있다. 창조성과 혁신 관련 범유럽 프로젝트인 Europe INNOVA, PRO INNO Europe, Intelligent Energy Europe 등을 추진하고, 정치, 경제, 예술계 명사 26명을 앰배서더로 선정하여 유럽인의 혁신과 창조성 인식을 배가했다. 유럽의 혁신을 견인하는 네트워크로 혁신을 위한 새로운 도구와 기능의 개발과 평가를 위해 법률가, 정책가, 투자자 등 23개 회원국 300여 명의 회원으로 구성했다. 유럽 혁신과 관련된 정책분석, 정책학습, 정책개발을 담당, 지속가능한 에너지 활용을 위한 시장 환경을 조성하고 유럽의 현명한 에너지 사용을 지원하고 있다.

1984년부터 수행된 범유럽 차원 공동연구개발 사업인 EU Framework Program은 현재 7차(2007~2013) 프로그램이 협력(Cooperation), 아이디어(Idea), 인간(People), 역량(Capacities) 등 4개 분야로 추진 중이며, 8차 프로그램을 기획하고 있다.

국가 간 혹은 제3국과의 대학, 산업, 연구센터 및 공공 기관들의 협력을 통한 핵심 9개 과학기술 분야의 리더십 강화를 위해 324억 유로를 투자했다. 또한 우수한 창의적 기초연구 지원을 위한 ERC(European research Council) 확립, 기초연구 최첨단 과학기술-인문사회 분야 활동 연구원 지원 등을 통한 유럽 연구의 창의조과 우수성을 지원하기 위해 75억 유로를 지원하였다. 연구자들의 연구역량 강화와 지속적 연구 능력 개발을 목표로 연구원들의 훈련, 직업 전망, 유동성을 강화하는 'Marie Curie 프로그램' 운영 등 47.5억 유로를 투자했다. 대규모의 연구 기반, 지역 협동 및 혁신형 중소기업을 통해 EU의 연구역량 개발 활용을 추진하는 등 40.9억 유로를 투자했다.

8차 프로그램(2014~2020)인 Horizon 2020은 현재 기획단계로 그간 변화된 경제사회와 연구개발 환경을 반영·기획 중이다. 경제사회 측면에서 기후변화, 고령화, 글로벌 경쟁, 사회 통합 등 현재 유럽사회가 직면하고 있는 당면 과제 해결의 적극적 지원하고 있다. 연구개발 환경 측면에서 산학연, 공공-민간 협력 강화, 산업계 참여 활성화 및 유럽의 지속적 성장을 위해 실패를 허용하는 실험적 도전적 연구(Frontier Research)를 강화하고, 연구개발, 교육, 혁신 세 가지 분야의 정책적 통합과 조화를 추진하고 있다. 특히 유럽연합은 R&D 기획 단계부터 상용화 전략을 체계적으로 기획 실행 중이다.

2. 분야별 사례분석

1) 전통첨단 공존형 창조경제: 런던

존 메이저 수상은 21세기 영국의 화려한 부활을 예고하는 범국가적 이벤트, 바로 밀레니엄 프로젝트를 선언했다. 그 주요 사안에는 그리니치 빌리지에 밀레니엄 돔 건설, 세계 최대의 대관람차인 런던아이, 템스 강의 보행자 전용다리인 밀레니엄 브리지, 낙후된 템스 강 남부의 주빌리 라인 건설, 그리고 테이트 모던 박물관의 건설 등이 있었다.

<그림 18> 런던아이

밀레니엄 프로젝트 중에서도 가장 역점을 둔 것은 오랜 기간 방치되었던 템스 강 남쪽 지역의 재활성화였다. 이는 결국 전통과 첨단의 공존을 지향하는 것이었다. 잉글랜드와 브리튼의 수도이자 유럽연합(EU) 최대 도시인 런던, 19세기에 런던은 막대한 부를 누렸지만, 그만큼 대가를 치러야 했다. 도시의 탁한 공기와 매연은 번영을 상징하면서도, 빈곤, 불행, 범죄, 질병을 그대로 나타내는 것이기도 했다. 시인 셸리는 "런던은 지옥과 똑같은 도시, 사람으로 혼잡스럽고 연기 자욱한 도시"라고 했다. 1950년대 초 런던 스모그는 도시민이 겪은 최악의 고통이었다. 매연에 찌든 우중충한 건물 색깔은 영국의 번영과는 거리가 멀었다. 런던 외항이 개발되면서, 템스 강 양안에 자리 잡은 이전의 부둣가는 슬럼가가 되었다. 한 세대를 걸쳐 런던은 런던 경관을 바꾸었다. 템스 강을 맑게 정화하고 매연을 줄이며 생태환경을 복원하는 데 노력했다. 한편, 밀레니엄 축제를 앞두고 영국 정부는 런던 낙후지역의 대대적인 재개발 사업을 추진했다. 템스 강 양안, 구 런던 부두 인근지역의 슬럼가가 사라지고 새로운 현대식 건물들이 선을 보였다. 일부는 전시공간과 공연장으로 자리 잡았다. 런던 도시문화에 활력을 가져오기도 했다.[69] 런던의 수많은 박물관, 명소, 이벤트가 완전히 무료라는 점은 많은 방문자들에게 즐거움을 준다. 대영박물관을 비롯해 내셔널 갤러리, 국립초상화미술관, 테이트 모던, 테이트 브리튼, 과학박물권, 지선시박물관 등 세계적으로 명성이 자자한 박물관이나 미술관을 모두 무료로 관람할 수 있다.

　테이트 모던은 런던에서 가장 가난한 자치구 중 하나였던 서더크 지구를 런던의 문화 중심으로 끌어올린 테이트 모던 갤러리가 주목받는 가장 중요한 이유는 산업혁명기의 문화를 상징하던 화력발전소를 현대문화의 상징인 미술관으로 변모시켰기 때문이다. 테이트 모던 프로젝트는 이미 발전을 중단한 상태에서 처리문제가 골치 덩어리였던 화력발전소를 문화공간으로 변신시키면서 전 세계 작가와, 컬렉터, 관광객들을 런던으로 끌어들였다.[70] 마치 쓰레기를 활용해서 이전에는 상상할 수 없는 경제적 효과를 낸 셈이다.

영국 런던의 템스 강 남쪽 슬럼가에 1982년 폐쇄된 후 20년 가까이 버려져 있던 뱅크사이드 화력발전소, 뱅크사이드 발전소(Bankside Power station)는 영국 건축가 길버트 스콧(Sir Giles Gilbert Scott, 1890~1960)이 설계하고 1947~1963년 사이에 건설된 화력발전소였다. 1970년대 유가파동으로 어려움을 겪던 발전소는 1981년 폐쇄되면서 2000년까지 런던 중심에서 20년 동안이나 기능을 잃고 방치돼 있었다. 1980년대 이후 테이트 재단은 급격히 늘어난 작품들로 인해 고질적인 전시공간 부족의 문제를 안고 있었다. 런던 시내에 장소를 물색하던 재단은 발전소의 옷을 갈아입히는 독특한 프로젝트에 도전해보기로 했다. 입지나 혁신적 변화의 상징성뿐 아니라 큰 규모의 기계를 위해 설계된 발전소의 방대한 내부 공간은 다양한 현대미술을 전시하기에 부족함이 없다는 판단이었다. 거대한 공장 같은 건물은 400만 개 이상의 벽돌로 지어졌고 원래 터빈이 설치돼 있던 미술관 내부 터빈홀은 세계 어느 미술관에서도 전시가 어려울 규모의 작품도 거뜬히 맞아들일 수 있었다.

낡은 화력발전소를 손질해 탄생한 미술관은 붉은 벽돌로 된 외벽은 그대로 살리고 내부만 전시실로 바꿨다. 1층 터빈홀 곳곳에 박혀 있던 H자 철제빔도 원형대로 보존했고, 크레인은 대형 작품을 운반할 때 쓰인다. 낡은 터빈은 마치 설치작품처럼 전시되어 이 미술관을 명물로 만드는 데 한몫을 했다. 99m 높이의 굴뚝은 이 미술관의 상징으로 자리 잡았다. 이렇게 탄생한 테이트 모던(Tate Modern)은 2000년 화력발전소를 개조해 만든 영국 최초의 대규모 현대미술관이다. 엘리자

베스 2세 여왕이 참석한 가운데 개관식을 가졌을 때만 해도 이후 10년 간 4,500만 명 이상이 찾는 대성공을 거두리라고 생각한 사람은 사실상 없었다. 이는 영국이 산업혁명에서 문화혁명으로, 다시 산업경제에서 창조경제로 혁신하는 것을 상징했다. 이렇게 리모델링하는 것이 낡아빠져 골칫거리인 발전소를 헐어버리고 새 건물을 짓는 것보다 4배의 경비가 들지만, 발전소에는 영국의 역사와 삶이 담겨 있었다. 테이트 모던 미술관은 전통과 현대, 테크놀로지와 자연이 어우러진 '작품'으로 재창조하는 데 성공했고 발전소 굴뚝을 영국 현대미술의 상징으로 만들었으며 한 해 400만 명이 찾는 명소가 됐다. 2011년에는 540만 명이 미술관을 다녀갔다. 뉴욕 현대미술관(MoMA)과 파리 퐁피두센터를 앞지르는 수치였다. 본래 연간 200만 명의 관람객을 염두에 두고 설계됐지만 현재 500만 명씩이 찾고 있다.[71] 템스 강 인근은 슬럼가였지만 그 지리적 접근성 때문에 외국 관광객은 물론 젊은이들도 항상 머무는 공간이 되었다.[72] 젊은 세대의 주목은 새로운 미래의 창출을 의미한다. 창조경제는 미래지향적이어야 한다. 향수를 자극하는 도시재생사업은 한계가 있다. 테이트 모던 지역재생·협력국의 히슬롭 국장은 다음과 같이 말했다.

"테이트 모던이 좋은 미술관인 것은 예술에 대해 모르는 초보자들도 부담없이 찾아올 수 있는 곳이기 때문입니다. 과거의 미술관은 침묵 속에 위대한 예술품을 바라보는 장소였지만, 이제는 웃고 대화하면서 자신의 감정을 자유롭게 표현하는 공간으로 바뀌고 있습니다. 이성과 감성에 동시에 어필할 수 있는 곳이 이 시대에 진정으로 필요한 미술관입니다."[73]

　2006년 9월 1일 〈가디언〉지에 따르면 테이트 모던 미술관은 젊은 관객들을 미술관으로 끌어들이기 위해 다양한 장르의 팝음악 아티스트들에게 마음에 드는 현대미술 작품을 한 점 골라 이를 음악으로 만들어 달라고 의뢰했다. 일렉트로닉 뮤지션 케미컬 브러더스, 힙합가수 에스텔, 블러의 전 기타리스트 그라함 콕슨, 이스트엔드 출신 래퍼 롤딥, 인디밴드 롤 블론즈 등 8명이 미술관의 파격적 제안에 응했다. 이들은 미술관 소장 작품 중 자신에게 감동을 주었거나 영감을 불러일으킨 작품을 하나 골라 이를 눈이 아닌 귀로 감상하는 음악으로 재창조했다.

　테이트 미술관 마크 샌즈 부관장은 테이트 모던을 찾는 관람객의 60%는 35세 이하의 젊은 층이고 관객들이 미술관을 신전이나 교회 같은 엄숙한 공간이 아닌 사교와 놀이가 있는 살아 있는 공간으로 여긴다며 예술의 공공성을 강조한 정부 정책도 테이트 미술관의 성공에 큰 역할을 했다고 말했다. 정부정책은 물론 시민사회의 참여도 중요했다. 테이트 미술관의 성공에는 영국의 후원문화와 전문가들의 적극적인 참여도 한몫했다. 테이트 모던은 미술관 뒤편 지하에 있는 축구장 절반 크기의 거대한 오일탱크 세 곳을 전시공간으로 바꾸고 있다.

〈그림 19〉 테이트 모던 미술관

연간 60~100파운드의 회비를 납부하는 10만 명의 회원이 이 거대한 사업에 드는 비용 2억 1,500만 파운드의 대부분을 댄다. 여러 예술 분야의 1만 2,000명에 달하는 패널들은 전시의 자문을 맡는다. 관람객과 미술관, 전문가 상호 협력의 모범사례다.[74]

테이트 모던 미술관과 마찬가지로 동부 지역의 명소로 떠오른 와핑 프로젝트는 1890년 지어진 수력발전소를 레스토랑 겸 전시장으로 바꾼 사례이다. 식당에 칠이 벗겨진 기계와 녹슨 철제 구조물들이 군데군데 놓여 있고, 발전소에서 수압을 재던 측정계까지 전시장으로 쓰이는 지하 보일러실 공간에는 조명과 사운드로 구성된 현대미술 작품이 설치돼 있다.[75]

900년 이상의 역사를 자랑하는 런던타워는 정복자 윌리엄 1세 왕이 런던을 수호하고 그의 권력을 지키기 위해 만들었다. 감옥, 무기창고, 수비대가 있는 이곳은 세계에서 가장 유명한 요새로 각종 무기와 왕관, 보석을 전시해 놓고 있다. 런던타워의 다채로운 이야기는 11세기로 거슬러 올라가는데 한때 로마인들의 소유이기도 했던 이곳은 왕궁, 감옥, 무기고, 화폐제조소 등 각종 용도로 사용됐다. 그 용도가 다양했던 만큼 영국 역사의 주요한 장면들을 많이 만나볼 수 있다.

영국의 대문호 셰익스피어가 자신의 희곡을 상연했던 글로브 극장은 한창 관객들로 붐비던 17세기에 문화적 전성기를 누렸는데 이 극장도 현재 개보수 공사를 하여 재개관했다.

2002년 런던 템스 강변에 기괴한 모양을 띤 건물이 하나 들어섰다. 투구를 엎어놓은 것 같기도 했고 달걀이 기울어진 것 같기도 했다. 어떤 사람은 남자의 고환(睾丸)같다고도 했다. 영국이 자랑하는 건축가 노먼 포스터가 설계한 런던 시청사였다. 런던 시청사는 주변의 오래된 건축물과 때론 대비를 이루고 때론 조화를 이루며 런던의 새로운 랜드

마크로 자리 잡았다. 첨단 과학기술이 동원돼 에너지 효율을 높이고 파격적 외관으로 도시에 생기(生氣)를 불어넣어 공공 건축의 모범 사례로 평가받고 있다.[76]

오늘날 런던의 새로운 랜드마크로 자리 잡은 런던아이는 이 도시의 가장 인상적인 경관을 볼 수 있는 곳이다. 맑은 날에는 윈저 성까지 최대 40km 거리에 달하는 런던의 모습을 사방으로 관람할 수 있다. 런던아이를 타고 '비행'하는 30분 동안 영국 국회의사당, 세인트폴대성당, 거킨 등 수많은 명소를 볼 수 있다. 그것은 과거와 현재, 미래를 관통하는 창조경제의 특징을 잘 드러내고 있다.

다만, 실제로 무엇인가 창조상품을 만들어내는 창조산업은 테크시티에서 확인할 수 있다.

2) 융합의 마지막 퍼즐 한 개: 테크 시티

'테크 시티'(Tech City)는 영국 런던 동부지역 올드 스트리트와 올림픽 주경기장 일대 IT · 미디어 기업이 밀집해 있는 곳을 통칭한다. 런던의 동쪽 지역에 있는 '이스트 런던 테크 시티'를 줄여서 부르는 말이기도 하며 혹은 '실리콘 라운드어바웃'(Silicon Roundabout)으로 부른다. 올드 스트리트와 퀸 엘리자베스 올림픽 파크 사이이며, 본래 지명인 '쇼디치' (Shoreditch)라고 불러도 테크 시티로 통한다. 금융 중심가와 대기업 밀집 지역이 가깝다는 지리적 이점을 이용했다.[77] 테크 시티는 지난 2010년 24만 명의 자국 인재가 외국으로 떠나자 영국 정부가 인재를 외국에 빼앗기지 않으려고 취한 조치이기도 하다. 유럽의 실리콘밸리를 만들

겠다는 취지로 1억 파운드 이상을 투자한다.[78]

오래된 건물 안에 첨단기술을 개발하는 스타트업이 가득 들어차 있다. 최첨단 IT단지라는 이미지와 달리 건물이 무척 투박하고 낡았다. 테크 시티는 미국 실리콘밸리를 모델로 만들어졌지만, 다른 점도 있다. 실리콘밸리가 IT 기업이 모인 곳이라면, 테크 시티는 IT 기업은 물론, 금융, 출판, 음악, 영화, 미디어 등 각종 산업이 모인 곳이다. 런던이 서비스 공급자부터 소비자까지, 광고 에이전시, 음악, 영화 산업 등 IT 기업이 연계할 산업이 모두 모인 도시[79]라는 점을 생각할 때 테크 시티는 창조경제의 창조산업이 존재하는 창조도시 런던을 상징한다. 앤드루 미첼 영국 외무부 번영국장은 "창조경제는 창조산업과 연결되어 있고, 런던 동부의 IT 중심지인 테크 시티가 영국 창조산업의 새로운 대표주자가 될 것"이라고 말했다.[80] 영국은 스타트업 벤처기업들이 연구기관, 대학 등과 연계해 아이디어를 실현할 수 있는 테크 시티를 2010년부터 육성했다. 하지만 정부가 인위적으로 손을 댄 곳은 아니었다. 테크 시티는 자발적으로 생겨난 곳으로 2000년대 초반 땅값이 싼 이곳에 입주하는 스타트업이 하나 둘 생겨나기 시작했고 2008년 15개 정도였던 것이 2010년 200여 개로 불었다. 이때 정부가 주목했던 것이다. IT·미디어 기업이 시티를 선호하는 것은 접근성과 인프라가 우수하면서도 임대료가 주변 지역보다 저렴하기 때문인데 글로벌 금융위기로 부동산 가격이 최저치를 기록했던 2009년 이후 시티 지역 임대료는 평방피트당 42.50파운드에서 현재 55파운드로 소폭 오르는 데 그쳤다. 반면에 주변 지역인 코벤트 가든은 45파운드에서 65파운드로, 메이페어는 65파운드에서 95파운드로 뛰었다.[81]

이비드 카메론 총리는 2010년 11월 이곳에 실리콘밸리를 표방한 테크 시티를 조성하겠다며 2011년 4월 기업에 실질적인 도움을 제공할 테크 시티 투자기구(TCIO)를 영국투자청(UKTI) 산하에 조직했다. 스타트업을 위한 기업투자 촉진제도(SEIS) 도입이 추진돼 1여 년 만인 2012년 4월 시행했다. 이는 기업과 투자자를 유치해 테크 시티를 유럽 최고의 테크 클러스터로 만드는 게 목적이었다. 한마디로 '기술 창업 천국'을 만들겠다는 것이고 TCIO는 외국 직접투자 유치, 투자자 유치, 스타트업 홍보 등 3대 과제에 집중했다.[82] 상장 기준을 완화해 벤처기업 창업 후 쉽게 자금을 유치하도록 했고 상장 준비기업이 가진 자사주 지분 비율을 기존 25%에서 10%로 대폭 낮추도록 했다. 회계보고서를 기존에는 3년치를 제출해야 했으나 기간을 줄여주기로 했다. 이사회 구성 기준도 완화해주었다.[83] 지원을 시작하자 입주기업이 1년 만에 1,000개나 늘었다. 초기 구글 '캠퍼스 런던', 스페인 이통사 텔레포니카 '와이라' 등 인큐베이팅 센터가 속속 들어서면서 정부도 창조산업기업 육성을 위해 임차료를 낮추는 등 정책적인 지원을 했다.[84] 요컨대 정부가 무작정 이 지역을 테크 시티로 선포한 게 아니라 임대료를 낮춰 자발적으로 벤처기업들이 테크 시티 프로젝트에 모여들었다. 그런 방식으로 정부와 기업이 각각의 역할을 충실히 수행한다.[85]

테크 시티를 총괄하는 TCIO는 해외 벤처들이 이곳으로 올 경우 비자·세금 혜택 등을 지원한다. 미국과 EU 국가보다 낮은 세금을 가장 먼저 꼽을 수 있고 영국은 박지성조차도 노동허가서를 받고, 일정 점수를 넘어야 취업 비자를 내주는 국가인데 여기에서는 비자 발급도 대체로 수월한 편이다.[86] 페이스북과 구글, 시스코, 마이크로소프트 등을 비롯해 1,250여 개가 들어서 있다. 영국의 무역투자진흥공사의 산하기관인 테크 시티 투자기구(TCIO)에 있는 애드리안 티퍼는 "2005년만 해도 이 지역에는 15~20개 정도 기업만 있었는데 지금은 대략 3,000

〈그림 20〉 도심 속의 첨단 창조산업단지 테크 시티

여 개 회사가 있다."[87]라고 밝힌 바 있다. 테크 시티 인근에는 40개가 넘는 언어를 전공으로 가르치는 대학들이 있다.

테크 시티에서는 다른 나라와 달리 정부가 기업에 직접 자금을 지원해주지 않는다. 다만 투자자와 창업자를 서로 연결해줄 뿐이다. 나머지는 스타트업이 알아서 해결해야 한다. 이는 TCIO 예산만 봐도 알 수 있다. 연간 예산이 210만 파운드(약 37억 원)인데, 이 가운데 39%인 83만 파운드(약 15억 원)만 스타트업 지원에 쓰이고 나머지는 운영자금으로 사용된다. TCIO는 40명이 넘는 전문 멘토를 보유해 창업자에게 멘토링하고 있다. TCIO는 2011년 53만 파운드를 들여 30여 건의 크고 작은 스타트업 행사를 개최해 네트워크 형성 기회를 주기도 했는데 대표적인 것이 세계에서 200여 개 기업 및 벤처투자업체가 참여한 '기업가 페스티벌'이다.[88] 아울러 영국은 2012년 1월부터 '성장가속정책'을 통해 고성장 중소기업을 지원 중이다.[89] 금융기관이 득세하던 런던 중심지는 IT기업들로 채워져 이제 런던은 대기업뿐만 아니라 스타트업도 속속 입주하면서 균형 잡힌 IT 생태계를 구축하는 데 성공했다.[90] 이로써 영국은 산업경제 뒤에 문화산업을 추진하는 나라에만 머무는 것이 아니라 첨단하이테크국가의 구축에 성공적으로 안착했다는 점을 상징적으로 보여주었다.

3) 전통-현대의 절묘한 배합: 실리콘 색스니 '드레스덴'

독일이 정밀기계공업의 강국으로 이름이 높지만 첨단과학기술산업에서도 모범적이다. 이는 드레스덴에서 확인할 수 있다. 독일의 수도 베를린에서 남쪽으로 약 200km 떨어져 있는 독일 동부 작센 주의 주도 드레스덴은 첨단과학기술 산업의 육성으로 유럽의 대표적 과학 비지니스 도시로 거듭난 곳이다.

'실리콘 색스니'로 불리는데, 이는 실리콘밸리와 작센 주의 영어명 색스니의 합성어다. 경제·문화 중심지였던 드레스덴은 제2차 세계대전 당시 도시의 90% 이상이 파괴됐다. 제2차 세계대전 끝 무렵인

〈그림 21〉 드레스덴 전경과 독일 과학과 공학의 상징 막스 플랑크

1945년 연합군의 폭격을 받아 대부분이 초토화되었던 곳이다. 이곳은 동독이 들어서면서 산업지대로 역할을 했지만 그렇게 눈부시지는 못했다.

1990년 10월 3일, 통독 이후 다른 동독 지역과 마찬가지로 드레스덴도 물가가 치솟았고, 실업률은 20%에 달했다. 그러나 지금은 2000년 이후 연평균 6.8%의 경제 성장률을 자랑하는 과학기반 도시로 1,200여 개 첨단기업에 4만 3,500명이 일하고 있다.[91] 이후 연방정부와 주정부, 시의 적극적인 기업 유치 전략이 작용하기 시작했다. 지멘스, 폴크스바겐, AMD, 인피니온 등 큰 기업체와 대학, 연구소가 입주했다. 기초 및 응용연구 인프라 구축 뒤 1994년 지멘스가 독일 처음으로 사이언스 파크를 드레스덴에 설립했고, 인피니온, 모토로라, AMD 등 첨단 반도체 회사의 이전과 폴크스바겐 같은 글로벌 기업의 첨단 플랜트 유치가 있었다. 이후 드레스덴은 정보기술(IT) 부문 유럽 1위, 기계부품과 나노재료 부문 독일 1위로 성장했고 생명공학과 그린에너지 분야로도 확장하고 있다. 태양열에너지 분야는 반경 150km 내 지역 연구기관과 기업을 클러스터로 구축하며 세계시장 점유율 1위로 떠올랐다.[92] 한국에서 열린 '해외 과학도시 주요 인사 초청강연회'에서 독일 드레스덴 디르크 힐버트 부시장은 "드레스덴은 경제 중심적인 목표 아래 대학 및 연구기관이 많은 네트워크를 형성해 협력을 원활히 진행해왔다. 반두체, 신소재, 나노기술, 의약 및 바이오 부문의 수준 높은 클러스터들이 포진해 있다."라고 말했다. 주민 1인당 평균 소득은 3만 유로를 넘게 되었다.

드레스덴 인구는 1999년 47만 7,000명까지 줄어들었다가 다시 52만 명을 넘어섰다. 드레스덴 시청의 자료에 따르면 기업 수는 5만 개이고 관광객은 매년 1,000만 명에 이른다. 독일 주요도시 가운데 처

〈그림 22〉 드레스덴의 위치와 현황
자료: 2008년 유로스타트(유럽 통계청)

음으로 흑자로 전환했다. 경제 활력을 나타내는 대표적인 지표 중 하나인 1인당 구매력은 2001년 이후 매년 7% 이상 커졌으며, 실업률은 대폭 떨어져 독일 내 주요 도시 가운데 가장 큰 감소율을 기록했다.[93] 드레스덴이 관광뿐 아니라 쇼핑도시로 소문나면서 기차로 두 시간 거리에 있는 체코와 폴란드의 부자들까지 몰려들고 있다.

힐버트 부시장은 "출산율도 가장 높다"며 "생명 · 바이오 공학, IT 등 첨단혁신분야 연구에 대한 집중투자는 물론, 기존의 문화 환경을 꾸준히 보존 · 개선해온 것이 지금의 드레스덴을 만든 성장 동력"이라고 말했다.[94] 초소형 전자 공학 및 정보 커뮤니케이션 기술, 나노기술 및 신소재 개발, 생명과학 및 생명과학 등 미래 지향적인 3개의 부분에서의 기술력은 이 지역의 성장과 개발에 막대한 영향을 미치고 있다. 초소형 전자공학기술과 관련해 1,200개 회사가 입주해 있으며 관련 직원만 4만 명에 이른다. 독일의 500대 나노기술 업체의 80%가 이 도시에 입주해 있다. 1990년대 중반 이래, 드레스덴에는 1억

2,500만 유로의 투자 자금이 유입돼 기반시설을 확장하고 산업구역을 개발하는 데 사용됐다.[95]

경제·과학 분야의 특수 목적은 5가지 개념이 핵심이다. ① 세계 최첨단 기업유치를 위한 연구개발 조건, ② 과학지식을 서로 공유하는 협력 관계, ③ 최첨단 과학 교육, ④ 삶의 질 향상을 위한 레저·오락·문화시설, ⑤ 지중해의 문화·역사 도시와의 연계를 통한 도시생활의 다이내믹이다.[96]

드레스덴의 경제적 성공 비결은 기초과학 연구에서 시작해 응용과학 연구 – 기업 유치 – 일자리 창출로 이어지는 선순환적인 구조 구축이다. 이른바 '드레스덴 시스템'이다.[97] 드레스덴은 처음에는 기초과학을 다지는 것에서 시작했지만 응용연구소 설립과 첨단 기업의 유치로 이어지는 연결고리를 형성, 고급인재 유치는 물론 도시의 급속적인 경제성장을 이룩했다. 과학기술정책연구원(STEPI) 황석원 박사는 "연구기관과 기업, 대학, 정부 등이 연결돼 경제적 성과를 창출하는 드레스덴의 선순환 구조를 벤치마킹할 필요가 있다"고 했다.[98] 드레스덴에는 약 3만 5,000명 학생의 독일 최대 기술대학 드레스덴 공대와 함께 10개 대학, 기초과학 연구기관인 막스플랑크 연구소 3개, 응용과학 연구기관인 프라운호퍼 연구소 10개 등 독일의 세계적인 연구기관이 있다. 연구기관들은 다양한 규모의 대·중소기업과 함께 연구 협력했다. 드레스덴 재건의 일등공신은 세계 최고의 기초연구기관인 막스플랑크 재단으로 막스플랑크 연구소 3개가 잇따라 설립되었고 응용연구 기반의 프라운호퍼 재단과 라이프니츠 재단 소속 연구소도 왔다.[99] 또한 재원이 확보되면 주로 교육에 투자하는 것을 원칙으로 삼아 교육도시로서 질 좋은 인재확보에도 성공했다는 점도 중요했다.[100]

연방정부는 대폭적인 지원과 이에 대한 관련자들의 강력한 호응이다. 연방경제부에 따르면 여기에 투입된 연구지원금의 규모는 12억 4,000만 유로(약 1조 8,100억 원)이다. 연방정부는 세금감면 등 적극적인 인센티브도 제공했다. 드레스덴 힐버트 부시장은 산업계와 교육·과학계의 강력한 지원을 얻어내야 한다며, 정치 지도자의 지시만으로는 어렵다는 입장을 피력했다.[101]

여기에 문화시설과 좋은 자연환경을 갖춰주었다. 드레스덴의 분위기는 아름답고 깨끗한 것이 장점이다.[102] 엘베 강이 도심을 적시는 드레스덴은 '독일의 피렌체'로 불릴 정도로 아름다운 곳이다. 츠빙거 궁전, 프라우엔 교회, 레지덴츠슐로스, 젬퍼 오페라와 같은 유서깊은 건축물들이 있다. 약 200개의 극장과 오페라하우스, 박물관 등이 있는 동유럽의 문화 중심지다. 오랜 전통의 역사도시이자 문화예술 관광 자원이 풍부한 동서유럽의 교차로라 시내에는 바로크 양식의 츠빙거 궁전과 바그너가 탄호이저를 초연했던 오페라극장 등 고색창연한 건물들이 늘어서 있다.[103] 드레스덴 필하모니와 소년소녀 합창단도 세계적 명성이 크다. 통일 이전부터 화학, 기계 등 전통산업이 크게 발전한 경제 중심지이기도 하다. 문화예술 인프라에 기초과학, 고등교육, 연구개발, 비즈니스가 접목되어 세계적 도시 경쟁력을 갖게 됐다.[104] 독일에서도 삶의 질이 높은 편에 있던 드레스덴에 첨단산업시설이 보강되자 세계의 창조적인 인재, 즉 창조계급들이 드레스덴에 몰려들기 시작했다.

마지막으로 정주여건이다. 쾌적한 거주시설을 제공하고 자녀가 좋은 교육을 받을 수 있는 환경, 그리고 금융기관, 문화체육시설, 의료 등 과학과 비즈니스의 융합에 부족함 없는 기반시설을 만들어 연구에만 전념할 수 있는 글로벌 주거환경을 조성했다.[105] 유럽 최대의 반도체 산업 연맹인 '실리콘 작소니 협회'의 토마스 레페 이사는 "황무지에

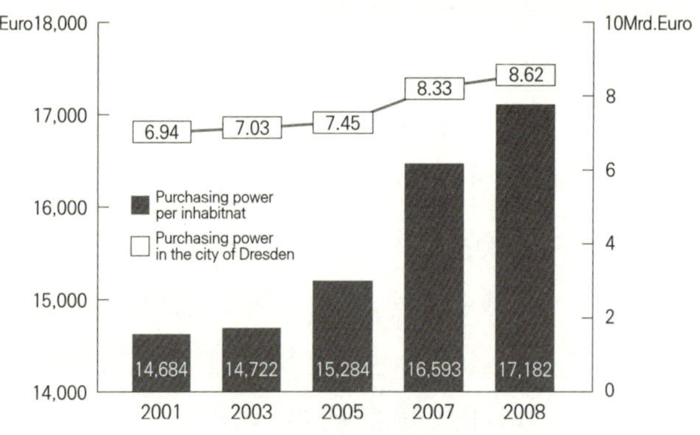

〈그림 23〉 드레스덴의 구매력 변화
자료: 드레스덴 시 Urban planning office 제공.

서 새 도시를 건설하는 것은 수백 년의 역사를 가졌고, 삶의 질이 독일 내 10위권을 벗어나지 않는 드레스덴과 상황이 다를 수 있다."며 "기술과 시설뿐 아니라 사람을 데려가야 하는데 이를 위해서는 각종 문화, 교육 시설 등 가족을 끌어들 수 있는 요인이 있어야 한다."고 했다. 즉 "일만 하는 죽은 도시가 되면 곤란하며 문화가 있고, 주말을 보낼 수 있는 환경이 조성돼야 한다."는 것이다.[106]

드레스덴은 "구서독의 다른 어떤 도시보다 발전한 모습, 구서독 지역이 오히려 역차별을 받고 있다는 볼멘소리가 나올 정도로 동독 지역의 경제가 성장했다"[107]는 지적을 보자면 향후 남북한 통일 이후에 북한에 대한 창조산업정책이 어떠해야 하는지에 대해서 준거점을 마련해주는 곳이다. 그리고 드레스덴은 800년 이상 된 이미 지어진 도시였다는 점에서 실리콘밸리와 같은 신생 지역과는 다른 점이다.

4) 유럽의 IT밸리: 소피아 앙티폴리스

불어로 '지혜의 도시'인 소피아 앙티폴리스(Sophia Antipolis)는 프랑스 남부의 첨단산업지구로 지중해 연안에 위치한 프랑스의 대표적 관광도시인 니스와 영화제로 이름 높아진 칸의 중간에 있다. 그리스신화의 지혜를 뜻하는 신 '소피아'와 이 지역의 옛 명칭인 '앙티폴리스'를 합쳐 만든 이름이다. 〈뉴스위크〉지는 소피아 앙티폴리스를 세계 10대 지식기반 선도지역의 하나로 선정했으며 유럽 3대 과학지식도시 중 핵심도시로 평가했다.

지중해 연안의 아름다운 지역 프랑스 남부는 원래 경제적으로 열악한 곳이었다. 쾌적한 자연경관과 온난한 기후조건을 가지고 있었지만 농업중심의 경제구조에서 벗어나지 못해 가난했다. 그나마 1960년대 말 관광휴양업으로 발전을 거듭하던 프랑스 니스 시는 관광 침체기를 맞아 재정이 악화되고 시민들은 경제적인 어려움을 겪고 있었다. 그러나 소피아 앙티폴리스 때문에 고급 일자리가 만들어지는 창조지역

〈그림 24〉 소피아 앙티폴리스와 녹지

이 되었다. 소피아 앙티폴리스는 독립된 행정구역을 가진 전통적 개념의 도시가 아니라는 점이 큰 특징이다. 코뮌이라고 하는 여러 개의 면 단위 행정구역에 퍼져 있다. 독립된 행정구역이 아니기 때문에 소피아 앙티폴리스를 독자적으로 대표하는 의회도 없다. 코트다쥐르 주(州)의 5개 지방자치단체에 걸쳐 있어 어느 지자체로 소속시킬지가 쟁점이 되자 아예 독립된 코뮌으로 만들었고 관리나 운영은 소피아 앙티폴리스에 지분이 있는 5개 지자체와 상공회의소가 공동 투자해 설립한 SAEM이 맡는다.[108] 하지만 소피아 앙티폴리스는 이제 전자통신 및 생명공학산업으로 특화된 첨단산업지역이며 여기에는 전 세계 70개국에서 온 IBM, 텍사스 인스트루먼트, AT&T, 시스코시스템즈 등 1,280개의 기업에 속한 3만 4,000명의 전문가들이 연구와 개발을 하고 있다.

1969년, 니스 지역 출신이며 파리 국립광업대학의 교수였던 삐에르 라피트 의원은 〈르 몽드〉지에 과학과 문화, 경제가 함께 어우러진 신도시, 과학문화, 지식이 합쳐진 미래도시를 조성할 필요가 있다고 피력했다. 즉 "파리 센 강 주변의 대학들과 대학 주변의 카페, 레스토랑, 서점들에서 발산하는 역동성을 재현한 첨단기술의 신도시 건설하자."고 주장했다. 샤를 드골 당시 대통령과 생각이 맞아떨어지면서 본격적으로 프로젝트가 이뤄졌다. 그도 실천에 옮겨 소피아 앙티폴리스 협회를 설립했다. 이 위원회는 1972년 앙티프라고 하는 해안도시 인근에 약 $23km^2$(부산 해운대구 면적의 절반가량)의 땅을 지정하고 세계 여러 나라로부터 첨단기술기업을 유치하기 시작했다. 1970년대와 1980년대를 거치면서 프랑스 파리에 소재한 대기업, 정부출연 연구소, 대학 등이 소피아 앙티폴리스에 들어오면서 본격화되었다. 파리국립공과대학, 니스 소피아 앙티폴리스 대학, 국립과학연구센터, 국립컴퓨터과학 및 통제연구소 등이 있다.

2007년 매출을 합치면 41억 유로(약 7조 3,390억 원), 법인세만 5,000만 유로(약 900억 원)였다. 외국기업이 프랑스에서 투자한 R&D 프로젝트의 30%가 유치됐다. 입주업체는 정보기술, 생명과학, 에너지 재료 등 첨단산업으로 제한된다. 최근에는 생명공학과 건강관련 업체가 늘고 있는데 국립농업연구소, 국립 건강 및 의학연구소 등이 산 · 학 · 연 협력체계를 구축했다. 소피아 앙티폴리스 내 기업체는 규모가 작지만 특성화된 전략산업 분야가 많다. 최근의 혁신과제로 IT를 관광에 접목시키고 연구물을 건강과 자연재해 예방 및 대처에 활용하는 방안을 강구하고 있다.[109] "소피아 앙티폴리스는 유럽 내 첫 연구단지이면서 환경친화적이고 인간중심적이라는 세 가지 특징이 있습니다." 필립 마리아니 소피아 앙티폴리스 문화교류 국장의 말이다.

실제로 10~15분이면 휴양지, 니스 해변가를 갈 수 있으며, 울창한 숲과 건물이 조화를 이뤄 휴양도시라는 느낌이 드는데 의도적으로 고급인력이 근무하기 좋은 환경을 조성해나갔다. 리조트풍의 주택, 골프장, 쇼핑센터, 미술관 등 문화적인 삶을 구가할 수 있는 환경을 만들었다. 순수 외국소유기업이 150여 개에 이르는데 이는 고급인력들이 선호하는 정주형 연구단지의 면모를 모두 갖추고 있기 때문이다. 외국인학교도 공립과 사립 2개에 1,000여 명의 학생들이 다닌다. 초중고의 학급은 불어와 영어 · 스페인어 · 독일어 · 이탈리아어의 2개어 공용학급이 있다. 1단계 $23km^2$에 이어 2003년부터는 2단계로 $22km^2$가 추가 개발, 현재 넓이는 모두 $45km^2$다. 파리 시내 면적 4분의 1에 해당하는 $45km^2$ 규모의 이곳은 천혜의 자연환경을 토대로 휴양과 연구를 동시에 할 수 있도록 프랑스 정부가 심혈을 기울여 만들었다.[110] 개발 초기부터 전체 면적의 3분의 2는 녹지로 보존한다는 원칙을 세워

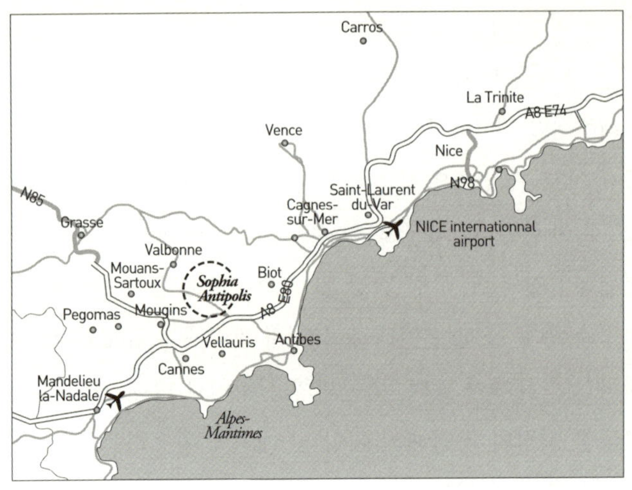

〈그림 25〉 소피아 앙티폴리스의 입지

지켜냈다. 전체 지역의 65%가 공원녹지이고 나머지 28%가 연구개발과 산업용지, 6%는 주거공간이다. 건물이나 도로로 사용되는 부지는 총면적의 10%를 유지하고 건축 때 주변 지형보다 높은 건물을 짓지 못하도록 하고 있다. 건물높이 제한은 12m, 4층 이내이며, 건물면적은 입주면적의 33% 이내다. 그 결과 지중해 연안의 아름다운 녹지 공간을 그대로 살린 친환경적 자연도시의 면모를 그대로 유지하고 있다. 예컨대, 건축면적으로 $100m^2$가 필요하다고 하면 $300m^2$를 사도록 해 나머지 $200m^2$는 정원 등으로 활용하도록 하는데, 단 땅값은 건축물을 짓는 $100m^2$만 받는다.

소피아 앙티폴리스는 황무지에 약 40여 년에 걸쳐 이루어졌다. 성공한 이유를 살피면 다음과 같다.

정책적으로 1960년대 드골 대통령의 과학기술 중심정책, 1970년대의 수도권 분산정책, 1980년대 미테랑 정부의 강력한 지방분권화 정책에 힘을 얻었다. 초창기에는 에어 프랑스 등 주요 기업들을 정부 차

〈그림 26〉 소피아 앙티폴리스의 전경

원에서 강제적으로 입주시키면서 단지를 조성했는데 점차 성공을 거두면서 세계 내로라하는 업체들이 몰려들기 시작했다.[111] 다른 유럽 국가와 달리 프랑스는 60년대 모든 국가 기능의 40%가 파리에 집중돼 분권화가 추진되었다. 각종 이해관계가 얽혀 어려움이 많았지만 75년 주변 5개 지방정부가 코뮌을 결성해 세제 혜택 등 '당근'을 총동원해 에어프랑스, 텍사스 인스트루먼트, IBM 등을 유치하면서 새로운 전환점을 맞게 됐다.[112]

충분한 토지를 임대해주고, 조세 감면 등 파격적인 인센티브를 제공하고 있고, 투자유치를 위해 세일즈를 적극적으로 펼쳤다. 전체 면적의 28%에 이르는 용지를 기업이 원하는 산업용지와 연구개발용지 등으로 제공했고, 중앙정부와 지자체가 공동으로 조세와 보조금 및 인프라 지원 등 다양한 인센티브를 주었다.

니스라는 공간학적 입지도 중요했다. 따뜻한 지중해 연안이라는 기후적인 장점에다가 전 세계 51개 항공사 30개 국가의 101개 도시 연결해주는 니스 국제공항은 15분 안에 있고, 사이버 도로를 관리하는 디지털 네트워크, 프랑스 텔레콤이 입주해 있었다.[113]

라피트 교수를 비롯한 일군의 리더들이 과감하게 선보인 실용적인 리더십이 시대적 요청과 맞물리면서 효과를 발휘하게 되었다.[114] 라피트 교수는 "파리나 리옹 같은 대도시에서는 엔지니어들이 창의적인 아이디어를 낼 수 없다", "숲 속에 과학도시를 짓자"[115]고 말했고 이를 실천했으며 이러한 성과 때문에 3선에 걸쳐 상원의원에 올랐다. 이는 비단 경제와 산업이 아니라 정치적으로도 중요한 함의점을 준다.

무엇보다 중요한 것은 연구원들이 연구에 매진할 수 있도록 친환경적인 공간을 생태학적으로 만들어주었다는 점이다. 이는 문화예술적인 환경을 조성하여 창조적인 아이디어나 활동들을 촉진한 것이라고 볼 수 있다. 단지 기술에만 매달린다고 해서 창조적인 서비스나 상품이 나오지 않는다는 철학을 반영하고 있는 것이다. 그것은 유럽 특히 프랑스식 문화예술 철학의 반영이라고 볼 수 있다.

5) 문화예술의 섬: 나오시마

세계에 걸쳐 예술로 자신들의 경쟁력을 높이려고 하는 곳은 많다. 그런데 세계적으로도 보기 드물게 예술과 문화, 디자인으로 도시 경쟁력을 높인 섬이 나오시마다. 나오시마는 둘레 16km에, 면적 $8km^2$, 인구 3,500여 명인 작은 섬으로 일본 혼슈 서무 오카야미 현과 가가와 현 사이에 있어 오카야마 현 우노 항에서 페리를 이용하면 20분 만에 갈 수 있다. 구리 제련소에서 나오는 공해와 산업폐기물이 섬을 황폐하게 만들어버렸고 사람들도 지독한 산업폐기물과 환경오염에 시달렸다. 인구가 200명까지 줄었다. 그야말로 버려진 섬이었지만 지금은 수

<그림 27> 나오시마 포구의 노란 호박(구사마 작품)

십만 명이 다녀가는 섬이 되었다. 인구는 3,600명으로 늘어났다.

1987년. 일본의 대표적 교육기업인 베네세 그룹의 후쿠다케 소이치로 회장이 섬을 현대건축과 현대미술, 자연과 사람이 조화를 이루는 복합공간으로 만들고자 했다. 세계적인 건축가 안도 다다오에게 미술관 건축을 맡겼고 그렇게 처음 1992년 문을 연 '베네세하우스'는 '자연, 건축, 예술의 공생'이라는 주제로 개관한 4개동의 호텔과 레스토랑, 갤러리 등으로 이뤄진 복합시설이다. 이후에 박물관과 미술관이 생겨나기 시작했다. 2004년 지추(地中)미술관이 클로드 모네, 월터 드 마리아, 제임스 터렐 등 유명 작가 3명의 작품 9점만을 위한 세계 최초의 지하 미술관으로 자리매김했다. 매표소에서 전시장으로 가는 길에 모네가 수련을 그린 장소인 프랑스 지베르니 연못을 재현해 놓았다. 지추미술관이 서양미술의 정수를 보여주고 동양미술의 정수를 보여주기 위해 2010년 이우환미술관을 열었다.[116]

20세기 초부터 폐허로 남아 있던 이누지마 섬의 구리제련소는 세이렌쇼미술관으로 바뀌었고, 16년 동안 산업폐기물 불법투기장이었던 테시마 섬에는 2010년 테시마미술관이 건립되었다. 혼무라의 오래된 전통집을 현대미술 작품으로 제작한 아트하우스, 낚시공원, 입탕객

15만 명을 달성했다는 '나오시마 목욕탕', 다양한 숙박시설을 갖춘 '쓰쓰지소'(진달래집) 등도 있다.[117]

이 섬의 매력은 미술관뿐만 아니라 길에서 유명 작품을 만나볼 수 있다는 점이다. 섬 곳곳에 니키 드 생팔, 쿠사마 야요이 등 유명 작가의 설치 작품이 설치돼 있다.[118]

나오시마에 도착해 가장 먼저 눈에 띄는 작품은 거대한 빨간 호박인데, 구사마 야요이의 현대 아트 작품이다. 나오시마 상징물인 노란 호박 역시 구사마 작품으로 야외에 설치된 예술품은 시간과 날씨에 따라 여러 가지 느낌을 준다. 혼무라 거리에 있는 '미나미데라'는 신사를 개조해 만든 것으로 빛과 여백의 아름다움이 잘 표현되어 있다.[119] 집 자체에서 현대미술의 느낌을 얻을 수 있는데 마을 사람들이 하나둘 떠난 뒤 남은 7채의 빈집을 활용해 집 자체를 작품화했기 때문이다.[120] 단순히 고택(古宅)을 리모델링한 게 아니라 각 공간을 다양한 현대미술 작품으로 변형한 것이 특징이다. 오래된 집들은 다른 곳의 '민속촌'처럼 마을과 분리돼 있지 않다. 수십 채의 현대식 주택과 우체국, 슈퍼마켓 등과 함께 마을 안에 공존한다.[121] 니오시마 집 프로젝트는 폐허가 된 집이나 사람이 살고 있는 나오시마의 전통 가옥을 예술가에게 제공하여 뮤지엄을 만드는 프로젝트로 예술가 1인의 작품이 하나의 집을 변화시키고 이러한 뮤지엄이 마을을 이루어 예술과 전통주택에 대한 관람을 한 수 있고 마을 주민은 자원봉사자로 활동하면서 섬을 찾은 관광객의 도우미 역할을 하는 것이다.[122] 이 프로젝트는 전문가와 섬 주민이 같이 했기 때문에 더 의미가 있었다.

나오시마는 예술을 주제로 단순히 보여주는 식의 전시방식에서 벗어나 사람과의 소통, 자연과의 일체화를 도모하고 융화와 협업을 강조하며 미술관과 호텔을 접목시켜 체류형 테마관광에 대한 인식을 새롭

<그림 28> 마을을 활용한 미술작품과 지추 미술관

게 확립했다. 자연과 건축, 생활과 예술을 접목한 콘셉트로 각각의 특성을 살려 조화로운 개발에 대한 방향도 제시했다. 골목길과 빈 집 등을 주민과 예술인이 참여해 생활의 아름다움을 이끌어내고 독특한 전시관으로 활용한 '집 프로젝트'(House Project)는 생활과 문화를 예술과 별개로 취급하지 않고 예술 속에 생활을, 생활 속에 예술을 끌어들였다. 항구의 복합공간인 '우미노에키'를 항구 대합실 겸 상업, 관광정보센터 기능으로 통합 운영함으로써 관광객 편의제공뿐만 아니라 지역이미지를 향상시키고 지역의 랜드마크 기능을 하게 한 점도 특징이다. 나오시마 예술의 섬 프로젝트는 1, 2, 3차 관광산업이 융합된 산업으로 지역 활성화를 했다는 평가를 들었다.[123] 나오시마 프로젝트에 참가한 사람 중에 한 명은 다음과 같이 말했다.

나오시마에는 일반적인 관광지에 있을 법한 그런 요소가 거의 없다. 유적도 없고 온천도 없고 두드러진 경관이 있는 것도 아니다. 극히 일상에 가까운 풍경이 신선하게 펼쳐진다. 하지만 나오시마의 마을과 경치는 그 어디에라도 있을 것 같지만 실은 이미 사라져버린 광경이다. 과거에는 있었지만 지금은 없는, 주변에 있을 것 같지 않은 장소. 게다가 그곳은 도쿄라는 중심으로부터 멀리 떨어져 있어 아무 때나 마음대로 갈 수 없다. 이런 여러 요소들이 잘 짜여 있다. 아티스트들은 나오시마에서 매우 순수한 작업을 하고 있다고 할 수 있다. 그들이 정말로 하고 싶은 것을 환경과 함께 생각하고 그것을 최대한으로 살리는 시도를 할 수 있게끔 한 나오시마와 같은 장소는 세계적으로도 예가 없다. 예술은 빵을 만들어낼 수 없고, 무기를 만들어낼 수도 없다. 그렇지만 예술작품을 본 후에 자신이나 세상이 무언가 조금 변화한 것처럼 느껴질지도 모른다. 하나의 장소를 열고 미술관을 만들어보고, 그 가능성을 재차 느꼈다.[124]

흔히 유명한 관광지에 있을 법한 멋진 풍경, 유명한 유적, 그리고 휴양지 시설도 없는 곳, 그렇지만 그러한 곳이 없는 풍경이 오히려 상품이 된다. 왜냐하면 어느새 그것들을 개발로 다 잃어버렸기 때문이다. 실버산업이 주력인 베네세 그룹은 예술과 문화, 인간과 자연을 사랑하는 기업 이미지가 부각되면서 세계적인 경기 침체기에도 연 7%대의 성장을 기록했다. 나오시마의 주민들도 예술 프로젝트에 적극 동참하면서 활기를 되찾았다. 이러한 맥락에서 참여자 중 한 명은 다음과 같이 말했다. "현지의 할아버지 할머니들이 활기를 되찾아가는 모습을 보는 것은 더 큰 기쁨이다. 사후의 극락이나 천국이 아닌 현세의 낙원, 즉 '인생의 달인'들이 노인의 웃음이 넘치는 장소를 만들고 싶다는 마음으로 지난 20년이 넘게 연구 개발해온 덕분에 가능했다."[125] 나오시마는 가가와 현의 35개 지자체 중 소득 1위의 마을이 됐고, 일자리가 늘어나면서 인구도 늘었다. 각종 미술관과 갤러리 박물관 등 7개의 섬에 세계 각국 작가들이 참여하는 세토우치 국제예술제가 개최되기에 이르렀다.[126]

<그림 29> 나오시마의 명물 목욕탕(I♥湯 直島銭湯)

베네세 그룹이 지금까지 나오시마에 투자한 돈은 460억 엔. 투자에 비해 수익이 그다지 나지 않는 사업임은 분명하다. 그러나 후쿠다케 소이치로 회장은 "경제는 문화의 시녀"라고 강조한다. 문화의 힘을 결코 돈으로 환산할 수 없다는 신념의 표현이다.[127] '나오시마 프로젝트' 착수에 앞서 섬마을 사람들을 위해 중학교와 마을회관, 선박터미널 등을 짓는 일부터 착수했다. 그만큼 주민들을 배려하겠다는 정신을 가지고 있었기 때문에 가능했다. 흔히 지역주민은 소외시키는 마을재생 프로그램이 많다는 점을 생각할 수 있다.

"기업 활동의 목적은 '문화'이며, '경제는 문화에 종속'되어야 한다. 현대사회에서는 수단이 목적화되고 있다. 부를 창조할 수 있는 것은 기업 활동밖에 없다. 그렇다면 그 부의 배분 방법이 문제이며, 세금으로 거둬들이는 것뿐만 아니라 그 일부를 사용해 기업 스스로가 좋은 커뮤니티를 만드는 일에 공헌하는 것은 어떨까. 인간과 기업의 모든 활동은 좋은 커뮤니티를 창조하는 것을 목표로 해야 한다."[128]

6) 벤처경제의 시작과 끝: 실리콘밸리

미국 샌타페이연구소 고프리 웨스트 박사는 한 도시에서 창작되는 책의 수, 예술가들의 작품 수, 기업의 연구개발비, 특허, 혁신적인 발명품 수 등 온갖 창조적인 결과물들을 모두 합쳐 한 도시의 창조 역량을 수치화했다. 인구수가 늘어날수록 소통이 발생할 가능성은 기하급수적으로 늘어나기 때문에 대도시에서 혁신적인 아이디어가 탄생할 가능성이 높다는 사실을 밝혀냈다. 도시가 2배 더 크면 창조적 역량은 2.2배 더 컸다. 심지어 뉴욕이나 런던, 도쿄처럼 10배 더 큰 도시들은 그 창조적 역량이 17배 더 크다는 사실을 발견했다. 즉 한 도시의 창조역량은 인구가 늘어날수록 기하급수적으로 커졌다.[129] 창의적인 아이디어는 세상과 고립된 개인의 능력으로 만들어지는 것이 아니라 '사람과의 소통'으로 얻어지기 때문에 사람이 많은 대도시일수록 창조적인 아이디어가 많이 탄생한다는 것이다. 인간은 주변에 스마트한 사람이 많을수록 자신도 더욱 똑똑해지는 사회적 동물이기 때문이다.[130]

하버드대 경제학과 에드워드 글래저 교수도 그의 책《도시의 승리》에서 창조적인 생각은 비슷한 분야 사람이 아닌, 전혀 다른 분야 사람들과의 지적 교류에서 만들어진다고 했다. 대표적인 예가 미국 캘리포니아 새너제이에서 샌프란시스코를 잇는 실리콘밸리다. 미국 노동의 역사의 시작에 히피 문화, 예술 도시성, 게이 문화에 테크놀로지의 창업이 혼존하는 곳이다. 2012년 미국의 경제주간지 〈포천〉에 따르면 창업조사업체 스타트업 게놈과 중남미 최대 이동통신사 텔레포니카의 조사 결과 실리콘밸리가 '기업하기 좋은 도시' 1위를 차지했다. 네트워크가 잘 발달됐고, 자금 조달도 쉽다는 점이 새로운 사업을 벌이기에 적합하기 때문이었다. 스티븐 잡스가 애플의 성공 신화를 실리콘밸리에서 이루었고, 구글과 페이스북 등 글로벌 기업들이 이곳에서 사업을 시작했다.

2012년 미국 인구통계국이 발표한 자료에 따르면 실리콘밸리의 IT 전문가들이 몰려 있는 캘리포니아 새너제이가 미국에서 가장 부유한 도시로 선정됐다. 캘리포니아 새너제이의 가계소득 중간치는 지난해 7만 7,000달러(원화 8,640만 원)로, 미국 내 인구 상위 25개 대도시 가운데 1위를 차지했다. 이 도시의 소득 중간 값은 전국 평균인 5만 1,000달러에 비해 무려 50% 이상 더 높았다. 반면 자동차 산업의 중심지인 디트로이트가 가장 빈곤한 도시였다. 새너제이가 인구 100만 명(미국 내 10위)으로 규모 면에서 샌프란시스코(80만 명·14위)를 제친 것도 실리콘밸리 덕분이다. 새너제이는 최근 '미국 내 가장 살기 좋은 도시'(best performing cities) 1위에 뽑히기도 했다.[131]

창업 생태계의 대표적인 사례인 미국 캘리포니아 실리콘밸리는 세계 여러 정부와 대학들의 집중적인 연구와 모방의 대상이다. 각 국가의 벤처 집중지역을 '○○의 실리콘밸리' 식으로 부르는 그 이면에는 실리콘밸리와 유사할수록 성공한 체제라는 관념이 존재한다.[132]

스탠퍼드대, UC버클리대의 우수한 인력과 미국 전체 벤처 투자의 40%를 차지하는 12조 원의 막대한 자금력을 자랑하는 실리콘밸리에는 매일 수십 개의 기업이 태어난다. 실리콘밸리엔 40만 개의 기업이 있다. 구글, 애플, 인텔 등을 포함해서 말이다. 한 기업이 10명씩 고용한다고 해도 400만 개의 좋은 일자리가 생긴다. 미국 캘리포니아대 버클리 캠퍼스의 앤리코 모레티 경제학과 교수는 "첨단기술 일자리가 하나 늘면 주변 분야에서 5개의 일자리가 증가하는 것으로 조사됐다."고 밝힌 바 있다. 모레티 교수에 따르면 미국 320개 메트로폴리탄 지역의 1,100만 근로자를 연구한 결과 일반 제조업은 1개 일자리가 생기

면 1.6개의 일자리가 추가로 생기지만, IT 분야의 경우 5개의 일자리가 창출됐다.[133]

흔히 실리콘밸리의 원동력은 스탠퍼드대 등의 인재와 미 서부의 풍부한 투자자금이라고 한다. 미국 대학에는 다양한 창업 프로그램이 있다. 실리콘밸리에 위치한 스탠포드대학에서는 학생 주도의 'BASES' (Business Association of Stanford Entrepreneur Students)라는 스타트업 서포팅 그룹이 있다. 지역 벤처·벤처캐피털·법무법인 등이 지원하는 BASES는 학생 창업을 위한 다양한 프로그램을 운영한다.

2012년 미국 서부 명문대학 스탠포드의 기금 모집액이 처음으로 연 10억 달러를 돌파했다. 전미교육지원위원회가 공개한 연간대학기금 조사에 따르면 스탠포드대는 지난해 10억 3,500만 달러의 기금을 마련해 8년 연속 1위 자리를 지켰다. 2011년 스탠포드의 대학기금은 전년의 7억 900만 달러보다 46% 증가했다. 2006년 기록했던 역대 최고금액 9억 1,100만 달러도 훌쩍 넘어섰다. 스탠포드가 모은 대학기금은 학부와 대학원생 1만 8,500명에게 인당 5만 6,000달러를 지급할 수 있는 금액이다. 하지만 기금 대부분은 연구개발과 연구소 설립에 쓰일 예정이다. 스탠포드가 이처럼 막대한 금액의 기금을 마련할 수 있었던 것은 실리콘밸리에서 활약하고 있는 졸업생들 덕분이었다. 스탠포드는 실리콘밸리의 팔로 알토에 위치해 있으며 래리 페이지 구글 공동창업가와 같은 실리콘밸리를 주름잡는 다수의 IT기업 창업주들을 배출했다.[134]

"진정으로 하고 싶은 것이 있다면, 수업에 빠져도 됩니다. 하버드대이기 때문에 가능하지요. 마이크로소프트가 실패한다면, 나는 하버드대로 돌아올 것입니다." 현재 전 세계 10억 명의 인구가 사용하고 있는 페이스북의 시작은 빌 게이츠의 말 한마디에서 비롯됐다. 빌 게이

츠의 하버드대 연설은 마크 주커버그가 과감히 학교를 그만두고 창업을 시작하게 된 원동력이었다.[135]

실리콘밸리는 IT · 모바일 분야에서 소셜 · 모바일 · 클라우드 세 가지 변천을 겪고 있다.[136] '모바일'(Mobile), '빅데이터'(Big data), '소셜 네트워킹'(Social networking) 기술 · 서비스들을 3대 축으로 스타트업 창업이 무섭게 일어나고 있다.[137] 실리콘밸리는 IT 제조업 창업에도 좋은 인큐베이터다. 킥스타터라는 IT 제조업 전문 벤처투자 펀드가 있고 100달러도 안 되는 비용으로 생산 공정을 컨설팅해주는 기업도 있다. 실리콘밸리는 70년이 넘은 긴 역사를 거치며 스타트업 창업을 북돋우고, 육성하는 프로세스가 형성됐다. 그 같은 프로세스가 계속해서 재창조 · 재확산되면서 점점 더 혁신 생태계가 강해지고 있다. 스콧 케이스 스타트업아메리카 CEO는 미 정부의 핵심 과제 중 하나는 실리콘밸리와 같은 강력한 스타트업 생태계를 미 전역에 만들어 경제를 부흥시키는 것이라고 말한다.[138]

실리콘밸리는 가장 큰 장점을 꼽으라면 단연 '실패에 관대한 문화'다. 지난 십여 년간 실리콘밸리에서는 성공한 기업보다 훨씬 더 많은 실패한 기업이 있었지만, 그 기업에 몸담았던 이들은 다시 일어설 수 있는 기회를 지속적으로 제공받았다.[139]

미국 창업문화는 엔젤투자와 인수합병(M&A)으로 요약된다. 무엇보다 엔젤투자는 사업 또는 경영을 해본 전문 엔젤의 활발한 활동이 특징이다. 27만 명의 엔젤투자자가 6~7만 개 기업에 연간 200억 달러(20조 원)를 투자하고 창업벤처 중에 97%가 엔젤자금을 받는다. 구글 · 페이스북과 같은 젊은 기업이 단번에 글로벌 기업으로 클 수 있었던 밑거름도 엔젤투자였다. 창업가형 전문엔젤을 중심으로 창업가와 투자자 간의 신뢰구축, 융합 M&A를 자연스럽게 받아들이는 기업가 정

신과 투자의 결합, 엔젤협회와 투자클럽의 자율규제 등이 작용한다.[140]

KDI에 따르면 한국의 벤처캐피털이나 엔젤투자자로부터 기술력, 성장 가능성을 인정받아 투자를 유치한 순수한 의미의 벤처기업은 전체 벤처기업의 2.5%에 불과하다고 한다. 대부분이 대출이나 보증에 의존하고 있다. 미국의 경우 2011년 기준 벤처기업들이 벤처캐피털로부터 291억 달러(약 30조 원), 엔젤투자자로부터 225억 달러(약 24조 원)를 조달했다. 우리나라 벤처기업 조달규모의 50배다. GDP 대비 벤처캐피털 시장규모로 봐도 미국 0.25%, 이스라엘 0.5%에 비해 우리나라는 0.1%로 지분투자 규모가 너무 작다.[141]

실리콘밸리의 벤처투자는 몇 가지 특징이 있다. 실리콘밸리의 벤처캐피털 파트너는 다른 업계에서 오랜 경험을 가진 전문가로 구성돼 있다. 투자대상 벤처의 평가와 심사에 전체 일하는 시간의 5%를 보내고 1년에 한두 개의 벤처를 선별해 투자에 참여한다. 20% 정도는 정보 네트워크 형성이나 새 기술 발굴을 위한 자기계발에 힘쓰고, 나머지 70%는 투자한 벤처를 도와주는 데 집중한다. 투자 판단 평가에서의 우선순위는 벤처회사의 인적 구성원이다. 벤처 임원의 경력, 기술전문성, 리더십을 중요하게 평가한다. 다음으로 중요시하는 것은 구성원의 팀워크이다. 일을 재미있어 하는 사람과 일에 집중하는 사람, 천재 같은 사람을 좋아하며 벤처가 보유한 특허를 중요하게 간주하는 것은 물론이다. 투자회사는 절대 혼자 투자하지 않는다. 투자대상 벤처의 로드맵에 따라 네트워크나 전문성을 가진 동료 투자회사를 보십해 투자를 한다. 투자는 벤처 성장주기에 따라 서너 차례 나누어 이루어진다. 인수합병(M&A)이나 주식상장으로 투자가 끝날 때까지 이루어진다. 엔젤투자는 아이디어가 실용화 가능성을 증명하는 단계에서 소액투자로 이뤄지고, 특허가 출원되고 프로토타입이 완성된 단계에서 제

1라운드의 투자가 진행된다. 이 단계에서는 투자회사의 네트워크를 통해 고객을 소개받고 고객은 제품 개발에 적극 참여한다. 초기 제품이 완성되면, 대량생산과 마케팅에 전력하는 펀드가 만들어지며 경영진도 마케팅 중심으로 재조정된다. 상장펀드가 조성되면 투자 사이클의 마지막 단계에 이른다.[142]

실리콘밸리가 세월이 지나도 혁신의 속도를 꾸준히 낼 수 있는 것은 공동체를 이루고 있는 구성원들이 서로에게 좋은 영향을 미치며 선순환 구조를 만들어냈기 때문이다. 또한 한 번 실패하면 다시 일어설 수 있는 기회가 거의 없는 한국과 달리 실리콘밸리는 실패한 뒤 재기의 가능성이 얼마든지 있다.[143] 중요한 것은 투자 자체가 아니다. 실리콘밸리 예비 창업가들은 '엔젤리스트'(http://angel.co)와 같은 웹사이트를 이용하면 사업 분야와 진행단계별에 따라 투자자를 쉽게 검색할 수 있지만 이들의 최대 관심은 투자를 받냐 못받냐, 혹은 투자규모가 얼마인가가 아니라 '누구의' 투자를 받느냐가 이들에겐 더 중요하다. 그 이유는 투자자는 돈만 대는 사람이 아니라 경영을 가르쳐주고, 개발자를 연결해주고, 자신의 네트워크를 소개해주고, 홀로 서기 할 때까지 기다려주는 양육자 역할을 하기 때문이다. 성공한 스타트업에는 돈이 많은 게 아니라 여러모로 훌륭한 투자자들이 있다.[144] 다만, 실리콘밸리처럼 이미 완숙단계인 창업 생태계의 운영방식이 이제 바닥에서부터 구축되고 있는 생태계에는 크게 도움이 되지 않을 수도 있음[145]을 주의해야 한다. 정부나 대학과 같은 기관에서 창업교육 프로그램을 기획할 때에는 기업가 정신에 대한 각 문화권의 특성을 고려하는 동시에 각 국가의 창업환경의 부족한 요소를 개선하는 맞춤형 프로그램을 도입해야 한다는 것이다.

실리콘밸리의 밑바탕은 사람과 사람들이 만나는 방식, 즉 문화에 있다. 미국 샌타페이연구소 고프리 웨스트 박사가 지적한 것처럼 수많은 사람들이 같이 어울리고 부딪히는 가운데 새로운 것이 탄생하기 때문이다. 실리콘밸리의 사람들처럼 격의 없이 사람들이 서로 만나는 것, 이것이 창조성이 나올 수 있는 힘이라는 것이다. 스타트업의 생명도 '소통'이다.[146] 기업가 정신을 지닌 벤처기업의 똑똑한 젊은이들이 자신들의 경험과 스토리를 VC에서 전달하고 VC가 그 내용에 감동할 때 바로 VC들의 투자가 이루어지는 것이다. 실리콘밸리의 많은 VC들은 매년 투자한 기업들과 함께 미팅을 비롯한 커뮤니케이션을 하는데, 이러한 방식을 통해 경영 트렌드, 소비자 트렌드, 기업운영 방향, 그리고 지난 1년간의 성과 등을 공유하고 토론한다.[147] 이는 이스라엘이 토론을 통해 창업국가를 만들어낸 것과 같은 맥락에 있다.

7) 글로벌 크리에이티브 팩토리: 뉴욕

1880년부터 1900년까지 미국 뉴욕은 인구가 300만 명을 넘어가며 말똥이 심각한 문제로 대두했다. 당시 마차가 주요 교통수단이었으므로 매일 500톤 정도의 말똥이 생겨났다. 뉴욕 시 당국은 이런 증가율이 계속될 경우 말똥이 건물의 1층 창문틀까지 쌓일 것으로 계산했다. 그러나 1885년 증기기관을 이용한 기차가 운행을 시작하고, 1913년 헨리 포드의 컨베이어벨트 작업대에서 생산된 자동차가 거리를 누비기 시작하자 말똥 문제는 완전히 사라져버렸다.[148] 결국 새로운 창조적인 결과물들이 해결해준 것이다. 미국 하버드대학의 경제학자인 에드워드 글래서(Edward Glaeser)는 《도시의 승리》(*Triumph of the City*)에서 도시는 인접성, 친밀성, 혼잡성을 특징으로 인재와 기술, 아이디어와 같은 인적 자원을 한곳에 끌어들임으로써 혁신의 중심지가 된다고 주장한다.

그는 "한때 똑같이 제조업의 메카였지만 지금은 퇴락한 자동차 왕국 디트로이트와 금융·출판·문화의 도시로 변모해 세계의 중심으로 부활한 뉴욕을 비교하면 교육과 신기술이 도시의 흥망성쇠에 얼마나 지대한 영향을 끼치는지 알 수 있다. 19세기만 해도 한 국가의 성공 여부는 풍요로운 농지나 석탄 광산에서 나오는 원자재에 달려 있었지만 오늘날 경제적 성공은 국가 혹은 도시가 '얼마나 똑똑한가' 여부에 달려 있다."[149]라고 지적했다. 진정한 도시의 힘은 사람에서 나온다는 시각을 바탕으로 교육, 기업가 정신, 인재 등을 끌어모을 수 있는 도시 정책을 펼쳐야 한다고 말한다.[150] 그는 미국의 디트로이트 시와 뉴욕 시는 과거엔 모두 제조업 중심도시였으나 현재 뉴욕은 성공한 도시인 반면 디트로이트는 몰락한 도시로 전락했다고 했다. 그 이유는 뉴욕은 사람이 모이는 창조형 도시로 탈바꿈했지만, 디트로이트는 대기업 위주 산업도시에만 안주했기 때문이다.

2010년 중국사회과학원이 세계 500여 개 도시를 대상으로 경쟁력을 평가한 〈세계 도시경쟁력 보고〉에서 뉴욕이 1위를 차지했다. 중국사회과학원은 2006년부터 미국 학계와 공동으로 세계 130여 개 국가의 주요도시 500개를 대상으로 인재, 기업, 생활환경, 기업환경, 창조혁신환경, 사회환경, 부문별 산업경쟁력 등을 계량화한 뒤 도시경쟁력을 비교해 발표하고 있다. 2011년, 글로벌 회계법인인 PwC와 'The Partnership of New York City'가 공동연구해 4일 발표한 〈Cities of Opportunity(세계의 경제사회 중심도시) 보고서〉에 따르면 세계 최고의 경쟁력을 가진 도시로는 뉴욕이 2년 연속 선정됐다. 지적자본과 혁신, 기술준비수준, 교통 및 사회 인프라, 경제적 위력, 친기업환경, 지속 가능성, 문화 및 레저생활 자산, 보건위생 안전 및 보안, 경제 및 사회적 비용, 인구통계와 거주환경 등 10개 평가지표로 삼았다. 영국 주간지 이코노미스트 산하 연구기관인 이코노미스트 인텔리전스 유닛(EIU)이 2012년 3월 12일 발표한 〈핫 스팟〉(Hot spots)이라는 제목의 보고서에 따르면 세계 주요 120개 도시 가운데 뉴욕이 71.4점으로 가장 경쟁력 있는 도시로 선정되었다. 2011년 10월 대학생들이 '어학연수 및 유학으로 가고 싶은 도시' 1위에 뉴욕이 선정됐다. 영어교육 전문기업 스픽케어(www.speakcare.com)가 지난 10일부터 14일까지 서울 지역 대학생 572명을 대상으로 설문 조사를 실시한 결과 뉴욕이 171명(29.9%)도 1위를 차지했다. 뉴욕이 1위로 꼽힌 이유로는 '미국을 대표하는 문화도시이기 때문'이라는 답변이 148명(25.8%)으로 가장 많았다.

뉴욕으로 쇄도하는 창조적인 사람들

골목 건물에 스프레이로 낙서그림을 그리던 클럽 디제이가 '검은 피카소'라는 별명의 예술가로 인정받고, 화장실 변기를 전시장에 갖다놓은 예술가가 혁신적이라는 평을 받는 곳. 멋진 구두를 신고 거리를 활보하는 네 명의 여자가 전 세계 여성들의 선망을 받는 곳. 바로 미국 동부의 도시 뉴욕이다. 미국뿐 아니라 전 세계의 젊은 예술가들이 뉴욕으로 몰려드는 이유는 뉴욕에 예술가들이 몰려 있기 때문이다. 패션과 미술, 음악, 영상, 문학 등 세계적으로 영향력 있는 문화예술 산업이 함께 있는 공간은 찾기 힘들다.[151] 끊임없이 세계에서 제일 창조적이라는 사람들이 몰려드는 공간이 바로 뉴욕이다.

미국 도시계획학자 엘리자베스 커리드는《세계의 크리에이티브 공장 뉴욕》에서 다양한 예술 분야에서 기발하고 창조적인 콘텐츠들이 쏟아져나오는, 말 그대로 크리에이티브의 공장이라 할 만한 뉴욕이 그와 같은 자원을 어떻게 산업과 연결시키고 어떤 방식으로 움직이는지 분석하는데, 파리나 밀라노, 도쿄나 런던에는 없는 것, 예술과 자본을 교묘하게 연결시키고, 창의성을 산업으로 키워 부를 창출해낸 거대 도시의 시스템의 시작은 1850년대의 출판업이었다. 신문과 잡지, 문학지, 시집의 활발한 출간으로 뉴욕 작가들이 성장하고 1900년대 들어 활성화된 의류제조업은 패션잡지 창간과 맞물려 패션디자인 산업으로 발전한다. 여기에 브로드웨이가 독보적으로 공연공간으로 자리 잡고, 재즈 음악가들의 공동체도 활성화된다.

〈모비딕〉의 허먼 멜빌, 월트 휘트먼, 에드가 앨런 포, 극작가 유진 오닐을 배출하고 1920년대 '할렘 르네상스'라 불리는 흑인 중심의 문학운동을 꽃피웠던 뉴욕은 여전히 문학의 중심지다. 미국 근대무용을 탄생시킨 뉴욕 곳곳에서는 세계 비평가들의 찬사를 받는 무용 공연이 계속되고 있다. 링컨센터와 카네기홀을 중심으로 한 뉴욕의 클래식 음악기관은 단연 세계 최고 공연장이다. 뉴욕 필하모닉 오케스트라는 세계에서 가장 유명한 오케스트라 중 하나다. 1950년대에는 잭슨 폴록, 윌리엄 데 쿠닝, 마크 로스코 등으로 대표되는 추상표현주의가 세계의 주목을 받았고, 이 미술운동은 뉴욕을 미술문화의 중심지로 자리 잡게 했다.

추상표현주의나 네오다다이즘, 팝아트 등 미술 작가들과 주요 갤러리들이 밀려오면서 현대미술에서 차지하는 뉴욕의 입지도 확고해진다. 메트로폴리탄 미술관, 뉴욕 현대미술관(MoMA), 구겐하임 미술관, 휘트니 미술관 등의 유명 미술관도 세계 각국의 관람객을 불러 모으고 있다. 현재와 같은 수준으로 뉴욕의 예술이 명성을 확보한 것은 1980년대다. 뉴욕 문화예술 성장의 주요 요인은 지리적 밀집성과 여러 분야의 공생이다. 예술가의 재능을 뒷받침할 전문 인력과 시설도, 창조된 결과물을 평가해 가치를 부여할 인력과 매체도 뉴욕 안에 있어 여러 산업 분야는 교류하면서 상승효과를 낸다. 일류가 일류를 불러들이는 창조문화의 선순환이 이뤄졌다는 것이다.[152]

뉴욕 시 관광객의 80%인 3,500만 명이 매년 타임스퀘어를 방문, 연간 18억 달러를 소비하고 있다. 또 한 해에 40개 이상의 쇼를 공연하는 브로드웨이에는 1,200만 명의 관광객이 방문해 1조 8,000달러의 공연 수익이 창출된다. 뉴욕은 공연예술의 메카로 이것이 대부분 기부로 이뤄지고 있다. 메트로폴리탄 미술관, 뉴욕 시티 발레 등 세계 최고의 문화예술 공연과 전시들의 전체 운영예산 중 많은 부분이 후원자들의 기부에 의한 것이다. 뉴욕 문화가 20세기에 꽃피울 수 있었던 밑바탕은 19세기에 형성됐다. 1872년 메트로폴리탄 미술관이, 91년 카네기홀이 문을 열었고 기관들은 뉴욕 부유층의 기부와 지원에 힘입어 소장품이 늘어나게 되었다. 이에 유명 음악가의 공연을 개최

할 수 있었다. 20세기 들어서는 규모가 더 확대되고, 미술 분야의 경우 1913년 뉴욕에서 열린 세계근대미술전시회가 뉴욕 미술문화 발전의 결정적 구실을 했다. 이 전시회에 포함된 입체파와 후기인상주의 등 유럽 유명작가들의 작품은 큰 반향을 불러일으켰다. 이로써 뉴욕의 부유층 미술 애호가들이 어마어마한 규모의 기금을 내놓는 계기가 마련됐다. 이런 과정을 통해 MoMA(1929), 휘트니 미술관(1931), 구겐하임 재단(1937) 등이 설립됐다. 미국의 저널리스트이자 저술가인 톰 울프가 "마치 날씨의 일부분인 것처럼, 공기 속에 문화가 녹아 있다."라고 한 대로 뉴욕은 문화를 빼놓고는 설명이 불가능한 도시다. 2,000개가 넘는 문화예술 관련 시설과 500개가 넘는 갤러리는 뉴욕이 지닌 문화적 원동력이다.[153]

뉴욕을 문화 중심지로 키우기 위한 미국의 전략적인 정책이 자리하고 있다. 한 예로 미국 정부는 미국 미술을 세계적으로 알리기 위한 대규모 해외 전시에 재정 보조를 했다. 이는 제2차 세계대전 이후 냉전 시대에 미국 미술을 프로파간다의 도구로 사용하려는 의도가 없지 않았다. 아무튼 그 결과 뉴욕은 프랑스 파리를 제치고 아방가르드 미술의 중심지로 각인되었다. 뉴욕 시가 해마다 문화예술 지원금으로 쏟는 예산은 엄청나다.

뉴욕의 '즐거움과 열기의 도시 이미지'는 체계적인 계획하에 이루어지고 있었다. 일주일에 150개가 넘는 지하철역 공연, 이름 없는 예술가들의 길거리 공연, 여름 동안 매주 펼쳐지는 센트럴 파크의 풍성한 무료공연 등 다채로운 이벤트는 즐거움과 열기가 넘치는 이미지로 브랜드 마케팅하려는 뉴욕 시의 체계적인 계획하에 이루어진 것이다.[154] 총체적으로 조율하는 곳은 뉴욕 시 관광청이다. 또한 '특별패션 구역' 설정과 '패션 NYC2020' 프로그램을 통한 패션산업을 집중지원하고

있다. 경제적 지원만으로 가능하지 않았음은 자명한 일이다. 그 뒤에
는 각 영역의 재능 있는 예술가들이 존재했고, 그들의 땀과 눈물이 있
었다.[155]

　매년 300여 편 이상 제작되는 영화산업은 물론 문화, 예술, 패션,
음식, IT산업의 브랜드화는 뉴욕의 일자리 창출과 경제발전을 이끌
고 있다. 뉴욕은 2010년 보스턴을 제치고 테크놀로지 벤처 금융 유치
2위로 급부상했다. 뉴욕이 지닌 매력이 젊은 IT업계 인재들을 끌어
들여 IT산업을 급속도로 성장시키고 있는 것이다.[156] 2012년 미국 뉴
욕 시에서 창업한 벤처기업이 실리콘밸리에서 새로 생긴 벤처기업 수
에 육박한 것으로 나타났다. 증권전문채널 CNBC는 뉴욕을 동부의 실
리콘밸리로 만들겠다는 뉴욕 시의 정책적 노력이 10년여 만에 결실
을 보고 있다고 논평했다. 지난 10여 년간 뉴욕 시는 새로운 기술회사
들을 유치하는 한편, 엔젤투자자, 벤처캐피털의 자금을 실리콘밸리로
부터 자신들에게 끌어왔다. 〈월스트리트저널〉에 따르면 2010년만 해
도 벤처캐피털 업체들이 뉴욕 시 창업 기업에 투자한 금액은 22억 달
러로 1년 전에 비해 30%나 늘었다. 뉴욕의 벤처캐피털 투자 건수는
347건으로 처음으로 보스턴(271건)을 넘어섰다. 뉴욕이 실리콘밸리에
이어 미국 제2의 창업도시로 성장한 셈이다.[157]

　벤처업계 전문 조사업체인 시드테이블닷컴에 따르면 작년 뉴욕에
서는 127개의 벤처기업이 창업했다. 실리콘밸리에서 새로 생긴 기업
131개보다 4개 적다. 모든 사람이 창업에만 관심 있는 실리콘밸리와
달리 뉴욕은 미디어, 패션, 예술 등 다양한 업종과 사람이 모여 있어
오히려 창업하기에 더 좋은 환경을 제공한다는 것이다.[158] 자금이나 인
력을 확보하기 쉬워지고 있다는 것도 신생기업들이 뉴욕을 선택하는
이유다.[159] 실리콘밸리와 달리 대학이 풍부하지 못한 뉴욕 시는 "우리

는 뉴욕에서 만들어졌다"(We are made in NY)라는 캠페인을 통해 900개의 기술 기반 벤처회사들을 유치하겠다는 계획을 발표했다. 뉴욕 시는 지원회사들에게 초기 창업자금을 제공하고, 40만 달러의 트레이닝 비용도 지원한다. 뉴욕 시가 지원하는 회사로는 포스퀘어, 텀블러 등 소셜네트워크 서비스(SNS) 등이 포함된다.[160] '실리콘밸리의 심장'으로 불리는 스탠퍼드대는 뉴욕에 공과대학을 설립하겠다고 했다. 실리콘밸리에 창업의 전통을 만든 대학이 미국 제2의 창업도시로 진출하는 셈이었다. 스탠퍼드대가 뉴욕을 선택한 이유는 시정부의 적극적인 유치정책 때문이었다. 유명 공대를 유치하는 '뉴욕 시 응용과학 프로젝트'를 추진하고 있다. 선정된 대학에는 99년간 토지를 무상으로 빌려주고 각종 인프라를 제공하는 등 5억 달러에 달하는 혜택이 주어진다.[161]

20세기 뉴욕이 창조도시가 된 것은 창조인간, 창조산업의 어반 인프라스트럭처를 이뤄 여러 산업이 소통 · 융합했기 때문인데 뉴욕은 대중문화의 메카 브로드웨이와 순수예술지대 소호, 세계 기업 록펠러센터와 월 스트리트가 맨해튼의 중심에 자리해 있었기에 이뤄진 일이다. 뉴욕의 오랜 문화 · 예술적 전통을 최첨단 비즈니스로 연결할 수 있었던 것은 맨해튼의 경제와 문화 인프라스트럭처가 창조인간들에게 효율적인 창조산업의 환경을 제공[162]했기 때문에 가능했다.

세계인이 매력을 느끼는 뉴욕의 장점은 문화경쟁력, 다양성, 관용의 정신이다. 맨해튼에는 미국 최고의 미술관으로 꼽히는 메트로폴리탄 미술관을 포함해 무용, 음악은 물론 브로드웨이 뮤지컬뿐 아니라 오프오프 브로드웨이 극장에는 매일 밤 공연들이 이어지고 있다. 전 세계에서 모여든 사람들은 뉴욕에서 그들만의 독특한 문화를 창조한다. 리버럴 성향의 뉴욕은 대체로 다양한 생각, 다양한 종교에 관용적이다. 관용의 분위기 때문에 다양한 사람들이 뉴욕을 선호하고, 뉴욕을 더욱 풍부하게 한다.[163] 기회와 자유를 보장하는 공동체에는 자연히 우수한 인재가 모이게 되고, 결국 이들이 모여 자극을 주고받으며 찬란한 문명의 꽃을 피우는데 뉴욕이 그 중심적 공간이었다.[164]

8) 천혜의 자연과 인공 첨단의 만남: 시애틀

워싱턴 대추장이 우리 땅을 사고 싶다는 전갈을 보내왔다. 대추장은 우정과 선의의 말도 함께 보내왔다. 그가 답례로 우리의 우의를 필요로 하지 않는다는 것을 잘 알고 있으므로 이는 그로서는 친절한 일이다. 하지만 우리는 그대들의 제안을 진지하게 고려해볼 것이다. 우리가 땅을 팔지 않으면 백인이 총을 들고 와서 우리 땅을 빼앗을 것임을 우리는 알고 있다.

그대들은 어떻게 저 하늘이나 땅의 온기를 사고팔 수 있는가? 우리로서는 이상한 생각이다. 공기의 신선함과 반짝이는 물을 우리가 소유하고 있지도 않은데 어떻게 그것들을 팔 수 있다는 말인가? 우리에게는 이 땅의 모든 부분이 거룩하다. 빛나는 솔잎, 모래 기슭, 어두운 숲속 안개, 맑게 노래하는 온갖 벌레들, 이 모두가 우리의 기억과 경험 속에서는 신성한 것들이다. 나무 속에 흐르는 수액은 우리 홍인(紅人)의 기억을 실어 나른다. 백인은 죽어서 별들 사이를 거닐 적에 그들이 태어난 곳을 망각해버리지만, 우리가 죽어서도 이 아름다운 땅을 결코 잊지 못하는 것은 이것이 바로 우리 홍인의 어머니이기 때문이다. 우리는 땅의 한 부분이고 땅은 우리의 한 부분이다. 향기로운 꽃은 우리의 자매이다. 사슴, 말, 큰 독수리, 이들은 우리의 형제들이다. 바위산 꼭대기, 풀

〈그림 30〉 천혜의 도시 시애틀 전경

의 수액, 조랑말과 인간의 체온 모두가 한 가족이다. 워싱턴의 대추장
이 우리 땅을 사고 싶다는 전갈을 보내온 것은 곧 우리의 거의 모든 것
을 달라는 것과 같다.[165]

시애틀이 속한 워싱턴 주가 미국의 42번째 주가 되기 전에 미국의
14대 대통령 프랭클린 피어스(워싱턴 대추장)는 인디언 추장에게 그의 땅
을 팔기를 요구했다. 추장은 "땅은 사람의 것이 아니라, 사람이 땅에
속하는 것이며, 우리는 땅을 보존하고 사랑해야 한다."고 했다. 프랭클
린 피어스 대통령이 감동해 추장의 이름을 그대로 도시에 붙였다. 그
도시가 시애틀이다.

2012년 4월, 미국 NBC방송에 따르면 최근 미국 공공정책조사연
구소가 미국 국민을 상대로 21개 도시에 대한 선호도 조사를 실시한
결과, 선호도에서 시애틀은 57%의 높은 비율로 1위에 올랐다. '마음
에 들지 않는다'는 답변은 14%에 불과했다. 뉴욕은 선호도 조사에선

49%를 차지해 상위권에 올랐지만 혐오도 조사에서 23%로 측정돼 중위권에 머물렀다. 한편 미국 국민이 가장 싫어하는 도시로는 디트로이트가 선정됐다. 디트로이트는 혐오도 조사에서 무려 49%를 차지했다.[166] 시애틀은 첨단산업기지 및 수려한 자연 절경으로 널리 알려져 있다. 물과 숲의 도시 시애틀은 총 면적 147km^2 중 31km^{2}가 호수로 채워져 있어 흔히 물의 도시라고 불린다. 시애틀 동쪽에 닿아 있는 담수호인 '레이크 워싱턴'을 비롯해 시 전체를 가로지르는 '레이크 그린'과 '레이크 유니언'은 물의 도시라는 명성에 걸맞다. 시애틀은 '에메랄드(Emerald) 시티'로 불린다. 투명하고 아름다운 녹색의 보석인 에메랄드처럼 도시가 엘리엇 만, 워싱턴 호수, 올림픽 산맥, 캐스케이드 산맥 등 바다, 호수, 숲으로 둘러싸여 있다는 의미다. 태평양과 접해 있는 항구도시답게 미국의 다른 도시들과 전혀 닮은 구석이 없다. 거리는 즐거운 웃음과 음악, 낭만이 넘친다. 우기가 계속돼 우울할 것 같지만, 의외로 신명이 절로 나는 흥겨운 도시다.[167] 이런 점은 창조력을 배가하는 환경적 조건이라고 할 수 있다.

영화 '시애틀의 잠 못 이루는 밤'으로 유명한 시애틀은 사실 실리콘밸리가 위치한 샌프란시스코와 더불어 미국의 대표적인 IT도시다. 30여 년 동안 시애틀이 보잉에 전적으로 의존하는 도시에서 IT·의료·바이오 등 첨단산업을 중심으로 삶의 질이 매우 높은 도시로 변해갔다.[168] 푸젯 사운드의 작은 항구도시로 시작한 시애틀은 현재 우주항공, 컴퓨터 소프트웨어, 생명정보학 분야, 원격의료 분야, 전자, 의료장비, 환경 분야 등에서 하이테크 기술을 갖추고 있다. 글로벌 IT 붐을 일으킨 마이크로소프트가 창업했고, 온라인 쇼핑의 최고 아마존의 본사, 이동통신 산업의 티모바일, 대형 할인마트인 코스트코, 인터넷 여행 매매 사이트를 운영하는 익스피디아가 시애틀에 있다. 국내 게임업체인 엔씨소프트의 개발 스튜디오인 아레나넷까지 수많은 벤처기업들이 있다. 그 기업들의 혁신성은 미국 내뿐만 아니라 전 세계에 많은 영향을 주고 있다. '시애틀 산업박물관'(MOHAI)은 자동차 산업의 발달 과정 그리고 최초의 장거리 비행기의 발명부터 지금의 보잉 사가 생겨나기까지 그들의 숨겨진 역사를 볼 수 있기도 하다.[169] 시애틀과 근교의 커클랜드, 레드몬드, 벨뷰 등에는 캠퍼스라고 불리는 MS 본사를 비롯해 2개의 MS 지사, 그리고 약 2,200개의 소프트웨어 기업이 있다.[170] 무엇보다 인상적인 것은 아마존닷컴 탄생기다. 미국 월가의 펀드매니저로 일하던 제프 베조스는 1995년 인터넷 이용자가 매달 2,300%씩 급증한다는 기사를 읽은 후 사표를 내고 인터넷 사업을 생각했고, 무작정 서부를 헤매던 중 시애틀 교외의 주택을 임차한 그는 지하 차고에서 프로그래머 3명과 함께 밤샘하며 창업에 몰두했다. 그리고 그해 7월 중순 아마존닷컴이 탄생했다. 이제 '제2의 잡스'로 불리는 제프 베조스다.

2012년 5월 프락시스 스트래티지 그룹은 포브스와 공동으로 51개 도시를 대상으로 조사를 진행한 결과, 지난 2000년 실리콘밸리 이후 10여 년간 정보기술(IT) 일자리를 가장 많이 창출한 지역은 시애틀이었다. 증가세도 가장 높았다. 특히 과학, 기술, 엔지니어링, 수학의 머리글자를 따 이공계를 통칭하는 'STEM'(Science, Technology, Engineering and Mathematics-related) 직업군이 크게 증가했다. 11년 전인 2000년보다 43%가 증가한 고용률을 보였다. 시애틀은 실리콘밸리와 함께 IT 클러스터를 형성하면서 미국 IT 성장을 이끌었는데, 이 지역 STEM 직업군은 2000년보다 18%가 늘었다.[171]

2009년 경제 격주간지 〈포브스〉는 유무선 인터넷 통신망 시스템과 인터넷 접속이 뛰어난 미국의 30대 도시를 '2009년 초고속 인터넷 도시'로 선정해 발표했는데, 미국에서 초고속 인터넷을 즐길 수 있는 광대역 네트워크(브로드밴드) 시스템이 가장 잘 갖춰져 있는 도시에 시애틀이 선정됐다. 1990년대의 컴퓨터와 커피는 시애틀이 정복했다는 말이 있다.[172]

스타벅스를 비롯해 시애틀스 베스트 커피, 툴리스 등이 생겨나 세계로 진출, 커피 도시로 각광받았다. 스타벅스의 원조는 1971년 웨스턴 애비뉴에 처음 문을 열었다. 스타벅스가 출현할 수 있었던 것은 시애틀의 카페문화에서 기인한다. "스타벅스는 커피가 아니라 커피의 취향을 팔고, 나아가 문화적 취향을 판다."[173] 그것은 시애틀이 가지고 있는 낭만적인 분위기 때문에 가능했다. 스타벅스는 감성을 팔아 성공했다는 점을 생각하면 이러한 맥락을 충분히 이해할 수 있다.[174] 스타벅스는 기존의 마케팅 요소였던 4P(PRICE, PRODUCT, PLACE, PROMOTION)에 PEOPLE을 추가하였다. 이 5P라는 새로운 개념은 인간의 감성에 맞는 마케팅기법으로서, 젊은 감성세대의 취향에 철저히 부합해 성공했다.[175] 스타벅스 1호점과 부근의 해산물 재래시장인 '파이크 플레이스 마켓'(Pike Place Market)은 수많은 외국 관광객이 찾아 기념 촬영하는 명소가 됐다. 뿐만 아니라 독립 카페들의 중심지, 캐피톨 힐에 가면 다양한 커피 말고도 펑크록 뮤지션들이 활발히 활동하는 카페들이 많다. 펑크록에서부터 드랙 쇼까지 각종 공연이 펼쳐지는 카페, 실내 가득히 책을 채워놓은 카페 등 개성 있는 곳이 많아 카페 마니아는 물론 관광객들의 발길이 끊이지 않는다. 시애틀센터는 1962년 세계박람회 개최지였던 곳으로 약 30만m² 면적에 높이 185m의 전망대 스페이스 니들과 오페라하우스 그리고 2개의 극장, 콜로세움, 음악·과학·어린이 박물관과 아이맥스 영화관 등이 있다.[176]

코스트코는 신문, 방송 광고조차 하지 않는다. 그럼에도 코스트코는 지난 10년간 매출이 연평균 8.3%씩 증가했다. 금융위기가 채 가시지 않았던 2010년에도 매출이 9.1% 증가했고, 월마트(3.3%)를 크게 눌렀다. 순이익은 20%나 늘었다. 코스트코의 특징은 '이중보증제'이다. 회원가입 후 회원으로서 만족하지 않으면 언제든지 연회비를 전액 환불하는 '회원보증제'와 상품구입 후 상품에 대해 만족하지 않으면 언제든지 전액 환불하는 '상품보증제'다.

코스트코의 모든 전략은 고품질, 저렴한 가격이다. 코스트코 제품은 일반 슈퍼마켓이나 대형 마트보다 10~20% 싸다. 이 때문에 쇼핑객들이 50달러의 연회비를 내고도 코스트코에서 물건을 산다. 중요한 비결은 매장에서 판매하는 전체 상품 수는 월마트의 30분의 1 수준인 4,000여 개만 판매한다는 점이다. 대형 슈퍼마켓의 10분의 1 수준이다. 따라서 전체적으로 소비자들은 선택하기도 용이하다.[177] 코스트코는 쓸데없는 비용을 지출하지 않아도 된다. 무엇보다 사람을 중요시하여 경쟁업체에 비해 높은 월급을 지급한다. 좋은 보수를 지급하면 훌륭한 인재를 손쉽게 확보할 수 있으며 생산성도 높아진다.[178] 건강보험 등 각종 복지혜택도 준다. 2007년 코스트코 직원들은 시간당 평균 17달러의 임금을 받았다. 월마트의 시간당 임금은 10.38달러에 불과했다. 코스트코와 비슷한 창고형 할인매장인 샘스에 비해서는 30% 이상 높다. 또 정직원과 계약직 등 모든 직원의 건강보험료 중 90%를 지원해준다.[179] 코스트코는 2008~2009년 금융위기 시절 직원을 한 명도 해고하지 않았다.

시애틀 시는 기업, 시민단체 등과 함께 파트너십을 구성하는 등 친환경 에너지 산업을 적극 육성하고 있다. 온실가스를 줄이면서 동시에 신성장동력도 창출하겠다는 전략을 세운지 오래다. 바이오연료 시장 규모는 2016년 809억 달러로 예상되고 있다. 시애틀 시와 그 주변

<그림 31> 첨단과 자연이 조화를 이루는 시애틀

에는 500여 개의 친환경 테크놀로지 기업이 들어섰다. 이들 기업은 2만 5,000여 개의 일자리를 창출했다. 이 가운데 임페리움 리뉴어블스 사는 미국 최대의 바이오디젤 생산회사로 연간 1억 갤런의 바이오디젤을 생산할 수 있다. 식물성 바이오디젤은 석유를 대체하는 에너지로 주목받고 있는 '친환경 기술혁명'에서 8가지 핵심기술 중 하나로 선정되기도 했다. 시애틀에 있는 유명 전기자동차 회사인 ZAP는 50분 충전으로 500km 이상 달릴 수 있는 전기 SUV를 개발한다. 시애틀은 그린 주택, 그린 빌딩에서도 선도적 위치에 있다. 그린빌딩 확산을 보다 조직적으로 수행하기 위해 '그린빌딩 태스크 포스'도 구성했다. 공무원뿐 아니라 민간의 부동산업자, 빌딩건축가, 그린빌딩 전문가, 주택 공급업사, 법률가, 에너지 전문가, 재정 전문가들이 함께 참여해 관련 정책을 수립했다.[180]

미국 대도시 중에서 시애틀은 가장 독서하기 좋은 도시로 선정되기도 했다. 센트럴 코네티컷 주립대학이 조사한 결과 인구가 25만 명 이상인 대도시를 대상으로 신문 발행부수, 서점의 수, 도서관 자원, 정기간행물 발행 자원, 교육성취 및 인터넷 자원상태 등 6가지 지표를 분석한 것이었다.[181] 시애틀은 항상 미국에서 1, 2위 안에 드는 독서환경 도시이다. 독서를 통해 창조력이 배가 되는 것은 주지의 사실이다.

9) IT미디어문화형 창조경제: 미국 오스틴

미국 텍사스 주 오스틴은 독특한 음악과 영화 문화가 있는 곳으로 더 잘 알려져 있다.

미디어 축제 '사우스 바이 사우스웨스트'(SXSW) 참가자들은 열흘 동안 음악과 영화와 캠핑을 즐기며 축제를 만끽한다. 오스틴은 세계 유명 밴드의 공연과 영화제, 인터넷 분야 콘퍼런스로 들썩거린다. 오스틴은 미국 석유산업의 본거지인 텍사스의 주도지만 델·프리스케일·내셔널인스트루먼츠 등 첨단 IT 기업들의 본사가 있는 혁신 주도 지역이다. 삼성전자의 미국 반도체 공장도 있다. IT 분야의 기술적 창조성과 자유분방한 예술적 창조성이 공존한다. 리처드 플로리다(Richard Florida)는 창조적 인구(Creative Class)의 거주 선호지역으로 미국 내 1위로 오스틴 지역을 선정했다. 플로리다 교수가 각 도시의 기술지표 및 직업분포, 관용도 등의 통계를 종합해 만든 자료에 따르면 미국에서 가장 창의성이 높은 도시는 오스틴(텍사스 주)이고, 이어 2위는 샌프란시스코(캘리포니아 주), 3위 시애틀(워싱턴 주)이다. 미국 도시의 터줏대감격인 보스턴(매사추세츠 주)은 5위이고, 글로벌 도시 뉴욕은 인지 20위로 밀려버렸다. 리처드 플로리다는《창조적 계급》에서 "오스틴은 개방적이고 다양한 문화를 육성해 창조적 인재들이 살고 싶어 하는 혁신 도시로 변모했다."고 했으며 "예술과 문화의 창조성이 서로 교류하고 자극하는

<그림 32> IT창조경제-오스틴

문화가 있는 곳에 창조적 경제가 꽃핀다."고 했다. 오스틴(Austin) 지역은 인구증가속도, 45세 이하 인구비중, 고용자수, 지역소득, 학력수준, 창업 등의 증가율이 미국 내에서 최상위그룹에 속한다. 오스틴 지역의 인구증가율은 지난 10년간(1999~2009) 41.4%로 미국 내 50개 대도시 지역에서 2위를 차지하였으며, 이는 미국 전체 인구증가율 10%를 훨씬 상회하는 수준이다.[182]

오스틴은 대학·기업·정부의 유기적 파트너십이 없었다면 성공은 불가능했다. 1980년까지 오스틴에는 벤처캐피털이란 게 없었고 대학이 보유한 첨단기술을 상업화할 기반이나 네트워크가 조성돼 있지 않아 창업을 지원할 자금 형성이 없었다. 텍사스대학과 싱크 탱크인 IC²(Innovation Creativity Capital), 상공회의소, 민간기업 등이 출연한 비영리 창업보육센터 ATI(Austin TechnologyIncubator)는 삼각 파트너십이 만들어낸 오스틴 과학기반의 상징이자 지역 비즈니스의 모태다. ATI가 창업의 모태라면 ATI의 모태는 텍사스대학이다. 텍사스대학은 미국에서 세 번째로 많은 4만 8,000명의 학생이 재학하고 있고, 컴퓨터칩, 생명의학, 전자, 텔레커뮤니케이션, 환경공학 등 모든 첨단 분야에서 이론을 현실에 적용하고, 고부가가치 기업을 탄생시켰다. 무엇보다 대학이 보유한 고부가 기술을 기업에 직접수혈하는 정부의 네트워크 토대 위에서 가능했다.[183] 오스틴 시뿐만 아니라 인근지역의 대학, 기업, 인프라 등을 상호 연계하여 오스틴 메트로폴리탄 지역 전체의 발전을 이루고 있다.

오스틴 지역의 급속한 성장요인은 텍사스 오스틴대학 등 우수한 대학과 인재 구비, Dell, IBM, AT&T, Apple, 삼성 등 첨단기술 분야의 국제적 기업과 연구소 입지, 세제감면 및 신기술 분야의 기업창업과 투자지원 등 기업하기 좋은 환경, 미국 내 주요 지역과 외국을 연결하는 국제공항·간선도로·철도 등 우수한 인프라 시설, 양질의 주거환경과 저렴한 생활비 등을 고루 갖추고 있는 데 기인한다. 특히, 오스틴 시뿐만 아니라 인근지역의 대학, 기업, 인프라 등을 상호 연계하여 오스틴 메트로폴리탄지역 전체의 발전을 이루고 있다. 이러한 성과를 바탕으로 오스틴 지역은 〈포브스〉 선정 '기업하기 좋은 지역'(Best Place for Business & Careers) 200개 대도시지역 중 8위, 미국 내 '1위의 우수 고용도시'(#1 Best Cities for Jobs), 〈월스트리트저널〉 선정 미국 내 '인센티브 우수 도시'(Most Incentive Cities) 3위를 차지하였으며, 경제학자 리처드 플로리다(Richard Florida)는 창조적 인구(Creative Class)의 거주 선호지역으로 미국 내 1위로 오스틴 지역을 선정하였다.[184]

10) 테크놀로지형 창조경제: 미국 랄리-더햄

랄리는 노스캐롤라이나 주 수도지만 인구가 서울의 5%도 안 되는 작은 도시에 미술관, 역사박물관, 철도박물관, 스포츠박물관 등 10여 개 박물관이 있다. 자연과학관은 한국의 과천과학관의 5분의 1에도 못 미치지만 평일에도 청소년과 어른들로 붐빈다. 과학관에는 사람들의 생활과 동떨어진 주제들을 이것저것 만물상처럼 전시해놓은 것이 아니라 노스캐롤라이나 자연환경과 생물학자의 연구실 등을 그대로 옮겨 놨다. 또 6개월 내지 1년 단위로 일정 부분 전시물을 교체하고, 다양한 특별전시회도 마련해 관람객들의 호기심을 끊임없이 자극한다.[185] 이렇게 박물관이 많고 사람도 끊이지 않는 것은 이 지역의 창조성을 가늠하는 척도일 수 있었다. 플로리다 교수의 조사에 따르면 랄리-더햄(Raleigh-Durham)이 창조성 6위 도시였다. 랄리-더햄이 동부의 필라델피아와 워싱턴DC, 남부 중심지 애틀란타, 서부의 로스앤젤레스 등을 물리치고 당당히 창조성 높은 도시 6위에 올랐다.

1950년대 초반 미국 노스캐롤라이나 주는 담배, 섬유, 가구생산이 주산업이었다. 노스캐롤라이나 주는 당시 가구, 섬유, 담배산업이 기울어 1952년 주민 1인당 소득이 50개 주 중에서 48위로 내려앉았다. 지역대학의 우수한 인재를 흡수할 기업이 없어 동북부와 서부지역으로 빠져나갔다. 경제적 빈곤은 노스캐롤라이나 대변신의 가장 큰 원동력이었다. 그 상징은 리서치 트라이앵글 파크(RTP)다. 노스캐롤라이나 주의 더햄(Durham)과 랄리(Raleigh), 채프힐(Chape Hill) 3개 지역을 연결해 조성된 곳이 리서치 트라이앵글 파크(RTP)다. RTP를 떠받치고 있는 것은 대학과 연구기관이다. 더햄에는 듀크대학, 랄리에는 노스캐롤라이나주립대학, 채프힐에는 노스캐롤라이나대학이 있고 이를 중심으로 2년제 단과대학과 정부의 연구기관들이 들어서 있다. RTP는 고급인력을 배출하는 대학을 정점으로 세계적인 기업들이 몰려들면서 형성된 산합협동 클러스터의 결정체다.[186]

뉴욕의 고층빌딩에 길들여진 사람에게 높은 빌딩 하나 보이지 않는 나지막한 전원도시는 그다지 매력적이지 못할 수 있지만 리서치 트라이앵글로 들어서면 달라진다. 소나무숲으로 둘러싸인 단지 안에 소니에릭슨, IBM, 글락소 스미스 클라인, 시스코 시스템스 등 미국 내외 굴지의 기업들이 들어차 있다. 노스캐롤라이나 주는 1950년대만 해도 49번째로 가난한 주였지만 그 뒤, 가난을 탈출하고 실업률이 낮아진 비결은 리서치 트라이앵글 파크라는 과학기술단지를 미국 최초로 조성하고 3개 대학을 통해 인재를 양성해, 좋은 기업을 적극적으로 유치한 데 있었다. 세 도시를 연결 짓는 리서치 트라이앵글 파크의 구상은 1959년 이뤄졌다. 노스캐롤라이나 주정부와 랄리-더햄-채플힐 3개 시의 시정부, 그리고 과학자들이 '어떻게 빈곤에서 탈출할 것인가'를 주제로 몇 달간 머리를 맞댄 끝에 과학기술단지를 조성키로 결정했다. 랄리의 노스캐롤라이나 주립대와 더햄의 듀크대, 채플힐의 노스캐롤라이나대는 트라이앵글의 핵심 축을 형성하고 있다.

랄리의 노스캐롤라이나대학은 첨단기술공학이 뛰어나고, 더햄의 듀크대는 의료공학, 생명공학이 핵심이다. 채플힐의 노스캐롤라이나대학은 법대, 경영대학원이 강했다. 세 대학은 상호협력하고 경쟁하며 과학기술과 의료기술을 발전시켜왔다. 이 뿐만이 아니다. 3개 도시 주변에는 10여 개의 커뮤니티 칼리지가 있어 웬만큼만 노력하면 대부분 대학을 마칠 수 있다. 이 덕분인지 미국의 평균 대졸자 비율은 24%에 지나지 않는데 노스캐롤라이나는 40%가 넘는다.

랄리-더햄-채플힐을 연결하는 삼각형의 안쪽에 7,000에이커를 조성, 개발했고 적극적으로 연구리서치기관과 기업들을 유치했다. 1965년 IBM이 이곳에 공장을 세웠고, 이어 전미환경보건과학연구소(NIEHS)가 입주했다. 40여 년이 지난 요즘 이곳엔 IBM 등 미국 내외의 수백 개의 기업 및 연구소가 활동하고 있다. IBM은 노스캐롤라이나의 잠재적 성장가능성을 본 것이고, 이 같은 예측은 정확하게 맞아 떨어졌다. IBM은 뉴욕에 본사가 있지만, 이곳에 미주 최대 규모의 사무실과 공장을 갖고 있다.

미국 51개 주(워싱턴DC 포함) 가운데 미시시피 주에 이어 두 번째로 가난했던 지역이 현재 부유한 10위권 주에 올랐다. 2005년 세계적인 첨단기업 137개가 입주해 있으며 노스캐롤라이나 주 전체 고용의 22%, 특히 R&D 분야 고용은 53%를 차지할 정도로 노스캐롤라이나 경제의 핵심이다. 15년간 고용증가율이 53%로 노스캐롤라이나 주 전체 고용의 22%, 첨단 분야 고용은 절반 이상을 차지했던 것이다. RTP 안의 170개 기업에는 3만 8,000명의 고학력 지식 근로자들이 고용돼 있고, 지불급료 총액이 29억 달러에 달한다. RTP를 중심으로 인구가 모이면서 노스캐롤라이나는 지난 10년간 약 16.7%의 인구 성장률을 기록했다. 총 국내생산 면에서는 50개 주 중에서 9번째로 높은 부(2008년 기준)를 보였다.

대학들은 대학 부지를 싼값에 기업들에게 임대하거나 연구시설을 공동으로 사용할 수 있도록 측면지원하고 있다. 또 대학이 보유하고 있는 기술특허를 기업들에 팔거나 양도해 기술개발을 지원하고 있고 교수진을 파견해 연구개발에 참여하도록 한다. 실제 노스캐롤라이나 주립대학의 센테니엄 캠퍼스를 돌아보면 에릭슨·레드햇·ABB·글락소스미스클라크 등 대기업과 정부기관 연구센터가 대거 들어서 있나.

랄리-더햄에서는 텍사스는 풍부한 오일머니를 바탕으로 도시를 발전시켜온 주이며 기업들이 원하는 것은 감세혜택보다 안정적이고 풍부한 노동력 제공, 예측 가능한 도시행정이라고 판단하여 감세보다는 양질의 노동력 제공, 연구기반 제공 쪽으로 승부를 걸었다고 한다. 아울러 RTP의 가장 큰 성공요인은 민관협력이다. 이런 맥락에서 RTP의 성공 배경 중에서 관심을 끄는 것은 TJCOG(Triangle J Council of Government)와 RTRP(Reserch Triangle Regional Partnership)이라는 조직이다. 이 조직은 기업유치와 RTP의 관리를 관할하고 있는데, 민관 공동이다. TJCOG는 노스캐롤라이나 J지역(Chatham, Durham, Johnston, Lee, Moore, Orange, Wake 카운티) 도시와 카운티 정부의 자문기관이다. 민관 공동으로 운영하면서 지역의 다양한 골치아픈 문제들을 한번에 해결한다. RTRP는 RTP 입주사들의 이익과 친선을 도모하기 위해 만든 협의회다. 더 중요한 것은 RTP 주변의 노스캐롤라이나 주의 13개 카운티의 첨단산업 부흥을 위한 프로젝트를 추진하고 있다. 요컨대 RTP는 고급기술 인력의 유출방지와 지역경제발전이라는 뚜렷한 목표하에 조성되었고 대학과 지역사회 구성원들 간의 참여분위기 조성, 산학연관의 활발한 협력체계 구축, 쾌적한 교육환경, 관련 기관과의 체계적인 역할 분담이 이뤄져 성공했다.

Research Trangle Park(RTP)의 글로벌 경쟁력 확보의 가장 핵심적인 요소는 에코시스템에 있다. 성공적인 에코시스템을 구축하기 위해서는 지역 전체의 발전 차원에서 통합된 조정(coordination)과 협력(collaboration)체계의 형성이 관건이다. 이러한 시스템으로 인해 지역 내 자원의 네트워크 형성 등 교류가 활발하게 진행될 수 있도록 하고, 대학이나 연구소로부터 기술이전 등이 원활하게 되며, 정부나 공공부문의 지원활동도 효율적인 결실을 맺을 수 있다. 이러한 과정을 통해 '새로운 기업의 유치', '기존 기업들에 대한 지원', '새로운 혁신기업의 창출' 등 RTP의 지속적인 발전을 위한 핵심적인 목표를 효과적으로 성취할 수 있다.

RTP의 성공에는 여러 가지 요소가 결합되어 있다. 우선 장기적 비

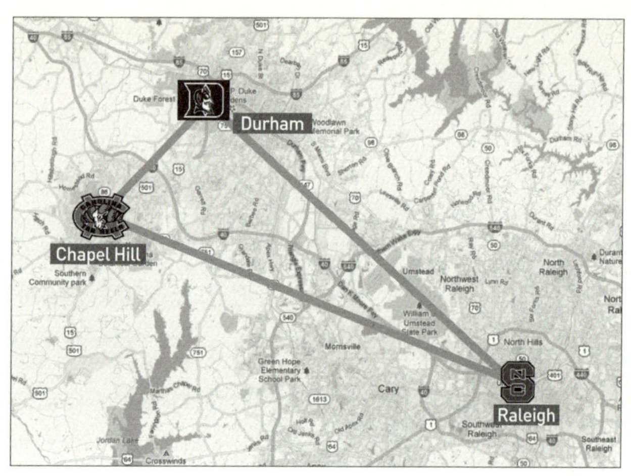

<그림 33> RTP의 지정학적 위치

전을 가진 지도자들이 지속적으로 발전방향을 제시하여 실천을 이끌어냈다는 점이다. 또한 모험적인 기업가 정신을 지원하는 프로그램을 체계적으로 운영하고 있으며, 클러스터의 형성과 대학의 연구를 위한 지원도 잘되어 있다. 새로운 비즈니스에 대한 투자촉진, 기업에 대한 신규인력 채용과 새로운 분야에 대한 진출 등에 대한 세제혜택 등도 RTP의 성공을 이끈 요소들이다.

11) 디자인토피아: 토리노

독일 미래학자 마티아스 호르크스는 "21세기 이후에는 '디자인경제'가 도시를 이끄는 사회가 될 것이다."라고 말했다. 호르크스는 "석유자원이 고갈되고 에너지가 중요한 문제로 떠오르면서 아랍국가에서

<그림 34> 토리노의 위치

는 짓고 있는 주택 겉면에 햇빛을 모아 에너지로 쓸 수 있는 장치가 설치되고 있다. 주택 건물 디자인이 사람들의 필요에 맞게 바뀌어가고 있는 것이다."라고 했다. 또한 호르크스는 "산업화 이후의 경제를 '디자인경제'라고 얘기하고 싶은데 산업화를 거치면서 상품의 종류와 양은 크게 늘어났으며 도시가 더 복잡해져 자연과도 점점 멀어져 산업화 이후에는 이런 복잡해진 도시를 통합하고 자연과 더 가까워지도록 삶의 공간을 디자인해나가는 산업이 중요해진다."라고 지적했다.

밀라노의 서쪽, 알프스 산자락에 자리 잡은 토리노 시는 1861년 통일된 이탈리아의 첫 수도였다. 1899년 설립된 세계에서 여섯 번째로 큰 자동차 기업 피아트(FIAT) 때문에 1970년대만 해도 토리노는 '피아트의 도시'라 불릴 만큼 자동차 산업이 크게 번성했다. 안토니오 그람시가 활동하던 공업 도시가 토리노였다.

1980년대 글로벌 자동차 업체들의 경쟁이 심화되고 피아트가 더 값싼 노동력을 찾아 공장들을 국외로 옮기기 시작하면서 공장폐쇄와 실업률이 크게 증가했다. 산업건축의 백미라고도 불리던 길이 507m에 이르던 피아트의 공장이 폐쇄된 것은 상징적이었다. 2000년대에 들어서는 100만이 넘던 인구가 80만으로 줄어들었고, 세계 유수의 관광가이드북인 미슐랭 가이드북은 '피해야 할 관광지'로 분류하기도 했다.

토리노는 동계올림픽을 개최한 이후, 산업도시에서 문화·관광도시로 이미지 변화에 성공, 세계 250대 관광지 중 하나로 떠올랐으며 2008년 기준 방문 관광객 수도 580만 명을 돌파해 이탈리아 내 로마와 플로렌스, 베니스에 이어 4번째 관광도시로 발돋움했다. 미슐랭 가이드북과 론리 플래닛 가이드북도 토리노를 세계적 추천 관광지로 분류, 토리노는 각종 국제행사 및 축제의 중심지로 변모했다.

피아트(FIAT)는 1899년 설립 당시 이름인 '이탈리아 토리노 자동차 공장'(Fabbrica Italiana Automobile Torino)의 머리글자를 딴 것이다. 피아트가 이탈리아 자동차 생산의 85%를 차지할 정도로 번성하자 남부의 농촌 인력이 줄지어 이주해 한때는 피아트 직원이 토리노 전체 인구의 20% 가까운 25만 명에 달했다. 그런 피아트가 남부나 국외로 공장을 옮기면서 토리노는 크게 위축되었다. 청년들은 일자리를 찾아 다른 지역으로 빠져나갔고 청년들이 없는 도시의 미래가 없는 것과 같았다.

이제 토리노는 자동차의 도시가 아니라 디자인의 도시가 되었다. 토리노는 세계에서 가장 오래되고 가장 큰 '자동차 디자인의 허브'다. 가장 오랜 역사를 자랑하는 베르토네, 페라리 디자인으로 유명한 피닌파리나 등이 모두 토리노에 본사를 두고 있다. 자동차 디자인은 2만 개라는 수많은 부품들이 서로 조화롭게 결합할 수 있도록 씨술과 닐줄을 짜고, 여기에 더 나아가 사람들의 마음을 끌 수 있는 모습까지 창조해내는 작업이다. 세계 자동차 업체들은 갈수록 치열해지는 품질과 성능 경쟁에서 뚜렷한 차별화가 어려워지자 '디자인을 통한 자기 색깔 찾기'에 집중하고 있다.

무엇보다 토리노 시당국은 1993년 80억 달러를 들여 대대적인 도심 '재(再)디자인'에 착수했다. 디자인의 기본 방향은 '재활용'. 오랜 공업 도시로서의 역사를 증언해주는 옛 인프라들을 관광자원으로 활용하는 것이었다. 낡았지만 역사적 가치가 있는 건물들을 하나씩 리모델링했다. 한때 3만여 명의 일터였던 링고토의 피아트 공장 터는 1994년 쇼핑센터와 콘퍼런스센터로 변신했다. 산업시대의 거대한 유적(?)이었던 피아트 공장은 세계적 건축가 렌조 피아노가 호텔과 콘서트홀, 쇼핑몰을 갖춘 복합문화공간으로 만들어 토리노의 랜드마크가 된지 오래다. 직원의 3분의 2 이상이 떠난 공간에는 첨단정보기술(IT) 업체들을 유치했다. 폐쇄된 양조장 건물은 '이탈리아' 식당으로 거듭나 세계의 많은 미식가들을 불러 모으고 있다. 전 세계 미식가들이 즐겨 찾는 링고토 지구의 명소인 식재료 마켓 겸 식당 '이탈리'는 오래전 문 닫은 베르무트 주류 제조공장을 개조해 쓰면서 2층 한켠에는 옛 주조기구 등을 전시한 박물관까지 운영했다. 프랑스 남부와 이탈리아 밀라노 등을 연결하는 토리노는 매일 수많은 열차가 지나가는 곳인데 지저분하게 시끄럽기만 했다. 이탈리아 철도공사는 시와 손잡고 소음과 진동, 경관 훼손이 심각했던 철도를 지하화했다. 그로 인해 확보한 지상 공간에는 공원과 주택, 사무실을 지었다. 시에 따르면 1996년부터 2006년까지 관광객이 연평균 60%씩 증가했다. 특히 피아트 공장 터에 조성한 쇼핑센터와 공연장이 가장 인기인 것으로 조사됐다.

12) 정크 크리에이티브: 태양의 서커스

　서커스는 이집트·그리스·로마 등지를 비롯해 거의 모든 나라에서 중세 이전부터 인기를 모아온 곡예다. 새로운 볼거리·놀거리가 많아진다는 것은 기존의 볼거리와 놀거리를 담당했던 이들이 물러나야 한다는 것을 의미했다. 스포츠와 방송, 인터넷미디어의 발달로 위축이 된 대표적인 산업은 서커스였다. 위축이 되면 될수록 서커스 단체들은 그 적은 시장을 두고 치열하게 격투를 벌여야 했다. 하지만 그것은 이미 레드오션이었다.

　'태양의 서커스', 시르크 뒤 솔레이유(Cirque Du Soleil)는 기 랄리베르테가 아코디언 연주자와 곡예사로 활동하던 20대 초반에 거리 축제에 참여하기 위해 소규모로 창설한 서커스단이었다. 지금의 세계 최대 서커스 공연기업 '태양의 서커스', 시르크 뒤 솔레이유의 시작은 그야말로 초라하다 못해 최악이었다. 더구나 사양길 일로에 있던 서커스라니. 퀘벡 주 몬트리올 북부지역, 이곳은 원래 석회석 채석장과 쓰레기 매립장이었다. 악취와 가스가 이어졌다. 4,000톤 이상의 독성 화학 쓰레기를 묻다 보니, 지하수와 먹는 물까지 위협을 받았다. 주민들의 항의가 빗발쳤고, 몬트리올 시는 쓰레기 매립을 중단했다. 모두가 버려진 땅으로 여겼다. 1982년 캐나다 퀘벡 주 한 마을에서 한 무리의 젊은이들이 거리공연을 펼쳤다. 죽마를 타고 저글링을 하고 불을 뿜어내는 묘기로 시작했다. 1984년 길거리 공연가 및 몇 사람이 모여 10명의 단원으로 캐나다 퀘벡 주 몬트리올 북부의 한 쓰레기 매립장 속 서커스 공연장에서 초라하게 시작됐다.

　그들은 서커스가 사양산업으로 치닫던 1980년대 초 동물과 광대 공연을 빼고 '이야기가 있는 공연'이라는 창조적인 콘셉트를 차용해 변화를 시도했다. 이들은 기존 서커스의 콩트 조합에서 탈피, 서커스를 처음부터 끝까지 하나로 연결되는 내러티브로 바꿨으며, 다양한 무대 장치와 음악, 공연자의 곡예를 결합시켰다. 현대 공연예술이 보여줄 수 있는 모든 것을 보여주는 것으로 유명해졌다. 살아있는 음악과 정교한 세트, 창의적인 움직임과 놀라운 기술들은 서커스의 개념을 새롭게 각인하였고 그 뒤 그들의 공연을 본 사람만 1억 명이 넘는다.

대다수 공연예술 기업이 일명 '비용 병'(cost disease)을 앓고 있다. 실제로 공연예술계는 경제적 딜레마에 시달리는 산업으로 알려져 있다. 미국의 원로 경제학자인 윌리엄 보몰 뉴욕대 교수는 "공연예술단체는 예술적 성공 여부에 상관없이 만성적인 재정불안 속에서 운영되게 마련"이라고 했다. 공연을 하면 할수록 늘어나는 비용, 줄어드는 외부 지원금, 정체된 관객 수 등으로 수입과 지출 사이에 격차가 벌어지는 '인컴 갭'(Income gap) 현상이 나타난다는 것이다. 이를 흔히 '보몰의 법칙'이라고 한다. 이러한 보몰의 법칙이 강하게 작용하는 곳이 바로 서커스

〈그림 35〉 창조경제의 전형, 태양의 서커스

이다. 그러나 2010년 태양의 서커스가 기록한 총매출은 8억 5,000만 달러(약 9,500억 원)로 풀무원, 넥센타이어, 서울반도체 등 국내 유수의 중견기업 매출과도 비슷한 수준이었다. 미국 라스베이거스와 올랜도에서 6개의 상설공연팀이 공연 중이다. 미국 상설 공연은 매일 1만 2,500여 장의 티켓이 판매되며, 하루 티켓 수입만 130만 달러(약 12억 원)에 이른다. 2012년 한 해 전 세계에서 올린 매출액만 10억 달러(약 1조 1,000억 원), 각국 상설공연장과 세계 순회공연을 통해 관람한 누적관람객만 1억 명이 넘는 것으로 집계된다.

전 세계적으로 해마다 1,500만 명의 사람들이 '태양의 서커스'를 관람하며, 회사 '태양의 서커스'는 5,000명의 직원을 보유한 다국적 엔터테인먼트 기업으로 성장했다. 태양의 서커스 최고경영자(CEO) 기 라리베르테는 미국 금융전문지 포브스가 선정한 '세계 100대 부자' 대열에 올라 이들의 성공을 더욱 극적인 것으로 만들어줬다. 그가 보유한 재산은 무려 10억 달러, 한국 돈으로 1조 원에 이른다. 내러티브를 만회하는 것은 최고 기량의 서커스와 무려 1억 5,000만 달러의 제작비가 소요되었다. 이 가운데 태양계 여러 행성을 형상화한 무대는 시시각각 신비롭고 화려한 변화의 과정을 보여주며, 세계 최고 기량의 모든 기예를 보인다.

상상력이 넘치는 역동적인 세계관을 만들기 위해 독특한 대형 소품들이 등장한다. 상상했던 것을 그대로 현실에 드러내준다. 만화적인 상상력이 돋보이는 우주비행사 캐릭터, 인간과 기술의 실랍제인 북극곰이나 사자 여행에 이용되는 열기구 등이 그것이다. '자이아'는 서커스라기보다 종합 엔터테인먼트에 가깝다. 공연 전체를 진행하는 데는 110명의 테크니션이 필요하며, 무대 세트 작동에만 40여 명이 투입된다. 또한 자동화 시스템으로는 전용 소프트웨어와 기구들을 사용하며, 3명의 기술자에 의해 3곳의 다른 데스크에서 조정되고, 공연 중 각종 조작은 자동화되어 종이가 사용되지 않는다. 공연을 위해서 10개의 미디어 서버와 2개의 제어용 컴퓨터가 이용되며, 19대의 컴퓨터 중 공연 진행에 필요한 최소의 컴퓨터인 13대를 사용한다. 미국 라스베이거스 관광청은 2013년부터 라스베이거스의 새로운 쇼로 데이비드 커퍼필드 마술쇼와 태양의 서커스(Cirque Du Soleil)의 일곱 번째 쇼인 〈자카나〉(Zarkana)가 추가된다고 밝혔다. 자카나는 2011년 초연 이후 마드리드, 모스크바, 뉴욕을 차례로 순회한 바이다.

캐나다는 분명 선진국이지만, 문화 분야에서는 특징이 없는 평범한 나라였다. 캐나다라는 나라 이름을 들으면 떠오르는 것은 단풍 시럽과 아이스하키였다. 21세기 전 세계 공연계는 캐나다를 주목하고 있다. 바로 코끼리가 나오고 접시를 돌리던 서커스에 음악과 엑스스포츠, 첨단 전자기술에 발레 같은 고급 무용까지 더해 새롭게 만들어낸 '메이드 인 캐나다' 태양의 서커스 때문이다. '서크 엘루아즈'와 '세븐 핑거스' 같은 아트서커스단이 잇따라 등장해 더욱 이는 강화되었다. 이는 국가브랜드의 가치를 높인 사례이다. 몬트리올 동북쪽 생 미셸 지역은 세계 서커스계의 메카이자 캐나다 관광의 필수 순례지다.

그들이 선택한 뮤지션은 비틀즈에서 시작해 엘비스 프레슬리를 거쳐 2011년 마이클 잭슨에 이르렀다. 이름만으로도 거대한 무게감으로 다가오는 이들의 음악은 태양의 서커스를 거쳐 가며 새로운 작품으로 태어났다. 태양의 서커스가 만들어내는 작품에 대한 믿음이 있기에 비틀즈는 처음으로 자신들의 음악을 공연에 쓸 수 있게 허락했다. 뮤지션들의 생을 그들의 음악으로 포장하는 무대인만큼 무대 중심엔 음악이 있다. 라스베이거스 미라지 호텔에서 공연 중인 '러브'는 130개의 비틀즈의 히트곡들을 섞어 26곡으로 재탄생시켰다. 공연음악도 자체적으로 만드는데 이들이 발표한 음반들 역시 높은 판매고를 올리며 음악 자체만으로도 컬트팬을 형성하고 있다. 서커스와 연극, 현란한 무대장치와 서정적인 음악 등이 어우러진 이들의 무대는 사람들에게 라스베이거스를 찾는 또 다른 이유를 제공해준다. 콘서트 티켓과 음반·DVD·기념품 판매 등 다채로운 수익모델은 문화산업의 새로운 전형을 제시했다. 설립된 지 불과 20여 년 만에 시각영상, 음반, 출판 등에서부터 종합 공연예술 극장의 건설에 이르기까지 다양한 분야에서 큰 성장을 이뤘다.

몬트리올에서 가장 낙후됐던 생 미셸 지역은 쓰레기 처리장과 잡초만이 우거진 슬럼화된 지역이었지만 1997년 시르크 뒤 솔레이유의 본부가 들어서면서 인근 주변은 쾌적한 문화예술 공간으로 변모했고 서커스 제작과 관련된 다양한 직종의 일자리가 창출됐고, 상업시설도 하나둘씩 들어섰다. 2003년에는 서커스 단원들이 머물며 훈련을 받는 아파트도 생겨 생 미셸 지역은 과거와는 전혀 다른 도시로 변화했다. 서커스와 관련된 수많은 일자리, 직원과 관광객들을 위한 상업·위락시설이 생겨나면서 우수한 인력과 대규모 자본이 이곳으로 모여들었다. 한 공간에 포함하고 있는 서커스 종합단지다. 복합단지에서 발생하는 공연수익금의 1%~기부한다. 돈이 없어 무대를 마련하지 못한 소형 서커스 단체들을 위해 공간을 무료로 제공하며, 전 세계 서커스 업계의 흐름을 한눈에 읽을 수 있는 국제 세미나도 수시로 열고 있다. 하나의 창조도시가 지역경제를 좌우하고 장소국가의 상징이 된 것이다.

제임스 카메론은 '태양의 서커스'를 3D 영화로 제작하고 있다. '태양의 서커스'가 지금까지 선보인 공연 중 가장 정교하며 환상적인 아크로바틱에 3D를 덧붙여 새로운 장르의 작품을 만들겠다고 밝혔다. 공연이 아닌 3D 영화로 제작된 〈태양의 서커스 월드 어웨이〉는 〈아바타〉의 제임스 카메론이 제작, 〈슈렉〉, 〈나니아 연대기〉의 앤드류 애덤슨 감독이 각본과 연출을 맡았다. 2012년 영화 〈마다가스카 3: 이번엔 서커스다〉는 '태양의 서커스' 공연을 보고난 뒤 이를 바탕으로 재창조해 낸 것으로, 서커스 장면은 3D기술에 힘입어 역동적이고 환상적이다. SBS 드라마 〈태양을 삼켜라〉에 '태양의 서커스'의 미국 라스베이거스 상설 공연장에만 오르는 카(CA) 공연과 오(O) 공연이 등장했다. 이는 '태양의 서커스' 중 최고 수준의 규모와 예술성을 인정받은 공연이다. 극중 미국에서 공연기획을 공부한 성유리의 첫 직장을 '태양의 서커스'로 설정, 본 공연은 물론 무대 뒷모습과 리허설 장면 등이 등장했다. '태양의 서커스'는 그동안 미국 드라마 시리즈 〈CSI 라스베이거스〉에서 한 회 배경으로 잠깐 등장한 것이 전부일 만큼 벽이 높다. '태양의 서커스'가 아시아시장 공략을 위해 국내 드라마와 손을 잡은 사례였다. 한류 드라마 〈올인〉의 제작진이 투여된 SBS 드라마 〈태양을 삼켜라〉에 후하게 대한 것은 한류의 영향력을 통해 아시아에 홍보효과를 누리기 위한 것이었다.

'태양의 서커스'를 세계 서커스의 메카로 탈바꿈 시킨 것은 지역 출신 젊은 여성 무용가 기 랄리베르테였다. 캐나다 재발견 450돌 기념 축제에서 서커스 묘기에 뮤지컬, 연극, 무용, 마임 등을 섞은 완전히 새로운 개념의 서커스를 선보였다. 당시의 반응을 통해 가능성을 확인했다. 몬트리올 시에 그녀는 용감하게 주민들의 예술을 위한 공간으로 만들자고 제안했다. 그리고 사회적 기업 '라 토후'(La Tohu)를 세웠다. 라 토후의 목표는 '서커스로 지구와 인간의 지속 가능한 발전의 길을 모색한다'였다. 여기에 필요한 재원은 노동연대기금에서 지원받았다. 이 돈으로 지하에 오염된 침출수는 파이프 뚫어 퍼내고, 메탄가스는 화력발전 연료로 재활용해 주변 지역 1만 가구에 전기를 공급했다. 그리고 '태양의 서커스' 본부와 서커스 공연장을 지었다. 캐나다와 퀘벡을 대표할 문화상품에 목말랐던 캐나다와 퀘벡 정부는 그 가능성을 인정해 이름 없던 신생 서커스단에 대대적인 재정지원을 시작했다. 1987년 국립 서커스학교까지 세웠다. 지역 청소년을 대상으로 직업교육과 서커스를 교육했다. 일자리가 창출되었다. 지역주민의 아이디어와 지방정부, 시민사회의 협력이 이뤄낸 결과였다. '태양의 서커스' 최고경영자 기 랄리베르테(Guy Laliberte)는 서커스의 성과는 길거리 문화의 소산이라고 했다. 그는 "길거리는 신뢰와 충성을 배우게 한다. '내가 너를 돌봐주면, 나 역시 너를 도울 것'이라는 신뢰가 바탕이다."라고 말했다.

창조작업을 통해 서커스의 관념을 완전히 바꾸었다. 흔히들 '서커스'라는 단어를 들으면 가장 먼저 생각하는 것은 '기예'다. 남다른 비범한 재주로 사람이 아닌 것 같은 움직임을 보여주고, 재미있는 모습의 분장으로 사람들을 감탄하고 웃게 만드는 그런 것을 생각한다. 태양의 서커스는 서커스를 '스토리'를 가진 공연으로 탈바꿈했고, 테마와 이야기가 있는 공연을 만들었으며 브로드웨이 뮤지컬처럼 예술적인 주제가와 음악을 준비했다. 컴퓨터그래픽(CG)·특수효과 등을 활용하여 한물갔다고 평가받던 서커스를 세계적인 창조상품으로 끌어올렸다. 진통적인 서커스를 '블루오션'으로 변화시킨 데에는 전통적인 규칙, 현실적 한계를 거부하고 그것을 새롭게 조명한 데에 그 비결이 있다. 아이들만 보는 것이 아니라 전 가족이 본다.

관객을 매료시키는 '태양의 서커스'의 생명력은 무엇보다 남들이 시도하지 않은 새로운 것을 보여준다는 점에 있다. 바로 이런 상상력 넘치는 장면들을 가능하게 해주는 것은 첨단기술이다. '카'(KA)는 제작비만 1억 8,500만 달러(1,800여억 원)가 들었고 무대 세트를 움직이고 갖가지 효과를 연출하기 위해 사용되는 기기는 4만여 가지로 이를 다루는 기술요원은 배우와 연주자를 합한 80명보다 2배 정도인 159명이다. 시청각 효과를 극대화하기 위한 음향 설비도 엄청나 '카' 공연장에는 각 좌석의 등받이에 스피커가 2개씩 설치돼 있고 전체 1만여 개의 스피커를 통해 음향이 전달된다.

무엇보다 태양의 서커스가 시장 자체를 키웠다는 점이 성공요인으로 꼽힌다. 사양산업이었던 서커스 장르에 예술을 접목시켜 '아트 서커스'(Art circus)라는 과거에 없던 새로운 영역을 개척해냈다. 이른바 '블루오션'이다. '태양의 서커스'는 경쟁이 치열한 기존 시장(레드오션)을 벗어나 경쟁이 없는 새로운 시장(블루오션)을 개척했다. 전통적인 서커스에 연극적 서사구조와 풍부한 예술성을 끌어들여 대중적 놀이문화와 현학적 무대예술 틈에 숨어 있던 '블루오션'을 개척해냈다. 블루오션이 가치 혁신을 통해 생겨난 새로운 시장이다. 현재 존재하지 않기 때문에 경쟁에 의해 더럽혀지지 않았고 높은 수익과 무한한 성장이 가능한, 말 그대로 새로운 시장이다. 이와는 반대로 레드오션은 이미 잘 알려져 있는 시장, 즉 현재 존재하는 모든 시장을 말한다. 기업 간 무자비한 경쟁에 의해 핏물로 바다가 붉게 물들어버린 시장이 바로 레드오션이다. 다른 서커스단들은 서로를 벤치마킹하고 전통적 서커스 공연을 이리저리 꾸며 맞추며, 줄어든 관객 수를 놓고 점유율 경쟁을 벌이고 유명한 광대와 사자 조련사를 확보하는 데 치중했다. 그것은 실질적·창조적 변화 없이 서커스단의 비용구조만 상승시켰다. 아이들의 눈길을 잡아두려고 노력했다. 따라서 입장료는 비쌀 수 없었다. 따라서 매출의 증가 없는 비용 상승과 전체 서커스 수요가 하향하는 악순환의 연속이었다.

솔레이유는 다른 업체와 경쟁을 하지 않기로 하고, 경쟁과는 무관한 미개척 시장 공간을 새로 만들려 했다. 그들의 눈에는 아이가 목적이 아니었다. 아이는 성장하는 법. 그러나 성장한 아이가 어린 시절의 서커스에 만족할 수는 없다. 전혀 다른 서커스를 통해 일반 전통 서커스 공연보다 몇 배나 비싼 입장료를 지불할 의사가 있는 사람들—성인과 기업체 같은 완전히 다른 새로운 고객들을 염두하고 그들의 마음을 사로잡으려 했다. 그 마음을 사로잡은 전략은 바로 융합과 퓨전이었다. 서커스, 연극, 뮤지컬 등으로 나뉘어 있던 산업의 경계선을 무너뜨렸다. 서커스도 연극도 뮤지컬도 아닌 새로운 블루오션 공간을 만들었다. 서커스의 재미와 스릴은 살리면서도 연극의 지적 세련미와 풍부한 예술성이 담긴 무대를 재창조하려고 노력했다. 클래식 콘서트, 뮤지컬, 연극, 체조경기, 발레, 패션쇼 등 무대 위에서 열리는 모든 예술공연의 시장 경계선을 융합해 기존의 서커스 고객들뿐 아니라 '비고객'(non-customer)이었던 성인 연극관람객의 마음을 사로잡았다. 그러나 서커스가 아니라 오히려 뮤지컬이나 발레가 가미된 예술적인 곡예로 여기게 된다. '선도자'(Leadership)로서의 수혜, 즉 가장 먼저 시작한 브랜드가 소비자들의 뇌리에 깊이 각인되고 시장 지배자의 권리를 누리는 현상도 벌어졌다. 캐나다와 미국 라스베이거스에서 아트 서커스를 자칭하는 공연이 수차례 등장했어도 사람들은 태양의 서커스만을 선호하고 나른 서커스들은 주목을 받지 못하거나 쉽게 사라졌다.

태양의 서커스는 투자수익률(ROI: Return On Investment) 면에서 혁신을 이뤘다. 보몰 교수가 지적한 '인컴 갭'을 극복하고 공연예술 기업도 얼마든지 투자를 유치하고, 투자자들에게 수익을 돌려줄 수 있다는 것을 증명했다. 실제로 우리나라 행정공제회는 2007년 태양의 서커스 공연 가운데 '퀴담'에 27억 원을 투자해 9.49%의 수익률을 올렸다.

스타광대, 동물묘기쇼 등 돈이 많이 들지만 가치 없는 요소들을 과감하게 줄였다. 돈이 많이 드는 고비용 구조를 청산했다. 솔레이유는 서커스와 연극에서 가장 좋은 점만 뽑아내고 다른 나머지 것들은 아예 없애버리거나 과감하게 줄였다. '움직이는 마을' 그랑 샤피토(Grand Chapiteau)는 효율성을 높인다. 출연자와 스태프 150여 명이 생활할 수 있는 그랑 샤피토에는 공연을 펼치는 빅톱을 비롯해 아티스트를 위한 텐트, 박스 오피스, 주방공간, 사무실, 학교 등 없는 것이 없다. 전속 요리사 4명이 직접 요리를 만들고, 단원 자녀들에게 교육을 하는 교사도 있다. 전기까지 자체 발전시설로 충당해 이들이 외부에서 충당하는 것은 물과 통신장비에 불과하다.

제조업처럼 '규모의 경제'를 달성해 단가를 낮춘 것도 성공 요인이었다. 예컨대 서커스에서 사용되는 모든 의상과 소품을 300여 명의 디자이너와 염색 기술자, 목수, 제화기술자 등이 직접 제작하고 있다. 몬트리올 시 북동쪽 생 미셸 지구에 위치한 이 회사 본부에서 지난 한 해 동안 제작된 의상은 2만 벌에 달하고, 연기자들의 신발만도 4,000켤레에 이른다.

일정한 재정 수준을 유지하지 못하면 비용이 많이 들어가 보몰의 법칙에 휩쓸리게 된다. 그것은 다른 서커스 공연과 같은 재정압박에 시달리게 됨을 의미한다. 다만 대니얼 라마드 사장은 "서커스 작품 제작에 있어서만큼은 절대로 비용을 아끼지 않는다. 인간의 창의성이 표현될 수만 있다면 가능한 한 많은 자금과 인력을 투입한다. 시르크 뒤 솔레이유의 연구개발센터는 환상적인 서커스 쇼가 이뤄질 수 있도록 의상과 무대 디자인, 조명 등에 대한 연구를 계속하고 있다."고 밝혔다.

보텀업(Bottom-up) 방식의 제작도 장점이 되었다. 전문가들은 태양의 서커스는 제작자가 먼저 작품을 정하고 대본을 구하고 연출자를 찾고 배우를 고용하는 '톱다운'(Top-down) 방식이 아니라 인재들의 능력에서 아이디어를 찾고 작품을 구성해가는 '보텀업' 방식이라고 지적했다. 이를 위해 태양의 서커스는 상시 오디션을 통해 우선 실력 있는 인재들을 고용하고 끊임없이 기량을 닦을 수 있게 인프라스트럭처를 제공했다.

그들은 세계를 대표하는 다국적인이다. 예술적 다양성과 기술을 우선하기 때문에 40여 명으로 이뤄진 인재발굴팀은 최우수 체조 선수들을 스카우트하기 위해 전 세계 각지를 탐색한다. 미국, 중국, 브라질 등은 물론 체조 기술이 뛰어나기로 유명한 러시아, 루마니아, 불가리아 등에서 올림픽 대표급 선수들을 영입해 동종업계 최고의 대우를 해주고 있다. 약 700여 명에 달하는 시르크 뒤 솔레이유 연기자들의 국적이 40여 개국에 달하고, 사용 언어가 25가지나 된다. '바레카이' 공연장에는 24개국 국기가 걸려 있다. 56명 배우들 출신 국가 수가 24개에 달한다는 뜻이다. 데이터베이스에는 전 세계 각지의 단원 후보 2만여 명이 들어 있다. 이렇게 뽑은 단원을 하루 10시간 이상 훈련시켜 무대에 세운다.

미국 라스베이거스 업계와 맺은 '파트너십'도 중요했다. 90년대 들어 라스베이거스 호텔들은 더 이상 카지노만으로는 수지가 맞지 않아 각종 컨벤션 행사와 스포츠 경기를 유치하고는 이를 활성화시키기 위해 공연을 선보이기 시작했다. 획기적인 공연을 유치해 숙박과 레스토랑, 카지노 등 부대 수익원의 부활을 추구하였다. 태양의 서커스는 변화를 정확히 읽어냈고 그에 맞추었다.

초기의 정부지원이 주효했다. 대대적인 재정지원으로 태양의 서커스는 미국 라스베이거스에 진출할 수 있었고, 세계적으로도 이름을 얻기 시작했다. 서커스단 대니얼 라마드 대표는 "창업 초기 가장 큰 힘이 되었던 것이 정부의 지원이었다. 87년 수익을 내기 시작하면서 홀로 섰다.”고 말했다. 데자르댕은 1970년대부터 연대저축기금을 만들어 협동조합과 사회적 기업 등에 대한 금융지원의 토대를 구축했다. 데자르댕의 이런 노력은 주정부와 시민사회가 '사회적 금융'에 적극적으로 나서게 만드는 선도자 구실을 했는데 바로 몬트리올의 유명한 '태양의 서커스'는 데자르댕 연대기금 사업의 대표적인 성공사례이다.

태양의 서커스는 '고급'으로 승부한다. 수익의 40%를 새 작품 구상에 쓰며, 한 작품을 만드는 데 기획, 연습, 세트 및 의상 제작까지 3~4년을 투자한다. 작품이 선을 보이면 특별한 이유가 없는 한 유효기간 없이 공연을 이어간다. 대니얼 라마드 대표는 “최상의 공연진으로 최고의 공연을 보여준다는 자부심을 갖고 있다.”고 말했다. 태양의 서커스는 아무리 히트한 쇼도 복제품을 만들지 않는다. 하나의 쇼는 한 도시에서만 공연하며 15년이 지나면 자체 폐기된다. 기본적으로 각 의상 디자인은 최소 10개 이상의 스케치와 수정을 거쳐서야 최종안이 결정된다. 의상용 옷감은 영국, 이탈리아, 프랑스, 스위스 등 세계 각국을 막론하고 최상, 최적의 것을 구한다. 독특한 효과를 위해 금속 섬유 등 특수한 옷감 소재도 사용된다. 옷감의 80%는 주문을 통해 맞춤 염색하여 제작한다. 몬트리올의 전문 의상숍에서 수작업으로 염색한 뒤 태양의 서커스팀에서 요구하는 색상을 프린트한다.

창조적인 리더와 그를 뒷받침해주는 그룹이 존재했다. 1980년대 초반 한 젊은 예술가가 파리 퐁피두센터에서 아코디언을 연주하며, 불을 먹는 공연을 펼쳤다. 그 불을 먹는 아코디언 연주자가 바로 기 랄리베르테였다. 14살 때 단지 세상을 구경하고 즐기기 위해 고향을 떠났는데 그는 보통의 거리공연보다 뭔가 더 장대하고, 예술적이고, 야심 찬 기획을 발전시키기 시작했다. 고향인 캐나다 퀘벡으로 돌아온 뒤 또 다른 거리 예술가인 질 스테-크루와(Gilles Ste-Croix)를 만나 함께 1982년 거리공연 축제를 조직했다. 1984년 퀘벡 정부의 지원을 받아 '태양의 서커스'가 탄생했다. 그리고 완전히 새로운 개념의 서커스를 선보였고 제목은 '서커스의 재창조'(Le cirque reinvente)였다. 서커스는 혼자 만드는 것이 아니라 집단지성이 함께 만드는 작품이다. 2005년 대니얼 라마드 사장은 시르크 뒤 솔레이유의 작품은 무대 위에서 공연을 펼치는 연기자들을 비롯 의상 디자이너와 무대장치 전문가, 작곡가, 안무가, 엔지니어, 오케스트라, 시나리오 작가 등의 피와 땀의 결정체라고 했다. 리오 다미코 마케팅 담당 부사장은 다음과 같이 말했다.

"서커스는 원맨쇼가 아니다. 애초부터 그것은 협동 작업이었다. 기 랄리베르테 역시 이 모든 걸 혼자 이뤄낼 수는 없었다. 전 세계에서 3,000여 명이 태양의 서커스를 위해 일하고 있다. 트럭운전기사, 용접기사, 기술자, 김나지움 코치, 곡예사, 학교교사, 물리치료사, 음악가, 홍보담당자 그리고 마케터 등등. 당연히 그가 매일 그들의 일을 감독할 수는 없다."

중요한 것은 예술성과 상업성의 균형을 맞추고 유지하는 것이었다. '태양의 서커스' 리오 다미코 마케팅 담당 부사장은 2007년 강연에서 "예술성과 상업성 사이에서 적절한 긴장관계를 유지하는 것이 중요하다. 그래야 비즈니스를 잘할 수 있다. 어느 한쪽으로 지우치려는 유혹을 경계해야 한다."라고 했다. 대니얼 라마드 사장은 시르크 뒤 솔레이유가 대성공을 거둔 핵심 원동력을 묻는 질문에 "서커스를 종합 예술 작품으로 승화시키려는 숭고한 장인 정신"이라고 했다.

창조는 전혀 알 수 없는 무엇인가가 아니다. 기존의 익숙한 것을 어떻게 다시금 사람들이 차별화되고 느끼도록 만드는 것이다. 전통 서커스의 3대 매력은 텐트, 광대, 전통곡예다. 시르크 뒤 솔레이유는 광대는 유지했다. 전통곡예는 다른 예술적 장르나 기법에 확장했다. 텐트는 아주 멋있게 만들었다. 다른 공연단들을 임대공연을 선호하고 텐트를 버렸지만 시르크 뒤 솔레이유는 서커스의 마법적인 상징이라고 여겨서 화려하게 디자인하고 안락하게 설계해 전성기의 웅장함을 담았다. 실내의 톱밥이나 딱딱한 벤치도 없었다. 언론과 가진 인터뷰에서 라마드 사장은 "우리 기업은 광기(crazyness)에 가까운 창의성, 도전과제를 함께 풀어갈 파트너, 합리적인 재정 기준, 사회적 환원 등 4가지 대원칙을 중시한다."고 했다. 한때 아코디언 연주가이고 죽마곡예가이며 불을 삼키는 묘기를 했던 기 라리베르테는 최고경영자의 자리에 올라와 있다. 그것이 가능했던 것은 이러한 원칙들 때문에 가능했다.

13) 무술의 창조경제화: 소림사의 스핀오프

서양인들에게 동양의 무술은 여전히 매력적인 '바디 퍼포먼스'다. 이런 점 때문에 다양한 경제적 현상을 만들어내고 있다. 무술이 하나의 창조산업이 되었기 때문이다.

(1) 용품

전 세계 태권도 산업규모는 연간 4~5조 원에 육박하고 있으며, 이

중에서 태권도복과 같은 용품 시장의 규모만 해도 8,000억에 달한다. 무술용품 시장은 치열하기만 하다. 미국 무술용품 시장의 잠재력을 알고 있는 세계 대기업들은 과감한 투자로 무술인들의 기호를 사로잡고 있다. 비싼 만큼 잘 만든 무술용품은 경제적 가치가 크다. 아디다스, 나이키 등 글로벌 기업이 이런 무술용품 시장을 장악하기 위해 필사적이다.

컬처메이커가 2002년 출범시킨 토종 무술 브랜드 무토(MOOTO)는 '무술인의 자존심'(the pride of martial artist)을 내세우며 2007년 5월, 미국 무술시장을 본격적으로 진출했다. 미국 애너하임에서 열린 '2008 세계태권도한마당' 참가자 3명 중 1명이 무토 도복을 입고 있을 정도였다. 전 세계적인 수요 시장에서 아디다스, 나이키, 휠라 등의 해외 브랜드와 국내 브랜드인 무토 등이 경쟁을 펼치고 있다. 태권도복의 경우 대형 브랜드들의 아성에 묻혀 제대로 세계시장에서 품질 경쟁을 벌여보지 못해온 많은 강소 브랜드들의 시장을 넓혀주기 위해서라도 더 많은 업체들의 도전이 필요하다.

(2) 영상

드림웍스 애니메이션 〈쿵후팬더〉는 2억 1,543만 4,591달러를 벌어들였고 2편은 1억 6,524만 9,063달러를 벌었다. 2011년 〈쿵후팬더 2〉는 개봉 첫날 6,000만 위안(100억 원)의 수입을 올렸는데, 중국 개봉 영화 사상 역대 최고였다. 개봉 첫 주말에는 1억 위안(166억 원)을 돌파, 〈아바타〉가 보유했던 흥행 기록도 무너뜨렸다.

소림사가 주관하는 중국 쿵후 스타 세계TV대회에는 전 세계 40여 개국에서 수천 명의 쿵후 선수들이 참여하고 이것이 텔레비전을 통해 방송된다. 우승자는 드라마나 영화의 주인공이 된다. 다양한 무술 이벤트를 만든 콘텐츠로 미디어사업을 하고 광고수익을 얻는다.

법인 설립과 함께 '소림', '소림사'라는 상표를 45개 분류 200여 항목에 출원해 지적재산권으로 등록했고, 대만 중영그룹에서 제작한 만화영화 '소림전기'와 인터넷 온라인게임 '소림전기'의 저작권 사용료로 38만 위안의 로열티를 받게 되었다.

'쿵후의 달인' 전쯔단(甄子丹)이 2011년 홍콩에서 가장 많은 소득을 올린 연예인으로 등극했다. 2008년 주연작 〈엽문〉(葉問)이 중화권에서 역대 최고의 흥행성적을 기록한 이래 영화와 CF, 행사 출연 제의가 쇄도하면서 2011년에만 2억 2,000만 홍콩달러(292억 원)의 천문학적인 수입을 얻었다. 〈엽문〉을 찍을 당시 편당 1,000만 달러이던 전쯔단의 개런티는 2012년 개봉한 〈대뇨천궁〉(大鬧天宮)에선 네 배 가까운 3,697만 홍콩달러(54억 8,000만 원)까지 올랐다. 전쯔단은 〈3D 급동기협〉(急凍奇俠)과 계약하면서 4,000만 홍콩달러를 받았다. 전쯔단의 2011년 소득은 연예활동에서 얻은 것만 집계했기 때문에 그의 베스트셀러 무술 저서 《견공부》(甄功夫) 인세를 합칠 경우 우리 돈으로 300억 원을 훨씬 넘긴 것으로 추정되었다. 이러한 점을 볼 때 한국에서도 이런 애니메이션과 무술 영상에 대한 관심이 많아져야 한다. 이런 면에서 흥행에 크게 성공한 영화 〈베를린〉과 같은 이른바 주먹 영화들이 장르영화로 자리를 잡고 있는 것은 고무적이다. 한국무술을 적극적으로 영화에 접목시키는 노력을 해야 한다.

(3) 공간

허난성 쑹산(嵩山)에 있는 소림사는 496년 북위(北魏) 효문제(孝文帝)가 창건한 유서 깊은 사찰로 달마(達磨)대사가 530년부터 9년간 좌선해 선종의 기원지가 됐다. 소림사는 1982년 리롄제(李連杰)가 주연으로 나온 영화 〈소림사〉의 폭발적 인기를 계기로 중국은 물론 세계적으로 유명 관광지로 발돋움했다. 덩펑 시에서 30년간 무술학교를 운영하는 타꺼우무술학교는 7개의 부속학교를 두고 매년 2만 8,000여 명의 수련생이 소림무술을 수련하며 유아반, 초등부, 중등부, 고등부, 전문반, 대학반에 외국인반까지 개설해 운영 중으로 무술학교 운영과 함께 무술 용구 판매수익만 매년 1억 위안에 달하는 것으로 나타났다.

이런 유명세에 힘입어 소림사는 2010년 유네스코 세계문화유산에 등재됐다. 1999년 경영학 석사 학위를 가진 젊은 승려 스융신(釋永信)이 파격적으로 주지로 발탁되면서 '소림사사업발전주식회사'를 만들어 비즈니스계 뛰어들었고 쿵후 쇼와 영화 촬영, 기념품 판매 등 적극적인 수익 사업을 벌이는가 하면 유럽 등지에 40여 개의 사업체를 운영하며 소림사에 제2의 전성기를 찾아오게 했다. 한쪽에서는 스융신이 소림사를 지나치게 상업해 불교를 돈벌이로 전락시켰다는 비판도 비등했다. 3년의 변화는 1,000억대의 매출을 올리는 성과를 보였다. 지금은 중국이 국유기업 못지않은 경제적 파급효과를 이끌어내는 기업 소림사로 변화됐다. 100여 개의 상표권에서 나오는 로열티로 엄청난 수입을 올리는데 소림사가 위치한 덩펑 시가 한해 벌어들이는 관광 수입 가운데 절반이 소림사에서 나온다.

중국의 사찰들을 위탁운영 관리하고 각 나라에 20여 개의 소림사 분소와 같은 사찰을 운영하고 있다. 인터넷 쇼핑몰도 큰 인기를 얻었다. 여기에는 소림무술을 할 때 입는 옷과 신발, 각종 용품들이 소림사 마크가 부착돼 판매되고 있고, 소림사 승려들의 무술 비법이라고 홍보하고 있는 '소림무공의종비급'(少林武功醫宗秘笈)이 한화로 약 150만 원에 판매되고 있다. 공간을 하나의 창조적 산업의 장으로 만들었는데 그 가운데 무술이 있었다. 무술과 관광을 연계한 소림사 경영과 마케팅이다. 동양의 신비주의를 일반인들에 끌어내는 데 성공했고 서양을 자극할 수 있었던 것도 성공비결이었다. 30여 종의 식음료 개발, 중의학에서 다루는 각종 약제 및 식품사업, 그리고 교육에 이르기까지 사업을 확장했다. 특히 고대 중의학을 중심으로 한 대형 병원을 소림사에서 얼마 떨어지지 않은 곳에 건설했다.

또한 지속적인 관광 아이템을 개발했다. 소림사가 1일 유람코스로서 낮에는 볼거리가 많은 반면 저녁이 되면 돌아가야 하는 관광객을 위해 대규모 공연을 기획했다. 소림사 대표 공연인 '선종소림-음악대전'은 산과 자연경관을 무대로 펼쳐지는 공연으로 지금은 소림사의 필수 관람코스로 발전했다. 2007년 4월부터 정식 공연을 시작해 첫 해 입장료 수익이 1,500만 위안에 달했으며 2009년에는 3,000만 위안까지 증가했다. 공연에 참여하는 인원만 500명에 달하며, 이 중 100여 명은 낮 시간에는 밭에서 일하다 저녁이 되면 소림사에 들어봐 공연을 진행하는 특수한 형태로 운영되었다. 소림사의 공연기획 등 사업의 배경에는 덩펑 시 정부와 홍콩 중뤼그룹이 있었다. 덩펑 시 정부와 홍콩 중뤼그룹은 각각 1억 위앤씩의 투자금을 조성해 강중뤼(등펑)송산소림문화관광유한공사를 설립했으며 홍콩 중뤼그룹에서 51%의 주권을 보유했다. 특히 정부의 역할도 있었다. 소림사의 관광산업에 대한 효과는 시 재정수입의 30%를 차지할 정도로 성장하자 소림사가 위치한 허난 성 덩펑 시 시정부에서는 '소림사의 도시'라는 표어로서 지역경제 발전을 계획했다. 지방정부의 소림사관광특구화, 지역 핵심 산업 육성이 있었다.

영화와 무술, 학교를 결합시킨 예는 또 있다. 중국의 '심강원류'(深江遠流)는 중국의 무술학교와 동방의 할리우드로 불리는 '헝디엔 월드 스튜디오'다. 중국 산둥(山東) 성 윈청(運城) 현에 위치한 쑹장(宋江) 무술학교는 15년 전통을 가지고 있고, 학생만 3,300명에 달하며, 무술교관도 100여 명에 이른다. 헝디엔 월드 스튜디오는 1조 2,000억 원을 투입, 중국의 전통과 역사를 완벽에 가깝게 재연했다. 10년간 3,600억 원의 거액이 투자됐고, 중국 엔터테인먼트 산업의 중심지로 자리 잡았다. 총 10km²가 넘는 거대한 스튜디오에는 현재 광저우(廣州) 거리, 홍콩 거리, 명 · 청 시대 궁원, 진나라 왕궁, 헝디엔 옛 거리, 고대민가 등 시공을 초월하는 총 13개의 거대 세트장이 마련돼 있고 지금까지 200여 편의 영화가 촬영됐다.

이러한 세트장은 역사적 연원보다 현대적 측면이 강하나 이는 일종의 학교를 중심으로 한 테마파크다. 실제 무술인이 존재하는 것은 생생한 콘텐츠라는 데 의미가 있다. 다만 걱정되는 사례는 역사적 연원도 없고 살아 숨 쉬는 무술인이 거주하지 않는 곳에 테마파크가 들어서는 경우이다. 이는 한국의 태권도에 주는 시사점이다. 태견이나 수박도 그렇지만 한국은 태권도의 연원이 되는 무술이 상당하다. 무술에 관한 한 기록문화가 중요하다. 이 점에서 한국은 소림사보다 유리한 점이 있다. 한국은 세계에서 단 하나뿐인 무술 경전이자 무경(武經)인 세계적 기록문화유산 《무예도보통지》라는 책을 가지고 있다. 소림무술도 여러 종류의 무술책자를 가지고 있지만 대개 후대에 쓰인 것으로 '오래된 무경'임을 입증할 자료가 없다. 정조가 편찬한 어정(御定) 《무예도보통지》의 세계기록유산 추진과 《무예도보통지》의 공식 국기(國技)인

‘십팔기’에 대한 정부 차원의 지원방안이 마련되어야 한다. 물론 이것을 창조산업화하는 전략이 부가적으로 필요하다.

14) 벤처의 트리거: 앵그리버드

　핀란드 게임 개발 업체인 로비오(Rovio)가 개발한 앵그리버드, 날개도, 다리도 없고 잔뜩 화가 난 표정의 새 ‘앵그리버드’(angry bird)가 노키아를 제치고 핀란드의 대표 상품이 됐다. 새알을 훔쳐간 녹색돼지를 새총에 장전된 새들이 날아가 응징하는 게임이다. 두 살배기도 이해할 수 있을 정도로 게임 스토리가 단순하고 폭력성이 적어서 여성들도 즐긴다.　앵그리버드는 3억 5,000만 명이 매일 한 번씩 하는 세계적인 게임이지만 그 게임을 만든 회사는 작은 벤처기업인 로비오(Rovio)였다. 2003년 핀란드 헬싱키기술대 재학생 3명이 10만 달러(한화 약 1,000만 원) 남짓한 돈을 겨우 마련해 게임 프로그램 회사를 창업한 것이 로비오의 시작이다. 즉 현 최고운영책임자(COO)인 니클라스 헤드 등 3명의 공대생들이 노키아가 2003년 주최한 모바일게임 대회에서 우승하며 회사를 세웠다. 이 회사는 몇 년 동안 실패를 거듭하다 대기업 하청을 받아 게임을 개발했다. 2007년의 연이은 실패 이후 자금압박으로 2009년 파산 직전까지 가기도 했다. 그러나 스마트폰 시대의 개막은 로비오에게 새로운 기회의 장을 마련해줬다. 모바일용 소프트웨어에 운명을 걸고 차별화된 콘텐츠 개발에 나선 로비오는 앵그리버드를 출시하며 ‘황금알을 낳는 거위’로 변신했다. 곧 핀란드 시장 1위를 석권했고 유럽에 이어 북미와 아시아 시장에서도 큰 성공을 거뒀다.　전작 ‘앵그리버드 클래식’ 이후 이 게임은 ‘앵그리버드 시즌스’, ‘앵그리버드 리오’, ‘앵그리버드 스페이스’, ‘앵그리버드 스타워즈’ 등으로 진화했다. 2012년 11월 출시된 앵그리버드 스타워즈는 앵그리버드 게임에 영화 스타워즈의 배경과 캐릭터를 접목해 인기를 끌었다.

앵그리버드 개발사인 로비오 엔터테인먼트의 2012년 매출액이 1억 5220만 유로(한화 2,189억 원)로 전년 7,560만 유로보다 101.32% 신장했다. 전년 대비 두 배 이상 성장한 매출액이다. 로비오는 지난 2011년 연매출 7,560만 유로를 기록했다. 순익은 5,550만 유로(약 799억 원)으로 전년 대비 57% 증가했다. 실적 지표에서 드러나듯이 이 회사는 급성장을 거듭했다. 2011년 말 224명의 직원 수는 2012년 말 518명으로 두 배 이상 늘었다. 애널리스트들은 로비오의 시장가치가 60억~90억 달러(약 6조 9,000억~10조 4,000억)에 달할 것으로 평가하고 있다. 스마트폰 실패로 추락하고 있는 노키아의 시장가치(70억 달러)와 맞먹는 수준이다.

앵그리버드는 2009년 12월 스마트폰 게임으로 첫 출시된 이후 애니메이션 영화 등으로 진출하며 비즈니스 영역을 확장하고 있다. 2011년 앵그리버드는 4,200만 달러(약 450억 원)의 자금을 유치했다. 앵그리버드가 견인하는 바람에 모바일 부문은 핀란드의 새로운 틈새 산업으로 부상하고 있다. 국제게임개발업자협회(IGDA)에 따르면 핀란드 게임업게 매출은 2011년 총 1억 6,500만 유로(약 2조 3,000억 원)로 전년보다 57% 증가했다. 〈월스트리트저널〉(WSJ)은 앞으로 제대도안 하먼 핀란드 경제를 지탱할 수 있는 산업으로 성장할 가능성이 있다고 보도하기도 했다.

2011년 닐슨컴퍼니가 발표한 ‘연령별 모바일 애플리케이션 사용 현황’(Mobile Application Reach by Age) 조사에서 앵그리버드가 게임으로는 거의 유일하게 전 세대가 고루 애용하는 서비스로 나타났다. 특히, 35~44세 연령층에서 앵그리버드 이용자가 많았다. 앵그리버드 게임 이용자는 18~24세에서는 22%, 25~34세 연령층에서는 29%, 35~44세에서는 35%가 이용하는 것으로 나타났다. 즉 나이가 많아질수록 앵그리버드를 더 즐겼다. 단순하면서도 중독성 강한 게임 방식에 0.99달러의 부담 없는 가격 역시 성공의 원인이기도 했다. 미국의 IT전문지 〈CIO〉는 앵그리버드의 인기 요인과 함의점을 정리했다.

① 터치감: 앵그리버드는 가정용 게임기나 PC용 게임, 오락실용 게임기나 다른 비디오 게임만 즐겨본 이들도 금방 터치스크린으로 앵그리버드를 즐길 수 있다. 새가 돼지를 향해 날아가도록 조준만 할 수 있으면 된다. 이에 비해 다른 모바일 앱은 PC 소프트웨어를 모바일 환경으로 무리하게 옮겨 놓은 것들이다. 손가락으로 조작하기가 쉽지 않아 불편하다.

② 단순성: 앵그리버드는 간단한 목표를 갖는다. 새를 쏘아 돼지를 잡는 것. 대부분의 업무용 앱들은 사용자들에게 다양한 옵션을 제공하는데 복잡해진다. 하지만 앵그리버드는 간단한 조작과 목표 때문에 중독성에 빠지기 쉽다.

③ 감성 자극: 앵그리버드는 목표를 설정하고 목표에 대한 가정까지 제공하여 재미를 증대한다.

앵그리버드 제작사 로비오의 헨리 호움 부사장은 우선 재밌는 요인이 성공을 가져왔다고 하며 게임 스토리의 보편성이 중요하게 작용했다고 보았다. 게임 배경은 돼지들의 섬. 먹을 것이라고는 풀밖에 없던 섬에 철새가 들어와 알을 낳으면서 그것을 빼앗은 돼지와 다시 찾으려는 새의 갈등은 보편적이면서도 흔히 이해관계가 얽힌 사회에서 볼 수 있는 일이다. 헨리 호움 부사장은 "아주 단순한 이야기지만 사회에서도 자주 경험할 수 있기에 사람들의 정서적 참여와 몰입을 이끌어내고 있다."고 했다. 등장 캐릭터 역시 사람들이 가장 친근하게 여기는 것들이라고 설명했다.

핀란드의 공대인 알토(Aalto)와 기업, 연구기관이 IT벤처 창업과 지식재산권 확보 등을 지원하기 위해 구축한 ACE(Aalto Center for Entrepreneurship)는 로비오의 성공을 이끌었다. 앵그리버드가 주목하고 있는 것은 멀티플랫폼 전략이었다. 헨리 호움은 어떤 플랫폼이라도 진출할 것이라는 포부를 밝혔다. "통상 애플이나 구글 운영체제(OS) 등 기술적 플랫폼만 생각하는데 영화, 애니메이션, 사회관계형 서비스(SNS) 등 사람들이 앵그리버드를 원하는 곳이면 그 것이 새로운 시장이자 플랫폼"이라고 했다. 실제 앵그리버드는 애니메이션과 영화, 캐릭터 인형은 물론이고 요리책, 테마파크에까지 사업 영역을 넓혔다. 앱 외에 앵그리버드의 캐릭터를 이용한 다양한 소비자 제품군과 라이선스 매출은 전체 매출이 30% 정도를 차지했다. 앵그리버드는 미키마우스나 뽀로로 못지않은 전 세계적인 유명 캐릭터가 되었다. 어린이 용품, 의류, 액세서리 등 다양한 방면에서 쉽게 앵그리버드 캐릭터를 발견할 수 있게 되었다. 앵그리버드가 그려진 라이선스 제품은 세계적으로 2만 개를 넘었다. 앵그리버드는 봉제인형, 팬시, 완구는 물론 교육용 서적으로도 제작되었는데 무엇보다 핀란드를 시작으로 영국과 중국에 '앵그리버드 테마파크'를 건설해 가상의 디지털 세계를 현실 공간으로 끌고 나왔다는 평가를 받았다. 2012년 말 중국 하얼빈에서 열린 얼음축제 기간에 선보인 중국판 앵그리버드 테마파크에는 거대한 얼음으로 만든 다양한 게임 캐릭터를 선보여 많은 주목을 받았다.

애니메이션 분야에도 적극 진출해 로비오는 협력사인 헬싱키의 애니메이션 제작사 '콤보'를 인수한 이후 크고 작은 단편 애니메이션을 제작해 유튜브 등 소셜 네트워크 서비스(SNS)에 올렸다. 2016년 여름 상영을 목표로 앵그리버드를 극장판 애니메이션으로 제작하겠다는 계획도 밝혔다. 미키마우스나 핑크팬더와 같은 '영원히 죽지 않는' 만화 시리즈를 개발하는 것이 목표다. 앵그리버드를 최소한 50년 동안 사람들에게 사랑받을 수 있는 만화캐릭터로 만드는 것이다. 로비오에서는 앵그리버드를 이용하는 사람들을 '고객'이나 '게임 유저'가 아닌 '팬'이라고 표현하는 맥락이다. 국제게임개발업자협회(IGDA)에 따르면 앵그리버드로 핀란드 게임업계 매출은 지난해 총 1억 6,500만 유로로 전년보다 57% 증가했고, 무엇보다 핀란드 게임산업을 견인하기 시작했다. 놀라울 정도로 많은 투자자들이 핀란드 모바일 게임산업으로 모여들고 있고 모바일 게임산업 생태계가 형성되기 시작하고 있으며 자생 가능성도 커졌다는 것이다. 핀란드 정부 차원에서도 앵그리버드의 선전에 힘입어 게임산업 육성을 위해 방안을 마련했고, 핀란드 정부는

〈그림 36〉 핀란드의 상징이 된 앵그리버드

비상장기업 투자에 세제 혜택을 줄 것을 고려했다.

2011년 KT경제경영연구소는 〈노키아의 위기가 핀란드에 미치는 영향 및 시사점〉이라는 보고서에서 지난 1990년대 초부터 꾸준히 시행된 핀란드의 IT 클러스터 전략의 결과로 나타난 것이라고 전하면서 한국의 경우 과거 'IT839' '정보통신 기술개발 5개년 계획' 등 SW산업 육성책이 많았지만 연속성을 가지고 추진된 정책은 없다고 했다. 또한 KT경제경영연구소는 핀란드가 ACE로 창업, 지식재산권, 기술, 투자 등이 연결되는 SW산업 생태계 육성 시스템을 마련하고 국가 경제의 축을 자연스럽게 SW로 이행시킨 것처럼 한국도 국가 차원의 청사진이 필요하다고 주장했다. 이는 창조산업정책을 견인할 때도 중요하게 고려되어야 할 점이다.

15) 각본 없는 드라마노믹스: 스포츠 창조경제

2010년, 미 메릴랜드의 밀라노비치 교수는 "축구 경기가 최첨단 자본주의 산업으로 세계화를 선도하고 있다."는 분석을 내놓은 바 있다. 이는 많은 경제적 수익을 통해 자본주의를 선도하고 있다는 말이 된다. 〈뉴욕타임스〉기 2010년에 발표한 유럽 5대 빅리그의 수입을 보면 이를 확인할 수 있다. 가장 인기가 높은 잉글랜드 프리미어 리그의 2008~2009 시즌 총 수입은 27억 3,000만 달러(약 3조 2,400억 원)였다. 이어 독일 분데스리가가 19억 1,000만 달러(약 2조 2,670억 원)의 수입으로 2위였다. 스페인 '라 리가'와 이탈리아 세리에A는 17억 9,000만 달러(약 2조 1,247억 원)로 공동 3위, 프랑스 '리그 1'이 11억 9,000만 달러(약 1조 4,125억 원)로 5위를 기록했다. 5대 리그의 총수입은 94억 달러(약 11조 1,500억 원)다. 유럽 5개국이 오로지 축구만으로 100억 달러에 가까운 수입을 올렸다. 〈ESPN 매거진〉에 따르면 바르셀로나와 레알마드리드는 전 세계 스포츠팀을 통틀어 평균연봉 1위다. 바르셀로나의 2011년 선수 평균연봉은 791만 달러(약 88억 원), 레알마드리드는 735만 달러(약 82억 원)였다. 다국적 회계법인 딜로이트가 집계한 레알마드리드와 바르셀로나의 시즌 총수입은 각각 4억 3,900만유로(약 6,400억 원)와 3억 9,800만 유로(약 5,800억 원)인데 이는 웬만한 기업 1년 매출액과 맞먹고 3위인 아틀레티코마드리드(1억 유로·1,470억 원)보다 4배 많았다. 이는 비단 축구에만 해당하는 것은 아닐 것이다.

스포츠와 돈은 떼려야 뗄 수 없는 관계다. 실력을 향상시키기 위한 부단한 투자와 연구, 지원의 삼박자가 맞아야 하며 그것을 통해 다시 좋은 경기로 수익을 만들어낸다. 경제학도를 키워내고 있는 경제학자들의 시선이 스포츠 쪽으로 돌아간 지는 이미 오래라 경제학자들 사이에서 스포츠에 대한 관심은 부수적인 수준을 넘어섰는데 마케팅 회사인 MKTG에 따르면 미국에서 대략 100~120명에 이르는 대학 교수들이 스포츠 경제학 코스를 가르치고 있다고 한다.《스포츠 경제학》의 공동저자이자 모랍비안 대학의 교수인 피터 본 알멘은 "스포츠 경제학 코스가 개설되자마자 인원이 다 찰 정도로 학생들에게 절대적인 인기를 끌고 있다."고 했는데 이는 비단 미국에만 해당하는 것은 아니다. 올림픽과 월드컵 개최 도시들은 도시 마케팅을 함께 진행해 새로운 부가가치를 창출했다. 일본 나가노는 1998년 겨울올림픽을 연 뒤 세계적인 레포츠 명소로 거듭났다. 인구가 2만 5,000명에 불과한 노르웨이 릴레함메르는 1994년 겨울 올림픽 이후 연간 20만 명의 관광객이 방문하고 있다.

심지어 야구공이 작다고 무시하면 안 된다. 보통 야구공이야 900원 부터 5,000원 정도면 살 수 있지만 사인볼일 경우에는 그 가치가 다르다. 야구 역사상 가장 비싼 가격에 팔린 공은 1998년 마크맥과이어가 기록한 70호 홈런공이다. 70호 홈런공의 가격은 언론마다 270만 달러, 300만 달러, 320만 달러 등으로 보도됐는데 270만 달러라고 쳐도 30억에 가까운 금액이다. 한편 국내 이승엽 선수가 최연소 300호 홈런을 기록한 공이 1억 2,000만 원, 아시아 타이기록인 55호 홈런공이 1억 2,500만 원에 팔리기도 했다.

FIFA가 공개한 2008년 수입·지출 내역을 보면 한해에 총 9억 5,700만 달러(약 1조 1,000억 원)를 벌었다. 내역을 보면 TV 중계권료로 5억 6,000만 달러(약 6조 4,000억 원), 공식 후원 기업들에 마케팅 권리(marketing rights)를 주는 대가로 2억 5,300만 달러(약 2,870억 원), VIP 고객 전용 좌석 등의 판매로 얻은 4,000만 달러(약 454억 원), 라이선스 비용 1,500만 달러(약 170억 원) 등이었다. FIFA는 2009년에 1억 8,400만 달러(약 2,089억 원)의 순수익을 올렸다. 한국 정부가 펴낸 〈2002년 경제백서〉에 따르면 2002년 한·일 월드컵이 창출한 부가가치는 4조 원에 달했다. 간접효과까지 합하면 26조 4,600억 원에 이른다. 기업 이미지 제고 효과가 14조 7,600억 원으로 가장 컸고, 국가브랜드 홍보 효과도 7조 7,000억 원에 달했다. 2006년 독일 월드컵에서도 개최국 독일이 100억 유로(약 17조 8,590억 원)의 유·무형 부가가치와 4만여 명의 고용유발 효과를 올린 것으로 추산됐다.

2012년 8월 9일 비자카드에 따르면 올림픽 기간 동안 영국을 방문한 해외관광객들이 비자카드를 통해 결제한 금액은 14억 달러(1조 5,806억 원)를 돌파했다. 올림픽 개막 이후 매주 7억 달러씩 지출된 것으로 집계됐다. 특히 상위 10개국에서 지출된 금액이 전체 해외관광객 지출의 57%를 차지하는 것으로 나타났다. 해외관광객이 영국에서 가장 많이 지출한 품목은 신발 및 장신구 수선 등을 포함한 '서비스'(1억 3,910만 달러) 분야였다. 이어 극장표 및 기타 관광 관련 '엔터테인먼트'(1억 660만 달러)와 '항공'(8,340만 달러), '의복'(6,790만 달러) 등이 뒤를 이었다. 자전거 가게 및 서점, 골동품 상점, 약국 등을 포함하는 '기타 소매 거래'에서는 6,630만 달러의 지출이 이뤄졌다. 케빈 버크 비자카드 최고마케팅 책임자는 "올림픽은 스포츠와 혁신의 장이자 관광에도 큰 영향을 미친다"라고 말했다. 사람들은 경기만 보는 것이 아니라 다른 문화상품 내지 다양한 기호품을 구매하기 때문이다. 이러한 점은 스포츠경기를 통해 그것이 어떻게 매개 역할을 하는지 가늠할 수 있게 한다. 물론 경기는 창조적이고 항상 다른 이전의 것에서 볼 수 없는 차별화되는 것이 많을수록 사람들을 불러 모으고 그들에게 지불의 기분을 부여할 것이다.

미국 시인 앨런 진즈버그(1926~1997)는 "누구건 이미지 즉 매체를 지배하는 자가 문화를 지배한다(Whoever controls the media the images controls the culture)."라고 말했다. 그만큼 미디어가 중요하다는 것을 함의한다. 미디어는 스포츠와 떼어놓을 수 없는 관계에 있고, 이를 통해 많은 경제적 현상을 만들어내는 것도 사실이다. 대표적인 것이 중계와 광고에 관련한 경제현상이다.

메이저리그 TV 중계권료는 상상을 초월하는데 2012년 메이저리그 사무국은 미국 스포츠전문채널 ESPN과 FOX, TBS와의 계약을 통해 연간 7억 2,500만 달러의 중계권료 수입을 올렸다. 경기당 중계권료가 566만 달러(방송사당 188만 달러)였다. 하지만 2012년 8월 메이저리그 사무국은 ESPN에 2014년부터 8년간 메이저리그 중계권을 내주는 조건으로 56억 달러(약 6조 4,000억 원)를 받기로 했다. 연평균 7억 달러인데, 종전 ESPN이 지급하던 연평균 3억 600만 달러의 두 배가 넘는 금액이었다. 메이저리그 사무국은 FOX, TBS와도 비슷한 계약을 맺어 2012년의 두 배가 넘는 연간 15억 달러의 중계권료를 벌어들일 계획이다. 이것도 약한 것이었다. 메이저리그 사무국이 받는 중계권료는 전국방송에 해당할 뿐이다. 각 구단이 지역 케이블채널로부터 받는 중계권료는 포함되지 않는다. 2012년 미국 스포츠주간지 〈스포츠 일러스트레이티드〉(Sports Illustrated)는 메이저리그 30개 구단이 지역 케이블채널로부터 받는 중계권료 총액이 9억 300만 달러라고 전했다. 메이저리그 사무국이 거두는 전국방송 중계권료와 각 구단이 따로 챙기는 지역 케이블채널 중계권료를 더하면 해마다 24억 달러다. 메이저리그 선수들의 몸값도 천문학적이다. 2012년 8월 메이저리그 선수노조(MLBPA)는 30개 구단에 소속된 944명의 연봉을 조사한 결과 메이저리거들의 평균 연봉은 320만 달러(약 34억 7,000만 원)로, 메이저리거 한 명의 평균 연봉은 넥센 선수단 연봉 총액(40억 원)과 비교해 불과 5억 3,000만 원이 모자를 뿐이었다. 최고 부자팀은 뉴욕 양키스였다. 선수단 평균 연봉이 688만 달러(약 74억 원)였다. 메이저리그 30개 구단의 연봉 총합은 무려 29억 4,000만 달러(약 3조 1,957억 원)였다. 야구뿐만 아니라 올림픽과 월드컵 등 메이저대회의 중계권료는 기하급수적으로 증가해왔다. 일본은 1964년 도쿄 올림픽 때 국제올림픽위원회(IOC)에 중계권료로 50만 달러를 냈다. 하지만 1988년 서울 대회 때는 5000만 달러, 2008년 베이징 대회는 1억 8,000만 달러를 내야 했다. 44년 만에 중계권료가 360배나 오른 셈이었다. 미국 NBC는 20억 달러(약 2조 1,600억 원)에 2010년 밴쿠버 겨울올림픽, 2012년 런던 여름올림픽 패키지 중계권을 따냈다. 거액을 투자한 것 이상의 이익이 나오기 때문이다. NBC는 2008년 베이징 올림픽에서 광고수익으로

10억 달러를 벌어들였다. 시청률이 50%를 넘으면서 광고 효과를 극대화한 덕분이다.

F1이 월드컵 올림픽과 더불어 세계 3대 스포츠 이벤트로 꼽히는 것은 잘 알려진 사실이다. 수익은 다른 대회보다도 훨씬 알차다. 국제 컨설팅사인 딜로이트 스포츠비즈니스그룹은 "시즌 입장권 수입과 스폰서십, 방송 중계권이 포함된 F1 총매출을 경기 수로 나눈 경기당 평균 수입은 2억 1,700만 달러로 평균 2,400만 달러에 그친 미국 프로풋볼(NFL)이나 영국 프리미어리그(800만 달러)보다 월등히 높다."고 평가했다. 연간 400만 명이 직접 관람하고 184개국에서 6억 명이 TV를 시청하기 때문에 방송중계와 광고수익 역시 크다.

기업들이 대형 스포츠 행사에 공을 들이는 이유는 투자 대비 효과가 크다는 점에서다. 1초당 광고비가 10만 달러에 육박함에도 슈퍼볼을 중계한 CBS는 경기 전 광고를 포함해 150개 스폿 광고를 모두 팔아치웠다. 슈퍼볼이 열린 마이애미 시당국은 슈퍼볼의 경제적 효과를 최소 4억 달러로 분석했다. 2013년 글로벌 리서치펌 칸타미디어(Kantar

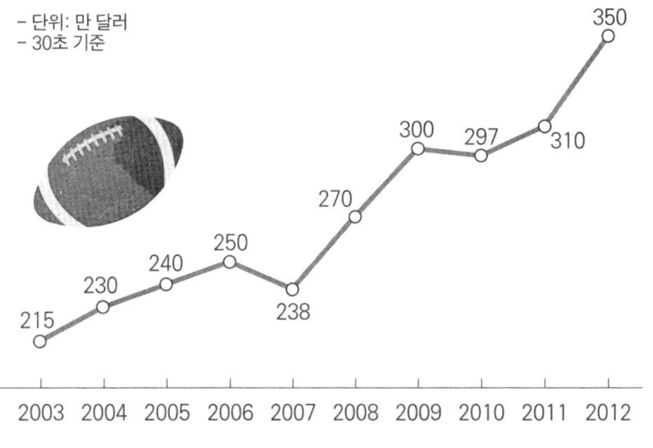

〈그림 37〉 스포츠(슈퍼볼) 광고 단가의 상승
자료: 칸타미디어.

Media)에 따르면 2012년 미국 방송국이 슈퍼볼 한 게임을 통해 벌어들인 광고 수익은 2억 6,250만 달러(약 2,858억 원)였다. 미국 방송국이 2012년 미국대학농구(NCAA) 결승전 3게임, 미국 메이저리그 월드시리즈 4게임에서 각각 1억 8,380만 달러, 1억 5,300만 달러의 TV 광고 수익을 올렸다. 2013년 슈퍼볼 TV 중계권을 따낸 CBS는 올해 슈퍼볼 광고비가 30초 한 편당 평균 380만 달러(41억 4,000만 원)에 달한다고 했다. 브랜드 가치가 높은 제품일수록 슈퍼볼 광고를 하는 편이 더 효과적이다.

슈퍼볼 광고에 등장한 브랜드들은 광고 방영 이후 일주일간 매출이 전주 대비 12% 상승하는 것으로 나타났다. 슈퍼볼 광고가 방영된 지 한 달 후 대형 브랜드의 매출은 광고 이전 대비 9% 올랐다. 반면 소형 브랜드 매출은 3% 상승하는 데 그쳤다. 브랜드파워가 탄탄한 앤호이저부시(버드와이저), 펩시코(도리토스), 제너럴모터스, 코카콜라, 월트디즈니 등 슈퍼볼 광고 단골 손님 5곳이 2003년부터 지난해까지 10년간 슈퍼볼 광고에 총 6억 8,360만 달러를 투입한 이유다. 반면 슈퍼볼 광고를 처음으로 시도한 기업들의 비율은 2008~2012년 전체 슈퍼볼 광고주의 18~30% 수준에 그쳤다. 더구나 슈퍼볼은 채널을 잘 돌리지도 않는다. 칸타미디어에 따르면 미국 TV 시청자 1,000명당 평균 30~40명이 광고 중 채널을 돌리는데 슈퍼볼 시청자들은 1,000명당 오직 7명만이 광고 중 채널을 돌린다. 더 광고 효과가 높을 수밖에 없다. 현대차는 슈퍼볼 광고를 한 뒤 홈페이지 방문객이 970% 증가하고 제네시스 미니홈피 방문객도 1,241% 늘었다고 밝혔다. 심지어 슈퍼볼 광고를 본 직후인 경기 시간에도 방문객이 급증하는 현상이 나타났다. 슈퍼볼을 보면서 노트북으로 정보를 검색하는 사람들이 그만큼 많다는 것이다.

참고로 슈퍼볼 입장료는 좌석에 따라 600달러(67만 원)~1,900달러(213만 원)다. 프리미엄석은 9,000달러이며 25명이 음식을 먹으면서 관람할 수 있는 럭셔리 스위트석은 20만 달러를 내야 한다. 경기장 주변 주차장에서 음식과 술을 즐기면서 놀기 위한 주차 비용으로 1,500달러가 부과된다. 경기장 밖에서 대형 스크린으로 보는 가격도 200달러나 된다.

슈퍼볼은 개최 도시에 엄청난 특수를 안겨준다. 가장 큰 수익은 '슈퍼볼 파티'와 '기업 초청 환영 행사'다. 올해도 슈퍼볼 직전 마이애미 시내와 인근 포터 로더데일 등지에서 크고 작은 '환영'(Hospitality) 이벤트가 진행된다. 2010년 〈스포츠비즈니스저널〉에 따르면 마이애미 사우스 비치에 있는 '빅터 호텔'에서 주최하는 파티의 비용은 1인당 5,000달러에서 1만 7,500달러가 소요되었다. 스포츠 잡지 'ESPN'은 2009년 광고 수익이 27% 늘어난 보답으로 스폰서들을 초청, 사우스 비치 인근 '폰테인블루 호텔'에서 대대적인 파티를 연다. 비용은 1인당 2,700달러에서 최고 9,800달러에 달했다.

삼성은 유니폼 스폰서 등 첼시 구단 후원비용으로 1년에 1,380만 파운드(약 246억 원)를 쓰지만 홍보 효과는 이를 가볍게 뛰어넘었다. 후원 계약 시점인 2005년을 기준으로 영국 내 매출은 세 배 뛰었고 유럽 전체 매출도 두 배 이상 올랐다. 스포츠통계 전문 웹사이트인 스포팅인텔리전스에 따르면, 2012년 시즌 EPL 전체 20팀의 유니폼 스폰서 비용은 1억 4,710만 파운드(약 2,600억 원)에 이른다. 직전 시즌(1억 1,750만 파운드)보다 25%나 늘어난 것이다. 포브스가 선정한 세계 최고 가치(약 22억 달러)의 스포츠 구단인 맨유는 스폰서가 줄을 선다. 2014~2015 시즌부터 7년간 맨유 유니폼 상의에는 쉐보레 브랜드가 박히는데 총 계약 규모(추정치)는 6억 달러(약 6,800억 원), 1년에 970억 원이었다.

다만 생각해볼 점은 여전히 있다. 톰프슨 교수는 스포츠산업이 각국의 국내총생산(GDP) 증대 등 경제성장에 기여한 점은 긍정적으로 평가했으나 무료나 저렴한 가격으로 즐기던 스포츠가 미디어의 과도한 중계권 경쟁 등으로 그 부담이 서민에게 전가되는 문제가 생겼다고 비판했다.

1. 미디어 다원주의는 프랑스, 독일과 마찬가지로 문화산업 정책에 있어서도 미디어 다원주의 원칙은 중요한 위상을 차지한다. 특히, 여론 형성 및 정보제공 등 사회적인 파급력이 큰 TV방송의 경우, 다양한 정책 메커니즘을 통해 미디어 다원주의를 추구한다. 공영방송인 BBC가 다양한 주제와 문화적 취향을 반영하는 교양 프로그램을 제공하고, 영화제작에 대한 지원과 예술영화와 다큐멘터리 등 소위 어려운 영화의 배급에 대한 지원 등이 있다.

2. 문화예술에 대한 대중의 접근권 제고는 영국 문화정책 전반에 걸쳐 가정 중요한 정책목표 중의 하나로 문화산업과 관련해서는 공공방송의 제공, 독립영화관에 대한 지원, 도서관의 확충 등을 통해 이 정책목표가 추진된다.

3. 과거 문화정책 목표로서 예술 교육이 기존 예술에 대한 체험과 지식 습득을 목표로 한 것에 반해 앞으로의 문화예술 교육정책은 문화와 사회, 문화와 경제, 문화와 창조성과의 연관관계에 큰 의미를 부여하고 있다.

4. 콜레트 헨리, 《창조산업과 기업가 정신》, 2010, p. 259.

5. 문화체육관광부, 〈콘텐츠의 문화적 향유 확대 방안 연구〉, 2011, pp. 158-159.

6. 문화체육관광부, 〈스마트환경하에서의 콘텐츠산업의 차별적 접근 전략〉, 2011.

7. 한국방송영상산업진흥원, 통권289호 〈방송/콘텐츠 동향과 분석〉, 2009, pp. 8-15.

8. [SPECIAL REPORT II] "'페이비언의 후예들' … 새 시대의 대안을 찾다", 〈한경비즈니스〉, 2011년 10월 5일자.

9. "이스라엘 공대생 80~90% 창업 도전 … 교수도 절반이 투잡", 〈중앙일보〉, 2012년 2월 8일자.

10. [미래금융포럼] "'창업국가' 이스라엘 만든 요즈마 펀드", 〈조선일보〉, 2012년 3월 29일자.

11. [경제기사야 놀~자] "창조경제 정책에서 왜 요즈마 펀드가 주목받나요?", 〈조선일보〉, 2013년 4월 12일자 B10면.

12. "교육 · 문화 · 정책 아우른 '창업시스템'이 혁신 이끈다", 〈디지털타임스〉, 2013년 3월 3일자.

13. 김민기 외, "강소국의 과학기술정책 및 행정체계 비교분석: 핀란드, 싱가포르, 이스라엘을 중심으로", <Issue Paper 2012-06>, 한국과학기술평가원, pp. 29-40.

14. "핀란드 정부 '제2 노키아' 키우기 나서", 〈서울경제〉, 2010년 12월 6일자.

15. [신문로] "세계 5위의 대기업 보유국을 걱정하는 이유", 〈내일신문〉, 2012년 6월 5일자 22면 5단.

16. "가젤을 키워라 … 美 30년간 신생기업 일자리 = 순고용 증가치", 〈매일경제〉, 2012년 6월 15일자 A4면.

17. [취재수첩] "노키아 늪'에서 벗어나는 핀란드", 〈한국경제〉, 2012년 6월 11일자 38면 2단.

18. "삼성이 삐끗하면 한국은 휘청휘청 … 노키아가 넘어져도 핀란드는 질주", 〈조선일보〉, 2013년 2월 20일자 B7면 2단.

19. [횡설수설/김순덕] "노키아 몰락은 핀란드의 축복", 〈동아일보〉, 2013년 2월 8일자 A27면 3단.

20. "핀란드 청년들의 창업정신", 〈중앙일보〉, 2013년 1월 15일자 27면.

21. [사설] "핀란드 앵그리버드에서 '창조경제' 배워라", 〈매일경제〉, 2013년 3월 20일자 A39면 3단.

22. [열린 세상] "미래창조과학부가 성공하려면", 김광선 한국기술교육대 메카트로닉스공학부 교수, 〈서울신문〉, 2013년 3월 16일자, 26면.

23. "삼성이 삐끗하면 한국은 휘청휘청 … 노키아가 넘어져도 핀란드는 질주", 〈조선일보〉, 2013년 2월 20일자 B7면 2단.

24. [횡설수설/김순덕] "노키아 몰락은 핀란드의 축복", 〈동아일보〉, 2013년 2월 8일자 A27면 3단.

25. "가젤을 키워라 … 美 30년간 신생기업 일자리 = 순고용 증가치", 〈매일경제〉, 2012년 6월 15일자 A4면.

26. "핀란드, 노키아 몰락하자 휘청 … 스타트업이 일으켜", 〈매일경제〉, 2013년 3월 11일자 A8면 3단.

27. [산학연 협력현장을 가다] (상) "핀란드 공공벤처기업 '보네카'", 〈서울신문〉, 2011년 11월 21일자 6면.

28. [동반성장 현장을 가다] "기업이 실패를 극복할 수 있게 돕는 역할", 〈서울신문〉 2011년 12월 12일자.

29. "핀란드 '오타니에미 사이언스파크'", 〈매일경제〉, 2012년 6월 1일자 A21면 2단.

30. "'노키아' 추락하자, 핀란드 '이것' 천국", 〈세계일보〉, 2012년 10월 9일자 10면.

31. [횡설수설/김순덕] "노키아 몰락은 핀란드의 축복", 〈동아일보〉, 2013년 2월 8일자 A27면 3단.

32. "유럽이 경제 위기 속에서도 '창조경제'를 위한 R&D 투자를 지속하는 법은? '선택과 집중'", 〈전자신문〉, 2013년 3월 31일자 5면 4단.

33. [세계 석학에 듣는다] "독일의 교훈", 대니얼 그로스 유럽정책연구소 소장, 〈파이낸셜뉴스〉, 2013년 4월 2일자 31면 3단; [유럽의 보루 독일 르포] "'독일은 투자 안전지대' 글로벌 뭉칫돈 몰려들어", 〈매일경제〉, 2013년 3월 17일자 A4면.

34. "제조업 기반 경제구조의 중요성", 〈공감코리아〉, 2013년 3월 29일자.

35. [독일을 넘어 미래한국으로] "하르트무트 코쉬 재무차관 '일관성이 獨경제 성공 낳았다'", 〈국민일보〉, 2012년 12월 10일자 24면.

36. [독일을 넘어 미래한국으로] (3부) "바이어가 찾아오는 나라 … 세조업 대국 독일", 2013년 3월 3일자 1면.

37. [중견기업이 희망이다] "해외 사례: 중견기업 강한 독일 · 일본 · 미국은… R&D 지…", 〈매경 이코노미〉, 2013년 1월 14일자.

38. [중견기업이 희망이다] "해외 사례: 중견기업 강한 독일 · 일본 · 미국은… R&D 지…", 〈매경 이코노미〉, 2013년 1월 14일자.

39. [독일을 넘어 미래한국으로] (2부) "中企 '히든 챔피언' 1,350개… 한국의 60배 넘어", 〈국민일보〉, 2012년 12월 30일자 2면 4단.

40. [독일을 넘어 미래한국으로] (2부) "크리스토프 폴만 '공교육 수준 탁월… '학원' 우리에겐 없는 개념'", 〈국민일보〉, 2013년 2월 3일자 2면.

41. "제조업 기반 경제구조의 중요성", 〈공감코리아〉, 2013년 3월 29일자.

42. [독일을 넘어 미래한국으로] (1부) "왜 독일인가", 〈국민일보〉, 2012년 12월 10일자 3면.

43. "獨 '기업 氣 살리기' 정책으로 지원하고 법으로 보호", 〈국민일보〉, 2013년 1월 20일자 1면.

44. [새 정부의 과제] "연방·주정부 지원이 '히든챔피언 강국' 원동력", 2013년 1월 20일자 2면.

45. "새누리 의원 30명, '253살' 獨 연필업체에 감탄… 왜?", 〈머니투데이〉, 2013년 4월 11일자 8면 3단.

46. [인터뷰] 김평희 코트라 글로벌연수원장, "독특한 교육, 기업 간 신뢰, 정부의 철저한 감시 체계… 삼박자가 독일 성장의 비결", 〈한국일보〉, 2013년 2월 19일자 7면 2단.

47. "글로벌 위기 속 승승장구 독일 경제, 비결은 '중견기업'", 〈오마이뉴스〉, 2013년 4월 12일자.

48. "獨 히든챔피언, 주축은 '가족기업'", 〈국민일보〉, 2013년 3월 10일자 1면 4단.

49. "中企 '히든 챔피언' 1,350개… 한국의 60배 넘어", 〈국민일보〉, 2012년 12월 30일자 2면 4단.

50. "가족기업 상속세 대폭 완화… 고용 7년 유지하면 완전 면제", 〈국민일보〉, 2013년 1월 20일자 3면 2단.

51. [도이치은행 유럽경제정책 리서치 총괄 책임자 강연] "금감원, '독일 中企 성공과 효과적 금융 지원' 세미나", 〈이데일리〉, 2013년 3월 12일자.

52. "자기혁신 + 국가지원 + 국민존중 맞물린 '톱니바퀴 경제'", 〈국민일보〉, 2012년 12월 30일자 2면.

53. "독일의 가업승계는 富 세습 아닌 기술·고용 대물림", 〈국민일보〉, 2013년 3월 10일자 7면 6단.

54. "50년 이상 한 분야 파고드는 정신이 비결", 독일 中企연구센터 소장, 〈국민일보〉, 2013년 4월 12일자 14면 4단.

55. "글로벌 위기 속 승승장구 독일경제, 비결은 '중견기업'", 〈오마이뉴스〉, 2013년 4월 12일자.

56. [사설] "독일 기업에서 배워야 할 교훈", 〈전자신문〉, 2013년 4월 1일자 30면 2단.

57. "모방할 수 없는 핵심부품… 각국 기업들 안 쓸 수 없어", 〈국민일보〉, 2013년 3월 3일자 3면 4단.

58. "유럽이 경제 위기 속에서도 '창조경제'를 위한 R&D 투자를 지속하는 법은? '선택과 집중'", 〈전자신문〉, 2013년 3월 31일자 5면 4단.

59. [파독 50주년 기획] "르포: 독일 산업의 중심 '노르트라인 베스트팔렌'을 가다", 〈전자신문〉, 2013년 4월 1일자 22면.

60. [해외석학칼럼] "경제 재건에 성공한 독일의 교훈", 대니얼 그로스 유럽정책연구센터 소장, 2013년 3월 7일자 A39면 3단.

61. [독일을 넘어 미래한국으로] (2부) "세계 최고 교육 받은 독일 엔지니어들이 中企경쟁력 밑바

탕", 〈국민일보〉, 2013년 2월 17일자 8면.

62. <http://www.kofice.or.kr/c30_correspondent/c30_correspondent_02_view.asp?seq=9307> 전재.

63. <http://www.kultur-kreativ-wirtschaft.de/> 참조.

64. 한국문화산업교류재단, 김세환 [독일/베를린]의 글 참조 -문화를 통한 창조경제의 구현, 2013/03/22

65. A Strategy for American Innovation: Securing Our Economic Growth and Prosperity, The White House-National Economic Council, Council of Economic Advisors, Office of S&T Policy. 2011.

66. 차두원 · 유지연(KISTEP), 〈창조경제 개념과 주요국 정책분석〉, 한국과학기술기획평가원, 2013. 3 참조. <http://www.kistep.re.kr/policy/data/issue_view.jsp#/policy/data/issue_view.jsp>.

67. A Strategy for American Innovation: Driving Towards Sustainable Growth and Quality Jobs, Office of S&T Policy, National Economic Council.

68. 차두원 · 유지연(KISTEP), 〈창조경제 개념과 주요국 정책분석〉, 한국과학기술기획평가원, 2013. 3 참조. <http://www.kistep.re.kr/policy/data/issue_view.jsp#/policy/data/issue_view.jsp>.

69. 이영석, "19세기 런던, 20세기 런던, 그리고 21세기의 런던", 〈교수신문〉, 2012년 12월 10일자.

70. "미술관으로 변신한 화력발전소", 〈국정브리핑〉, 2006년 4월 10일.

71. "개관 10주년 맞은 테이트 모던", 〈연합뉴스〉, 2010년 5월 12일자.

72. [인터뷰] 英 테이트미술관 마크 샌즈 부관장, "젊은 관객 오게 해야 미술관 성공", 〈매일경제〉, 2012년 2월 13일자 A31면.

73. [인터뷰] 히슬롭 테이트 모던 지역재생 · 협력 국장, 〈한국일보〉, 2010년 10월 6일 30면 1단.

74. "미술관도 온라인 양방향 소통 필요", 〈경향신문〉, 2012년 2월 13일자 24면 3단.

75. [세계의 소프트시티를 가다] (18) "런던: 랜드마크, 사람 사이의 벽을 허물다", 〈한국일보〉, 2010년 10월 6일자 30면.

76. [만물상] "최악의 건축물 1호", 〈조선일보〉, 2013년 2월 6일자 A30면 2단.

77. [스타트업이 미래다] (2부) "글로벌 현장을 가다", 〈전자신문〉, 2012년 8월 6일자, 6면 6단.

78. 젊은 박사들 줄줄이 한국 땅을 떠난다, 〈시사저널〉, 2012년 5월 17일자.

79. "런던에 IT기업이 몰리는 까닭, '테크 시티'", 〈블로터닷넷〉, 2012년 11월 6일자.

80. "英 테크 시티가 창조경제의 요람", 〈매일경제〉, 2013년 3월 24일자 A37면 3단.

81. [스타트업이 미래다] (2부) "글로벌 창업현장을 가다 〈4〉: 영국, 유럽의 창업 허브", 〈전자신문〉, 2012년 8월 27일자, 7면.

82. [스타트업이 미래다] "영국 정부의 효율적인 스타트업 지원", 〈전자신문〉, 2012년 8월 27일자 7면 3단.

83. "미국 vs 영국, 유망 IT벤처 모시기 경쟁… IPO 기준 완화해 증시 부양", 〈전자신문〉, 2012년 9월 20일자 9면.

84. “테헤란밸리, 스타트업 인큐베이팅 허브로 재탄생”, 〈전자신문〉, 2013년 4월 15일자 3면 4단.

85. “테크 시티, 영국식 실리콘밸리의 가능성을 보다”, 〈서울경제〉, 2012년 11월 11일 39면 2단.

86. “런던에 IT기업이 몰리는 까닭, ‘테크 시티’”, 〈블로터닷넷〉, 2012년 11월 6일자.

87. 위의 글.

88. [창간 30주년 특집 2: 스타트업] “영국 테크 시티 ‘고기 잡는 법을 가르친다’”, 〈전자신문〉 2012년 9월 18일자.

89. “유럽이 경제 위기 속에서도 ‘창조경제’를 위한 R&D 투자를 지속하는 법은? ‘선택과 집중’”, 〈전자신문〉, 2013년 3월 31일자 5면 4단.

90. “런던으로 글로벌 IT 기업이 몰려드는 이유는?”, 〈전자신문〉, 2012년 8월 5일자 4면 2단.

91. “과학벨트, 드레스덴·실리콘밸리와 달라”, 〈아이뉴스24〉 2010년 1월 7일자

92. [과학벨트 입지선정 공정했나?] (1) “獨 드레스덴 성공사례와 포항”, 〈매일신문〉, 2011년 5월 18일자.

93. “‘과학도시’는 미래경제 新성장동력”, 〈아시아경제〉, 2009년 11월 25일자.

94. “통일, 드레스덴 도약에 날개를 달다”, 〈아주경제〉, 2012년 6월 20일자.

95. “세종시 역할 모델은 美·獨의 선진 도시”, 〈뉴시스〉, 2010년 11월 25일자.

96. [도시·사회·시민 이야기] (3) “드레스덴과 세종시는 다르다”, 〈경향신문〉, 2010년 1월 17일자.

97. [기고/김승환] “과학산업도시, 獨드레스덴서 배우자”, 〈동아일보〉, 2009년 5월 13일자.

98. “‘과학도시’는 미래경제 新성장동력”, 〈아시아경제〉, 2009년 11월 25일자.

99. [과학벨트 입지선정 공정했나?] (1) “獨 드레스덴 성공사례와 포항”, 〈매일신문〉, 2011년 5월 18일자.

100. “과학벨트, 드레스덴·실리콘밸리와 달라”, 〈아이뉴스24〉 2010년 1월 7일자.

101. [인터뷰] 드레스덴 힐버트 부시장, 〈연합뉴스〉, 2010년 1월 10일자.

102. [통일이 미래다] (3부) “독일 통일에서 배우자 ①: 폐허 딛고 성장신화 이룬 ‘드레스덴’”, 〈세계일보〉, 2012년 6월 13일자 6면.

103. 신승영 에이텍 사장, “‘거꾸로 경영’의 달인 ‘교통 한류’ 첨병 되다”, 〈한국경제〉, 2012년 7월 20일자 23면.

104. [기고/김승환] “과학산업도시, 獨 드레스덴서 배우자”, 〈동아일보〉, 2009년 5월 13일자.

105. “과학벨트 입지와 우리의 과제”, 〈대전시티저널〉, 2011년 5월 31일자.

106. “세종시 모델도시를 가다, 독일 드레스덴”, 〈연합뉴스〉, 2010년 1월 10일자.

107. [독일을 넘어 미래한국으로] (1부) “한국의 눈으로 독일을 보다”, 김재신 주독일 대사, 〈국민일보〉, 2012년 12월 16일자 7면.

108. [세계의 기업도시를 가다] (4) “佛 소피아 앙티폴리스”, 〈동아일보〉, 2008년 10월 30일자.

109. "유럽 최초 연구단지 소피아 앙티폴리스", 〈대전일보〉, 2005년 11월 14일자.

110. 소피아 앙티폴리스 레저시설, 〈연합뉴스〉, 2010년 11월 17일자.

111. [춘하추동] "소피아 앙티폴리스", 〈제주일보〉, 2005년 10월 29일자.

112. "佛 소피아 앙티폴리스, 휴양도시에 꽃핀 유럽의 실리콘밸리", 〈매일경제〉, 2005년 5월 15일자.

113. "유럽의 IT밸리, '소피아 앙티폴리스'에서 배우다", 〈노컷뉴스〉, 2010년 11월 17일자.

114. [시론] "프랑스 소피아 앙티폴리스의 성공비결", 〈매일신문〉, 2009년 11월 17일자.

115. [과학벨트 입지선정 공정했나] (2) "프랑스 소피아 앙티폴리스와 경북 동해안", 〈매일신문〉 2011년 5월 19일자.

116. "산업폐기물 넘쳐나던 '쓰레기섬'의 대변신", 〈서울신문〉, 2013년 3월 23일자 21면.

117. [기획 | 문화예술의 섬 '나오시마'를 가다] "버려진 섬 전체가 예술품으로", 〈내일신문〉, 2013년 1월 18일자 4면 3단.

118. [미술이 도시를 살린다] ① "'섬 전체가 미술관' 일본 나오시마", 〈매일신문〉, 2010년 10월 22일자.

119. [이색여행] "예술의 섬 일본 나오시마", 〈매일경제〉, 2013년 3월 25일자.

120. "세상에서 가장 큰 호박이 있는 '나오시마섬' (上)", 〈조선일보〉, 2013년 4월 16일자.

121. [O2/Life] "현대 미술의 새 명소 日 오지의 섬 나오시마를 가다 (상)", 〈동아일보〉, 2012년 5월 26일자.

122. 권영걸, 《공간디자인의 언어》, 날마다, 2011, p. 227.

123. "日 나오시마 섬가꾸기가 주는 교훈은", 〈뉴시스〉, 2011년 4월 25일자.

124. 후쿠타케 소이치로, 안도 타다오, 《예술의 섬 나오시마 아트 프로젝트 예술의 재탄생》, 박누리 옮김, 정준모 감수, 마로니에북스, 2013, pp. 92-93.

125. 위의 책, p. 14.

126. [서울광장] 함혜리, "창조경제가 궁금하면 나오시마(直島)를 보라", 〈서울신문〉, 2013년 4월 13일자.

127. [세계의 소프트시티를 가다] (20) "나오시마 -현대미술 천국이 된 섬마을", 〈한국일보〉, 2010년 10월 20일자

128. 후쿠타케 소이치로, 안도 타다오, 앞의 책, pp. 19-20.

129. [중앙시평] 정재승 KAIST 교수, 바이오 및 뇌공학과, "혁신의 공간", 2013년 2월 1일자 31면.

130. 에드워드 글레이저, "소기업창업 · 인재가 도시경쟁력", 〈매일경제〉, 2013년 3월 20일자 A5면 3단.

131. [취재수첩] "실리콘밸리에 있고, 한국엔 없는 것", 〈한국경제〉, 2013년 2월 7일자 34면 2단.

132. 고산 타이드인스티튜트 대표, "실리콘밸리의 숨겨진 역사", 〈이코노미조선〉, 2013년 1월 9일자.

133. "美 샌프란시스코 IT 부흥… 전 분야 일자리 창출", 〈아시아경제〉, 2012년 11월 28일자.

134. "美 대학기금 1위 스탠포드대… 실리콘밸리의 힘?", 〈뉴스1〉, 2013년 2월 20일자.

135. 노승헌, 《소셜 네트워크로 세상을 바꾼 사람들》, 길벗, 2012 참조.

136. "아이디어 있어도 엔지니어 인맥 없으면 실리콘밸리서 '필패'", 〈매일경제〉, 2012월 12월 11일자 A3면.

137. [글로벌 스타트업 진흥단지] "미국에 부는 창업 열기", 〈전자신문〉, 2012년 9월 17일자.

138. 스콧 케이스 스타트업아메리카 CEO, "70년 동안 쌓아온 창업교육이 실리콘밸리 성공 만들었다", 〈한국경제〉, 2013년 1월 29일자 6면 7단.

139. [기고] "실리콘밸리를 키운 건 '실패에 관대한 문화'", 〈세계일보〉, 2012년 12월 27일자 22면 4단.

140. [로터리] "창조경제와 창업 코리아 전략", 〈서울경제〉, 2013년 4월 9일자 38면.

141. [오피니언] "벤처정신 키우기 위해 필요한 것들", 〈매일경제〉, 2013년 3월 7일자.

142. [글로벌 시대] 김문주 재미 특허전문가, 팔로알토 인스티튜트 원장, "실리콘밸리식 벤처투자 방식을 배운다", 〈서울신문〉, 2013년 3월 25일자 30면 4단.

143. 노승헌, 앞의 책 참조.

144. "애플, 구글, 페이스북 만든 실리콘밸리의 비결은", 〈머니투데이〉, 2011년 11월 29일자 5면.

145. 고산 타이드인스티튜트 대표, "실리콘밸리의 숨겨진 역사", 〈이코노미조선〉, 2013년 1월 9일자.

146. "실리콘밸리 '일찍 망하는' 스타트업의 비밀", 〈전자신문〉, 2012년 2월 24일자 3면 4단.

147. "실리콘밸리 투자자 유치도 아는 만큼만 보인다", 〈헤럴드생생뉴스〉, 2012년 7월 9일자.

148. "창조와 파괴의 두 얼굴 인류", 〈세계일보〉, 2013년 2월 1일자 17면.

149. 에드워드 글레이저 하버드大 교수, "한국 지속성장, 서울 글로벌化에 달려", 〈서울경제〉, 2011년 6월 27일자.

150. [Mega City] "도시경제학자 글레이저 하버드대 교수의 제언… 도시 원동력은 창업과 똑똑한 인재", 〈매일경제〉 2013년 4월 8일자.

151. "세계 문화를 만들고 파는 공장 뉴욕", 〈연합뉴스〉, 2009년 7월 13일자.

152. 엘리자베스 커리드, 《세계의 크리에이티브 공장 뉴욕: 뒷골목 아티스트들이 이끄는 뉴욕의 예술경제학》(The Warhol Economy: How Fashion, Art, and Music Drive New York City), 최지아 옮김, 쌤앤파커스, 원제 : 2009년 2. 앤디 위홀에서 마크 제이콥스까지, 뉴욕의 컬처 히스토리_ How it all Began, 5장. 뉴욕은 어떻게 크리에이티브의 공장이 되었나?_ Becoming Creative, 참조.

153. 이주헌, 《현대 미술의 심장 뉴욕 미술》, 학고재, 2008년 참조.

154. KBS 2TV 〈KBS 스페셜〉, 2011년 7월 17일 오후 8시 방송.

155. "예술인 씨 뿌리고 부자들 물 주고", 〈주간동아〉, 2007년 6월 27일자.

156. "빈곤과 범죄공간이던 뉴욕 어떻게 세계적 도시 됐나?", 〈뉴스엔〉, 2011년 7월 17일자.

157. "벤처 열기 후끈… 뉴욕은 '동부의 실리콘밸리'", 〈한국경제〉, 2011년 10월 28일자 9면.

158. "美 '벤처 허브'로 뜨는 뉴욕, 2012년 127개社 창업… 실리콘밸리 수준 육박", 〈한국경제〉, 2013년 3월 17일자 12면 2단.

159. "실리콘밸리 떠나는 美 벤처, 뉴욕에 새 둥지", 〈한국경제〉, 2012년 5월 28일자 10면 3단.

160. "뉴욕, 실리콘밸리 위협하는 '기술도시'", 〈ZDNet Korea〉, 2013년 3월 18일자.

161. "벤처 열기 후끈… 뉴욕은 '동부의 실리콘밸리'", 〈한국경제〉, 2011년 10월 28일자 9면.

162. "서울에 창조적 인재들이 몰려드는 도시특별구역 만들어라", 〈매일경제〉, 2013년 3월 20일자 A4면.

163. "거부할 수 없는 뉴욕의 매력", 〈주간동아〉, 2008년 7월 23일자.

164. 조성관,《뉴욕이 사랑한 천재들: 앤디 워홀에서 빌리 조엘까지》, 열대림, 2012년 참조.

165. 시애틀 추장의 연설 Chief Seattle letter-1854 Suquamish Chief Seattle, 《녹색평론》 창간호, 1991년 11월.

166. "미국인이 가장 사랑하는 도시는? '시애틀'", 〈매일경제〉, 2012년 4월 24일자.

167. "시애틀 그곳엔 '삶의 희망'이 펄떡인다", 〈헤럴드경제〉, 2005년 6월 30일자.

168. [매경의 창] "시애틀에서 경험한 창조경제", 〈매일경제〉, 2013년 4월 4일자 A39면.

169. "역사가 한눈에 '시애틀 산업박물관'(MOHAI) 개관", 〈아크로팬〉, 2012년 12월 22일자.

170. "MS캠퍼스 위치… SW업체들의 천국 '시애틀'", 〈디지털타임즈〉, 2008년 9월 2일자.

171. "시애틀, 제2의 실리콘밸리 되나… 'STEM' 직업군 크게 증가", 〈전자신문〉, 2012년 5월 21일자, 5면 2단.

172. [실리콘밸리 익스프레스] "커피전문점으로 간 MS", 〈한국일보〉, 2001년 1월 14일자.

173. 〈한겨레21〉, 2009년 1월 2일자.

174. 하워드 슐츠 조앤 고든,《온워드(ONWARD): 스타벅스 CEO 하워드 슐츠의 혁신과 도전》, 안진환 외 옮김, 2011년 참조.

175. 김영한,《스타벅스 감성 마케팅》, 넥서스, 2003, PART 1 감성 세대를 잡아라 참조.

176. [시티투어] "美 북서부의 관문 시애틀, 비와 안개와 커피의 도시", 〈매일경제〉, 2012년 8월 12일자.

177. 배리 슈워츠,《선택의 패러독스》, 형선호 옮김, 웅진닷컴, 2004, pp. 9-10.

178. [시론] "'코스트코'의 성공 열쇠", 〈제주일보〉, 2005년 8월 8일자.

179. "코스트코 '저가 고집'… 코카콜라 납품가 올리자 한 달간 판매중지", 〈한국경제〉, 2011년 9월 1일자.

180. [세계의 에코도시 ③] "미국 시애틀", 〈신동아〉 2009년 10월호.

181. "美 독서하기 좋은 곳 시애틀 · 미니애폴리스", 〈연합뉴스〉, 2008년 12월 25일자.

182. "독일 부처 이전은 정치적 배경… 비효율 크다", 〈공감코리아〉, 2010년 4월 7일자.

183. [세계의 IT도시들] "대학-기업·정부 파트너십 '오스틴파워'", 〈한국일보〉, 2000년 11월 29일자.

184. William David Porter (미국, 오스틴상공회의소 수석부회장), "미국 오스틴의 발전경험과 성공요인", 신성장거점, 세종시 미래발전을 위한 국제심포지엄, 2010년 4월 6일.

185. [기자 24시] "살아있는 美 박물관", 〈매일경제〉, 2009년 6월 10일자.

186. "美 동부의 '실리콘 밸리' 리서치 트라이앵글 파크를 가다", 〈서울경제〉, 2005년 11월 17일자.

187. "美노스캐롤라이나 성공記", 〈문화일보〉, 2005년 11월 19일자.

188. "예측가능한 행정이 기업 불러들여", 〈문화일보〉, 2005년 11월 19일자.

189. [기업도시] ③ 미국 르뽀 "지역문제, 민관 함께 원스톱 해결", 〈이데일리〉, 2004년 9월 23일자.

190. [미국의 4대 창조도시] ① "제2의 실리콘밸리 RTP", 〈매일경제〉, 2006년 10월 23일자.

191. Michael Zapata III, 미국 노스캐롤라이나주립대 교수, "미국 RTP의 발전경험과 성공요인", 세종시 미래발전을 위한 국제심포지엄, 2010년 4월 6일.

192. "디자인은 인재 모으는 핵심수단… '디자인 경제'가 도시 이끌 것", 〈동아일보〉, 2010년 2월 24일자.

193. [동계올림픽개최지를 가다] (2) "토리노… 대회 계기로 도시이미지 탈바꿈 성공", 〈뉴스1〉, 2012년 7월 5일자.

194. [세계의 소프트시티를 가다] (19) "토리노: 피아트의 도시, 디자인의 도시로", 〈한국일보〉, 2010년 10월 13일자 32면.

195. "차 디자인의 모든 길 토리노로 통한다", 〈한겨레〉, 2006년 8월 3일자.

196. [디자인 강국, 그 경쟁력의 뿌리를 찾아서] (2) "이탈리아", 〈동아일보〉, 2010년 5월 27일자.

197. 태양의 서커스 자이아 리본(Zaia Reborn), <http://www.acrofan.com/ko-kr/life/content/20110905/0802040301>.

198. "드라마·서커스 '윈윈전략'", 〈스포츠경향〉, 2009년 2월 3일자.

199. <http://www.ohmynews.com/NWS_Web/View/at_pg.aspx?CNTN_CD=A0001768662>.

200. "무술＋무용＋음악 새 패러다임 '태양의 서커스'", 〈국민일보〉, 2006년 11월 29일자.

201. "'태양의 서커스' 재무제표 아름다운 비결은", 〈매일경제〉, 2011년 5월 20일자.

202. [블루오션으로 가자] (4) "대니얼 라마드 사장 인터뷰", 〈한국경제〉, 2005년 6월 22일자.

203. [블루오션으로 가자] (4) "'시르크 뒤 솔레이유' 성공요인 뭔가", 〈한국경제〉, 2005년 6월 22일자.

204. "한물 간 서커스, 연매출 6,000억 캐나다 블루칩 되다", 〈한겨레〉, 2007년 6월 5일자.

205. "퀘벡 인구 70%가 조합원… 세계서 가장 안전한 은행 20위", 〈한겨레〉, 2012년 8월 16일자 29면.

206. "세계 최대 공연기획사 '태양의 서커스'", 〈주간한국〉, 2008년 10월 3일자.

207. 김위찬, 르네마보안, 《블루오션 전략》, 강혜구 옮김, 교보문고, 2005, pp. 19-20.

208. 대니얼 라마드, "한물 간 서커스에 창의성 덧입혀 무대예술로 재탄생", 〈한국일보〉, 2008월 10월 17일자.

209. 김종현,《히든마켓》, 리더스북, 2010. p. 196.

210. "'쿵후의 달인' 홍콩 배우 전쯔단 작년 300억 원 수입 1위", 〈한국일보〉, 2012년 1월 3일자.

211. 노동호, "소림사(少林寺) 소림무술의 전승과정에 관한 고찰"(Examination on the Inheritance Process of Sorim Martial Arts of Shaolin Temple),《무예연구》제5권 1호, 2011, pp. 35-48.

212. 김병호, 〈중국 문화산업, 기업 소림사〉, KOTRA 대한무역투자진흥공사, 2010.

213. "中 소림사, 상업화로 최고여행지 지위 박탈 위기", 〈연합뉴스〉, 2012년 1월 31일자.

214. "中 소림사, 상업화로 최고여행지 지위 박탈 위기", 〈연합뉴스〉, 2012년 1월 31일자.

215. [허건식 칼럼] "태권도공원, 소림사의 장점을 배워라", 〈무카스〉, 2009년 2월 22일자.

216. 김병호, 〈중국 문화산업, 기업 소림사〉, KOTRA 대한무역투자진흥공사, 2010.

217. MBC TV 〈MBC 스페셜〉은 베이징 올림픽을 맞아 중국의 무술학교, 촬영 스튜디오 등 중국 곳곳에서 일어나는 문화적 변화를 담은 2부작 다큐멘터리 "중국, 13억을 만나다"를 2008년 7월 25일과 8월 1일 방송했다.

218. 변재연, "태권도공원의 개념정립을 위한 중국 소림사 벤치마킹",《한국관광정책》통권 20호 (2005, 여름), pp. 116-119.

219. [박정진의 무맥] (36) "國技 '십팔기' 세계기록문화유산 등재 시급", 〈세계일보〉, 2010년 8월 16일자.

220. [횡설수설/정성희] "앵그리버드", 〈동아일보〉, 2012년 4월 6일자 A30면 2단.

221. "'게임'은 시작이었다… 앵그리버드, 文化산업 잡식동물로 진화", 〈아시아경제〉, 2013년 2월 6일자 2면.

222. "앵그리버드 노키아도 넘다", 〈한국일보〉, 2012년 7월 13일자 2면 2단.

223. "앵그리버드 100%씩 성장하는데… '뽀통령·폴총리' 눈물", 〈아시아경제〉, 2013년 4월 16일자 17면.

224. "핀란드의 희망, 이젠 노키아 아닌 앵그리버드", 〈조선비즈〉, 2012년 11월 24일자.

225. "파죽지세 앵그리버드, 매출이 10배나…", 〈이버즈〉, 2012년 5월 10일자.

226. "앵그리버드처럼 만들면 성공한다", 〈아시아경제〉, 2012년 4월 5일자 4면 2단.

227. "스마트폰 게임 앵그리버드 인기 비결은 Fun(재미) 전략", 〈한국일보〉, 2011년 11월 4일자 20면 2단.

228. "'노키아' 지고 '로비아' 뜨고… SW서 희망 찾는 핀란드", 〈조선비즈〉, 2011년 9월 29일자.

229. "스마트폰 게임 앵그리버드 인기 비결은 Fun(재미) 전략", 〈한국일보〉, 2011년 11월 4일자 20면 2단.

230. "앵그리버드 노키아도 넘다", 〈한국일보〉, 2012년 7월 13일자 2면 2단.

231. "핀란드, 세계 첫 앵그리버드 테마파크 개장", 〈내일신문〉, 2012년 4월 30일자.

232. "'게임'은 시작이었다… 앵그리버드, 文化산업 잠식동물로 진화", 〈아시아경제〉, 2013년 2월 6일자 2면.

233. [Money & Sports] "유럽 축구의 경제학", 〈한경비즈니스〉, 2010년 9월 13일자.

234. "'엘 클라시코'의 경제학", 〈서울경제〉, 2012년 1월 26일자 1면 7단.

235. "스포츠경제학이 美 주류 경제학?", 〈머니투데이〉, 2006년 7월 28일자.

236. "'황금알' 스포츠 산업… 美는 날고 日은 뛰고 한국은 걷는다", 〈동아일보〉, 2011년 5월 11일자 A10면.

237. [한 글자 경제학] "공", 〈이코노믹리뷰〉, 2013년 2월 28일자.

238. [Money & Sports] "월드컵 경제학", 〈한경비즈니스〉, 2010년 6월 17일자.

239. "올림픽의 경제학 14억 달러 '긁었다'", 〈머니투데이〉, 2012년 8월 9일자.

240. [Sports Marketing] "남자는 왜 메이저리그에 열광할까", 〈매일경제〉, 2013년 4월 8일자. 매일경제 Luxmen 제31호(2013년 4월)

241. "'황금알' 스포츠 산업… 美는 날고 日은 뛰고 한국은 걷는다", 〈동아일보〉, 2011년 5월 11일자 A10면.

242. "세계 최대 자동차경주 F1의 경제학", 〈매일경제〉, 2008년 9월 27일자.

243. [기업 스포츠마케팅] "스코어는 잊혀져도 브랜드는 남는다", 〈한국경제〉, 2010년 2월 18일자.

244. [Case Study] "30초에 380만 달러… 슈퍼볼 광고의 경제학", 〈매일경제〉, 2013년 2월 1일자.

245. [기업 스포츠마케팅] "스코어는 잊혀져도 브랜드는 남는다, 〈한국경제〉, 2010년 2월 18일자.

246. [슈퍼볼의 경제학] "1억 명 숨죽이는 '슈퍼 타임'… 1초에 1억 광고비 안 아깝다", 〈한국경제〉, 2011년 2월 5일자 7면.

247. [한은구의 마이애미 통신] "TV 광고비도 '물' 쓰듯… 황금알 '쑥쑥' – 슈퍼볼의 경제학적 부가가치", 〈한경비즈니스〉 2010년 2월 1일자.

248. "흥행불패 EPL 유니폼의 경제학", 〈서울경제〉, 2012년 8월 17일자 20면.

249. "'황금알' 스포츠 산업… 美는 날고 日은 뛰고 한국은 걷는다", 〈동아일보〉, 2011년 5월 11일자 A10면.

제 4 부
창조경제에 관한 한국의 논의들

1. 창조경제에 관한 견해와 모델들: '창조경제 사용설명서'

1) 선도형 경제

그동안 추격형 경제(Fast Follower)였기 때문에 이제 선도형 경제(First mover)를 이루어야 한다는 주장이다. 대표적으로 스마트폰 산업을 들 수 있다. 지난 2008~2009년 불어 닥친 애플 아이폰 쇼크는 피처폰으로 쌓아온 한국 휴대폰 산업에 충격을 주었다. 한국만이 아니라 노키아와 같은 굴지의 기업도 속수무책이 될 수밖에 없었다. 그것은 바로 선도형 산업이 만들어낸 선도경제의 대표적인 사례였다. 패스트 팔로어(Fast Follower)에서 퍼스트 무버(First Mover)로 변신해야 한다는 주장도 마찬가지다. 누구를 추격하는 게 아니라 선두에서 치고 나가는 퍼스트 무버 정신이다. 2012년 10월 박근혜 대선 후보는 "지금까지 우리는 앞선 나라를 쫓아가는 전략으로 오늘의 한국 경제를 만들었다. 이제는 우리 스스로 기술을 만들어가야 한다."고 말했다. 스마트폰의 사례를 들어 퍼스트 무버가 되기는 불가능하고, 현실적으로 패스트 팔로어가 더 효과적인 전략이라는 주장도 있다. 어쨌든 삼성은 애플을 따라잡아 애플 사의 제품보다 많은 판매고를 올리고 있기 때문이다. 하지만 전

체적인 수익은 애플 사가 더 많다는 점을 인지할 수 있다.[1]

2) 민간 창조경제론

윤진숙 해양수산부 장관 후보자는 "창조경제는 기본적으로 국가 주도형이라기보다 민간 부문에서의 창의력을 바탕으로 하는 것"이라고 했다. 안철수 전 서울대 융합과학대학원장은 "밑에서 자연스럽게 되는 것이 창조이지, 위에서 명령하듯이 하면 창조가 되지 않는다."라고 말했다.[2] 공무원을 불신하는 견해도 포함된다. 이상빈 한양대 경영대학 교수는 "엘리트 관료가 경제 개발을 주도하던 시대는 끝났지만 아직 이에 대한 미련을 가진 관료들이 각종 규제를 놓지 않고 있기 때문"에 그들은 창조경제의 방해물이라고 했다. 이 때문에 민간이 정부를 개혁하여야 하고 적극 참여해야 창조경제를 이룰 수 있다고 본다.[3] 선대인 선대인경제연구소 소장은 "'수십 년 동안 정반대 방향의 행정관행과 사고방식에 젖어온 사람들에게 갑자기 '창조경제'를 하라니 이해될 리 없다."고 비판했다. 기업에서는 정부의 조치 자체를 꺼리는 생각도 있다. 창조경제는 가이드라인이 아니라 자율을 먹고 자라기에 기업 스스로 투자와 고용을 늘릴 수 있는 분위기를 만들어주는 게 창조경제의 출발점이라는 것이다.[4]

3) 벤처 창조경제론

창조경제 성공을 위해 우선 신생 벤처기업 지원을 강화하는 것이 시급하다. 신생 벤처기업은 많은 일자리를 창출하고, 국가 경제성장의 동력이 되기 때문이다. 정부가 모태펀드를 확대하고 엔젤투자 매칭펀드, 창업초기 전용펀드 등 창업 초기 단계 기업을 지원하기 위한 다양한 방안을 구상하는 것을 선호한다.[5] 이런 유형에서는 창조경제론의 원천은 벤처정신이라 말한다. 또한 이들은 "창조경제 성공을 위한 전제조건은 역시 '기업가 정신'이고 도전을 마다하지 않고 땀을 흘리는 기업인들이 있을 때 창조경제의 결실도 거둘 수 있다."는 주장을 편다.[6] 최문기 미래창조과학부 장관도 '기업가 정신'을 강조했다. 이러한 주장을 하는 이들은 "젊은이들에게 기업가 정신이나 혁신을 대학에서 확실히 가르쳐 창업에 적극 나서도록 해야 한다."고 했다. 그동안 없었던 시장, 신산업을 창출하는 일로 창조적 인재육성과 과감한 기업가 정신이 그 요체[7]라는 지적도 있다.

이스라엘의 성공요인은 벤처기업의 장려에 있고 이를 위해서는 당돌한 도전과 실패에 관대한 문화를 만들자고 한다.[8] 이스라엘 요즈마 펀드의 창업자 겸 회장인 이갈 에를리치는 "모든 기업이 성공할 수 없지만 한 번 실패한 기업도 계속 지원하면 멋지게 재기할 수 있다. 창업기업이 실패해도 언제든 다시 일어설 수 있도록 정부가 도와야 한다."고 말한 바 있다. 이스라엘에서는 대학 및 연구소와 연계한 유망분야 벤처가 활성화되어 있어 자연스럽게 미래유망산업에 필요한 핵심인재를 확보하고 있고, 이스라엘 전체 수출의 40% 이상을 4,000여 개 하이테크 벤처기업이 담당하고 있다.[9]

4) 일자리와 먹거리 창조경제론

기술 자체를 개발하는 것과 달리 이를 통해 상품을 만들어내는 게 중요하다는 지적이다. 창조경제는 단지 ICT를 전자, 자동차, 해운, 금융, 서비스 산업과 연결시키는 게 아니라 수많은 기술이 매일매일 개발되고 있지만 99%는 연구실에서 사장되는 기술을 산업화하고 상품으로 만드는 것이 창조경제의 핵심이라는 것이다. 즉 원천기술과 상품의 간격을 메우는 역할이 중요하다고 본다.[10] 창의적 아이디어와 상상을 구체화해 상품·서비스·콘텐츠로 만들고 팔리도록 해야 한다는 점을 강조한다. 기술이 아무리 뛰어나도 시장성이 전제되지 않으면 무의미하다는 것인데 기술이 수요를 쫓아가는 것뿐만 아니라 수요를 만들어낼 수 있어야 한다고 강조한다.[11]

한국전자통신연구원 석호익 초빙 연구원은 "창조경제란 상상력과 창의적인 아이디어가 과학기술과 ICT를 활용해 문화와 의료, 교육, 국방산업은 물론 일상생활 등 전 분야에 융합해서 새로운 일자리를 창출하고 먹거리를 창조하는 것"이라고 말했다. 또한 이러한 주장을 하는 이들은 "문화 콘텐츠뿐 아니라 교육과 의료, 보건복지, 자동차, 조선, 국방, 교통 등 모든 분야에서, 농업과 수산업에서도 과학기술과 ICT를 활용해 각 부처가 신(新)성장 동력을 발굴하고 일자리를 창출하는 창조경제"라고 했다.[12] 결국 이윤을 만들어내고 일자리를 창출하는 데 초점이 맞추어져 있다. 박근혜 대통령은 창조경제를 창의력, 상상력, 과학기술을 기반으로 국가 성장동력을 만들어 새 시장과 새 일자리를 창출하는 것이라고 했다.

5) 중소기업 창조경제론

'지금까지와는 다른 성장'이라면 창조경제는 대기업 주도의 대외 의존적 틀에서 벗어나 중소기업과 내수 중심의 성장을 간주하는 것[13]이다. 흔히 80%를 넘는 GDP를 생산하는 10대 재벌기업이 고용은 전체 국가 인력의 6% 이하에 불과하다는 점이 근거로 제시된다.

미래창조과학부 장관 후보자였던 김종훈은 기술 경쟁력을 갖춘 중소기업을 한국에서 번창하도록 하려면 모델을 이스라엘의 개방경제에서 벤치마킹해야 한다고 주장했다. 이스라엘 기업에 미국인 경영자가 있고, 미국이 투자한 기업에 이스라엘 경영자가 있는데 이는 국적을 초월해서 인력의 교류가 활발히 이뤄지면 토종 벤처기업과 글로벌 벤처 기업이 서로 연합하여 고부가가치 사업을 만들어내게 된다는 것이다. 또한 창조경제가 성공하기 위해서는 글로벌 강소기업의 육성에 정책의 초점이 맞춰져야 한다. 독일의 헤르만 지몬 교수는 "비밀스럽게 숨겨져 있으면서 세계 시장에서 놀랄 만한 성공을 거두는 기업"을 히든 챔피언이라고 했는데 이러한 기업들은 대기업이 아니라 중소기업일 수밖에 없다. 이러한 기업들을 육성하는 것이 창조경제를 좌우한다고 본다.[14]

6) 문화상품(콘텐츠) 창조경제론

영화 · 애니메이션 · 드라마 · 게임 · OST · 연극 · 뮤지컬 · 음악 · 캐릭터와 같은 상품들이 수익을 내기 때문에 창조경제는 여기에 초점을 맞추어야 한다는 주장이다. 이른바 한국에서만 존재하는 문화콘텐츠의 개념을 적용하는 것이다.

　문화콘텐츠 산업은 고용 창출이 어려운 제조업 업종에 비해 사람의 감성과 창의력을 담보하기에 투자 대비 일자리창출의 효율성을 높일 수 있으며, 단위 생산을 늘리는 비용도 거의 발생하지 않기 때문에 새로운 경제 성장을 견인할 수 있다는 것이다.[15] 홍상표 한국콘텐츠진흥원장은 상상력과 감성 등 소프트파워를 중심으로 하드웨어나 네트워크를 결합해 글로벌 킬러 콘텐츠를 생산하는 것이고 이를 위해 남은 것은 창의적 융합이 가장 활발하게 일어나는 문화예술과 미디어 콘텐츠 분야에서 디지털 세대이면서 문화적 끼도 함께 지닌 젊은이들이 스스로 일자리를 만들고 창업할 수 있도록 적극 지원해야 한다[16]고 말한 바 있다.

7) 제조업 창조경제론: '리쇼어링'

　각국 산업정책에 우선순위가 바뀌고 있다. 한때는 정보기술(IT)산업에 주력했지만 최근 들어 제조업을 중시하는 경향이 뚜렷하다. IT산업의 한계 때문이나. IT산업은 네트워크를 깔면 깔수록 생산성이 증가하는 '수확체증의 법칙'이 적용되어 IT산업이 주도가 돼 경기가 나아지더라도 일자리, 특히 청년층의 일자리는 늘어나지 않는다. 이른바 '고용창출 없는 경기회복'(jobless recovery)으로 지표와 체감경기 간의 괴리가 발생해, 양극화도 심해진다[17]는 지적이다. 최근 경제위기에도 유럽연합(EU)을 지탱한 나라는 영국이 아니라 독일이었고 제조업이 힘의 근간이었다. 문화산업 1위인 미국도 경제 활성화와 일자리 창출을 위해 제조업 살리기에 나섰다.[18] 그 현상 가운데 하나가 리쇼어링(Reshoring)이다. 리쇼어링은 비용 절감 등을 위해서 해외로 생산기지를 옮기는 오프쇼어링(Offshoring)과 반대되는 개념이다. 글로벌 금융위기 이후 미국과 일본 등 선진국을 중심으로 리쇼어링을 통해 고용 증가와 경제 성장을 추구하고 있다. 고용창출계수가 높은 제조업에 각종 세제 지원을 집중하고 있다. 일본도 엔저(低) 정책을 통해 수출제조업 부활에 주력하고 있다. 특히 미국 오바마 정부 집권 2기에 들어서는 '일자리 자석'(employment magnet) 정책을 강화했다. 오바마 정부는 예산 4,500억 달러를 투입하고 임기 중 제조업에서 일자리 100만 개 창출을 선언했다.

미국의 자동차 공장지대는 리쇼어링(reshoring) 흐름과 맞물리면서 '제조업 르네상스'라는 표현이 등장할 정도로 분위기가 달라지고 있다. 2013년 2월 GM의 자동차 판매는 전년 동기보다 7.2% 성장했다. 또 다른 미국 차 '빅3'인 포드와 크라이슬러도 각각 9.3%, 4.1% 성장했다. 미국에서는 최근 2~3년 사이 리쇼어링을 선택하는 기업이 줄을 잇고 있다. 〈파이낸셜타임스〉(FT) 2013년 3월 27일 보도에 따르면 구글은 안경처럼 착용하는 형태의 스마트 컴퓨터인 '구글 글라스' 공장을 캘리포니아에 짓기로 결정했다. 세계 2위의 파운드리(반도체 위탁 생산) 회사인 글로벌파운드리(GlobalFoundries)가 그동안 싱가포르와 독일에서만 공장을 운영해왔지만 최신 32nm(나노미터 · 10억분의 1m) 초미세 공정 기술이 적용된 새 공장은 미국에 세웠다. 오바마의 정책기조를 맞추어 2012년 애플이 1억 달러(약 1,100억 원)를 투자해 미국에 컴퓨터 생산 공장을 짓겠다고 밝혔다. 포드 · 제너럴일렉트릭(GE) · 월풀 · 오티스 등도 이미 해외 생산 시설을 미국으로 되돌렸거나 국내 투자에 나서고 있다. 제조업 리쇼어링 현상의 원인은 ① 중국 등 아시아권의 가파른

임금 인상과 달러화 약세, ② 경영 효율과 지식재산권 보호, ③ 물류비 절감, ④ 시장 변화에 대한 빠른 대응 등이다. 창조경제와 관련하여 여기에서 주목해야 할 점은 ②와 ④일 것이다.

핵심은 제조업의 일자리가 늘어나면 해당 업체에서만 경제효과가 일어나는 게 아니라는 것이다. 〈월스트리트저널〉은 2010년 이후 제조업에서 일자리 약 50만 개가 생겨났다고 보도했다. 보스턴컨설팅그룹은 "제조업 고용이 100만 명 늘어나면 제조업 이외 분야에서 일자리 200만 개가 추가돼 전체 실업률을 2% 낮추는 효과를 가져올 것이라고 분석했다. 미국에서 자동차 공장이 다시 활력을 찾으면서 공장 근처의 바텐더는 "하루에 팁으로 버는 돈이 2000년대 초 250달러(약 27만 원)에서 2010년 100달러까지 떨어졌다가 최근엔 150달러까지 올랐다"고 했다. '세인트 리지스' 호텔 총괄 매니저는 "요즘은 객실 판매율이 60% 정도는 된다. 1년 사이 약 50% 정도가 늘었다"고 말했다.[19] 매사추세츠공대(MIT)가 2012년 7월 미국계 다국적기업 304개를 대상으로 시행한 조사에서는 응답 기업 33%가 리쇼어링을 구체적으로 계획하고 있거나 적어도 고려 중인 것으로 나타났다.

8) ICT와 과학기술의 창조경제론

한국이 강점을 가진 정보통신기술(ICT) 역량과 스피드 파워를 십분 살리면서 새로운 부가가치를 창출하는 노력을 강화해야 한다고 보며, 한국형 창조경제론을 언급하며 정보통신과 과학기술을 중심에 두는 유형이다. 즉 한국형 창조경제 모델은 "정보통신기술(ICT)과 과학기술을 축으로 융합을 통해 기존 주력산업 및 신산업의 경쟁력을 높이고, 창업을 활성화함으로써 일자리 창출과 경제의 새로운 발전 생태계를 구축하는 방향"[20]이라는 주장이다.

나아가 4대강 사업이 20세기식 토목사업의 범주에 들어갔다면, 창조경제는 기술혁신에 의한 산업과 IT의 융합을 지향한다[21]고 한다.

미래창조과학부 장관 후보자였던 김종훈은 '과학과 ICT(정보통신기술)를 지렛대로 세계적 경쟁력을 갖춘 중소기업들을 부양해서 국내 젊은 이에게 좋은 일자리를 만들어주는 것이 창조경제의 틀'이라고 했다. 장윤종 산업연구원 성장동력산업연구센터 소장은 "퍼스트 무버로 도약하려면 우리 ICT 경쟁력을 기반으로 '플러스알파'를 이끌어내는 노력이 필요하다"고 주장했다. ICT 플랫폼을 활용해 과학기술 연구개발과 접목해 새로운 인재양성, 융합형 기술개발, 서비스산업 과학화 등을 통해 선진국형 일자리를 창출해내는 전략이 된다.

2. 창조경제론을 위한 성공요인 방안들

1) 문화적 요인

　창조든, 아이디어든 바탕은 상상력이 중요하며, 구글이나 마이크로소프트가 아니어도, 많은 IT기업들의 문화가 유난히 자유분방하고 격의 없는 이유는 상상력을 담보하는 문화적 환경 때문이라는 것이다. 창조는 원래 자유와 유희(遊戲)의 산물이기 때문이다.[22] 정부의 자금지원이 능사가 아니고 사회 전체 분위기를 바꿔가야 한다. 창의력과 상상력을 과학기술과 산업에 접목하는 창조경제를 이루는 건 정부의 자금 지원만으론 이룰 수 없다.[23] 무엇보다 이런 관점에서는 창조경제가 성공하려면 아이디어와 창의성을 중시하는 문화가 정착되어야 한다.[24] 윤창록 차관은 "누구든지 자유롭게 아이디어를 내고 질문하고 토론하는 과정에서 생각의 융합이 일어나고 과감하게 도전할 수 있는 환경이 만들어진다는 것이 후츠파 정신"이라며 이스라엘의 성공 비결은 이스라엘 말로 '뻔뻔함, 당돌함, 철면피, 놀라운 용기'를 뜻하는 '후츠파(chutzpah) 정신'이라고 했다. 또한 이스라엘은 실패에 대한 사회적 평가에 전혀 신경을 쓰지 않는다. 창의력은 남과 나를 동등하게 보는 태도와 자유토론을 통해 형성되는데, 수직문화에서는 이런 토론이 허용되지 않아 창조력을 만들어내지 못한다. 싱가포르는 이스라엘의 벤처기업 정책을 모방하기 위해 노력했지만 결국 실패했다. 싱가포르의 수직문화 때문이었다.

창조도시를 만들려면 눈에 보이는 물질적 기반을 만드는 것을 넘어 첨단산업 기반과 살기 좋은 라이프스타일 문화와 환경을 만드는 것이 중요[25]한데 그래야 좋은 인재들이 그곳으로 모일 수 있기 때문이다. 인간은 기계적으로 생산물을 만들어내는 존재가 아니다. 첨단의 인재들일수록 삶의 질을 중요시하며 그것이 보장되는 일자리를 추구한다. KPMG 조사에서 급여 조건 다음에 해당지역의 삶의 질을 가장 중요한 요인으로 꼽았다. 리처드 플로리다의 《도시와 창조계급》에서 보면 가족 및 친구와의 근접성, 기업의 각종 부수적 혜택, 스톡옵션, 기업 안정성 등을 압도하는 조건[26]이었다.

2) 탈규제

창조경제의 출발은 규제완화라고 본다. 기존의 틀과 시스템을 벗어나 새로운 것은 만들어내는 것이 중요하므로 규제의 틀을 과감히 없애야 한다는 주장이다.[27] 심지어 배인준 동아일보 주필은 "시장이 규제의 속박에서 최대한 벗어나 창의(創意)와 혁신(革新)과 효율(效率)을 마음껏 추구할 수 있도록 환경을 만들어주는 것이야말로 가장 긴요한 경제민주화이고 창조성이 가장 큰 기업들의 발을 묶어놓고도 창조경제를 하겠다면 잠꼬대이다."라고 했다.[28]

3) 융합

　과학과 인문학(문사철)의 융합을 요인으로 제기한다. 사고력과 상상력을 바탕으로 창조를 할 수 있기 때문이다. 융합을 통해 창조를 하려면 유연한 사고, 적극적인 소통, 과감한 행동 양식이 따라야 한다.[29] 그러나 같은 기술의 융합도 중요하다. 즉 다양한 이질적 기술들이 상호 유기적으로 결합된 융복합 기술은 단순한 기능의 결합이 아닌 거대산업의 융복합까지 포괄한다.　주체 간의 융합을 의미하기도 한다. 장윤종 산업연구원 성장동력산업연구센터 소장은 "단순히 기술·산업 간 융합을 넘어 민간과 정부, 대기업과 중소기업 등 다양한 주체가 가진 강점을 묶어 시너지를 내는 신융합 정책이 요구된다."고 주장했다.

　애초에 2012년 박근혜 후보 진영에서 '창조경제'란 구호는 김종인 새누리당 국민행복추진위원장이 제시한 전략으로, "이종산업 간 융합을 통해 새로운 시장·문화·교육· 일자리를 '창조'한다는 개념으로, 없던 시장을 새로 만들어내거나 기존 시장의 발전 속도를 높이는 전략"이었다. '창조경제'와 '융·복합 핵심기술 응용'은 미래의 트렌드이다. 산업기술과 기업, 국가경영을 막론하고 '창조'(Be creative)와 '협력창조'(Co-Creation)는 시대의 화두가 된지 오래다.

4) 오픈 이노베이션

　애플, 구글, 인텔 등은 '오픈 이노베이션'(개방형 혁신)에서 태어났고 기업과 정부, 대학, 연구벤처들이 네트워크를 구축해 개방과 협력에 의

한 혁신의 시너지 효과를 낸 결과물이라고 본다. 벤처는 이런 연구벤처를 말하는 것이고, 이노베이션 시스템 속의 연구벤처에 희망을 걸 수 있다고 본다. 이것은 외부의 요인들을 끊임없이 받아들이는 것을 말한다. 유럽이나 미국은 세계인들을 자신의 안마당으로 불러들여 끊임없이 혁신을 추구하고 있다. 예컨대 미국이라는 나라 자체가 중요한 것이 아니라 미국은 사람들을 불러들이는 유인책으로 플랫폼 국가화되고 있는 상황인 것이다. 플랫폼 국가에서는 많은 이들이 자신이 원하는 대로 활동을 하고 자신이 원하는 결과물을 얻어가게 하면서 플랫폼 사업자도 이득을 취하는 시스템이다. 그 플랫폼에서 얻은 성취물은 축적되고 그것이 다시 다른 이들을 불러 들이는 요인이 된다.

5) 신뢰 형성

박근혜 정부는 창조경제를 '과학기술과 산업이 융합하고, 문화와 산업이 융합하고, 산업 간의 벽을 허문 경계선에 창조의 꽃을 피우는 것'이라고 했는데, 여기서 산업 간의 벽을 허물려면 이웃 간에 돈독한 신뢰 없인 불가능하다는 것이다. 신용의 문제도 장기적으로 창조성을 해칠 것이라는 지적도 있다. 단기 부동자금은 670조 원, 10대 그룹에서만 100조 원에 이르며 1,000조 원의 가계부채는 이러한 신뢰를 갉아먹는다고 비판한다. 이는 사회적 신용과 신뢰가 무너진 현상 때문인데 경제에서 금융은 피와 같은 순환의 역할을 제대로 해야 한다는 점에서 창조금융을 강조하는 측면도 있게 마련이다.

6) 기초 연구 증대

박성현 한국과학기술한림원 원장은 창조적 과학기술 경쟁력을 키우고 고부가가치 신산업을 창출하기 위해서는 반드시 기초연구에 대한 정부지원 비중이 선진국 수준으로 높아져야 한다는 주장을 했다. 이러한 측면은 과학기술 차원의 창조경제론에서는 매우 기초적인 것이라고 할 수 있겠다. 창조경제는 어느 날 갑자기 되는 것은 아니다. 이스라엘의 경우에도 30~40년 집중 투자했기 때문에 창업국가의 시스템이 이루어질 수 있었다. 창조경제에서 과학기술에 대한 투자는 당장에 드러날 수 있는 공학과는 다르며 시장에서 상품으로 상용화되는 영역에 이르는데도 거리가 있을 수 있음은 주지의 사실일 수밖에 없다.

7) 교육적 요인-인재육성

콜레트 헨리는 "무엇보다 창조적 기업가의 잠재력을 개발하는 데 교육이 중요한 역할을 한다."고 강조했고 창조경제시대에 교육기관의 노력이 더욱 필요하다고 주장했다. 창조경제 담론에서 가장 많은 요인을 지적하는 것이 바로 교육적인 요인이다.

혁신기업인 애플이 성공할 수 있었던 것은 애플이 삼성전자보다 뛰어난 기술을 가져서가 아니라 스티브 잡스란 뛰어난 인재가 있었기 때문이라고 한다. 이러한 인재들을 육성하기 위한 교육과 훈련을 강조한다. 이스라엘은 창의와 창조성 교육을 중요하게 여기고 이를 잘 실천했다. 이러한 맥락에서 창조경제에서는 체계적이고도 창의적인 교육이 이루어져야 한다는 견해들이 많다.

미래 유망산업 분야에서 한국의 기술경쟁력은 선진국의 57%, 인적자원 경쟁력은 55% 수준으로 알려져 있다. 사실 미국·독일 등 전통 기술 강국은 오래전부터 국가 차원에서 전략분야를 선정해 핵심인재양성에 국가 경쟁력의 우위를 점하려고 하고 있다. 싱가포르만 해도 1997년부터 '세계 초일류대학' 프로그램으로 불리는 '인재 허브전략'으로 금융, 물류, 바이오 등 차세대 전략산업에 필요한 핵심인재를 우수두뇌 유인 → 글로벌 기업유치 → 국부창출의 선순환체계로 확보하고 있다.

정지훈 KAIST 교수는 토니 와그너의 창조교육을 강조한다. 하버드 대학 교육전문가 토니 와그너(Tony Wagner)는 그의 책《이노베이터의 창조: 세상을 바꿀 젊은 사람들 만들기》에서 미국 초·중·고등학교 교육과 대학이 시장에서 정말 필요한 기술과 능력을 배양하고 가르치는 데 실패하고 있다고 지적했다. 토니 와그너는 아이들에게 '혁신에 대한 준비'를 시켜야 한다고 주장하며 하고자 하는 일이 무엇이든, 거기에 가치를 부가할 수 있도록 훈련시키라고 했다. 와그너는 기초 지식과 함께 동기(motivation)과 기술(skills)의 중요성을 강조하며 그중에서도 동기가 가장 중요한데, 열정의 근원이 되기 때문이다. 어릴수록 기본적으로 동기부여가 잘된다. 호기심이 많고, 위험을 감수하며, 지식과 기술을 습득할 수 있기에 이런 능력을 발휘한다면 자신들만의 기회를 스스로 만들어낼 수 있다는 것이다. 이런 능력을 기르기 위해서는 교육에 근본 개혁이 필요하다고 주장한다. 와그너는 동기를 끌어내는 3가지는 놀이(Play), 열정(Passion), 목적(Purpose), 3P로 설명하는데 교사가 학생이 잘하는 것을 발견하고, 더욱 잘하도록 도와주는 역할을 해야 하며, 학교 시스템은 혁신을 쉽게 할 수 있는 협업문화(collaboration culture)

를 만들어야 한다는 것이다. 어쨌든 교육현장이 창조경제로 나아가기
위한 초석임에는 분명하다.

3. 한국정부의 창조경제론

벤처기업협회 등의 460개 회원사를 대상으로 한 설문조사에서 창조경제가 국가경제에 도움이 될 것이냐는 질문에 75.6%가 도움이 될 것, 보통이 20.5%이고 도움이 안 될 것이라는 응답이 3.5%였다. 하지만 전체 응답자의 8.9%만이 창조경제 개념을 잘 이해하고 있고, 63.6%가 약간 이해한다, 모르겠다가 27.6%에 이르렀다.

1) 박근혜 정부의 기조

2012년 대선에서 박근혜 후보의 공약집에서는 "새로운 일자리, 새로운 성장기반을 창출하기 위한 창조경제론"이라고 제시하고 있다. 이러한 창조경제는 사람이 주체가 되고 기술개발 혜택이 모든 국민에게 돌아가는 국민행복기술로 새로운 시장, 새로운 일자리를 창출할 수 있는 사람 중심의 성장기술을 구가하여야 가능하다고 기술하고 있다. 소프트 웨어 산업을 새로운 성장동력으로 육성하고 창업국가 코리아 건설을 구현하기 위해 대학에 창업기지를 건설하겠다고 밝혔다. 또한 실버창업교육센터를 운영하여 실버세대의 창업을 유도하겠다고 했다. 단계별로 창업 지원 시스템을 구축하고 특히 콘텐츠 창업을 적극 지원하겠다고 했다. 또한 창조경제에 부합하는 스펙 초월의 채용시스템을 구축하는가 하면 해외 취업 장려제도와 해외 취업 기회를 확대하는 K-Move를 공약하기도 했다.

박근혜 대통령은 대통령 취임사에서 "창조경제는 과학기술과 산업이 융합하고, 문화와 산업이 융합하고, 산업 간의 벽을 허문 경계선에 창조의 꽃을 피우는 것"이고 "경제부흥을 이루기 위해 창조경제와 경제민주화를 추진해가겠다."라고 했다. 박근혜 대통령은 2013년 3월 상공의 날 기념식에서 "국민 개개인의 능력과 창의성이 국가경쟁력을 좌우한다. 개개인의 상상력과 창의성을 발휘하도록 해서 과학기술에 기반한 창조경제를 추진해가겠다."고 했다. 또한 "40여 년 전 중화학공업화를 선언하고 6대 전략산업을 육성했는데 그게 효자노릇을 해서 이렇게 오늘날 우리나라 발전을 이뤘다."며 "지금은 그 바탕 위에서 시대 흐름에 선도적으로 앞장서서 과학기술이나 정보통신기술(ICT) 산업부문, 문화콘텐츠 등을 융합해서 창조의 꽃을 피워야 한다."고 말했다. 박근혜 대통령은 2013년 4월, "창의성을 우리 경제의 핵심가치로 두고 과학기술과 정보통신기술의 융합을 통해 산업과 산업, 산업과 문화가 융합해서 새로운 부가가치를 창출하고 일자리를 만들어내는 것"이라고 말했다. 또한 박근혜 대통령은 "인적자본과 과학기술을 중시하는 질적 성장을 이루는 것"이라고 말한 바 있다. 우리의 강점인 ICT를 기반으로, 융합(Convergence)산업 육성에 힘을 쏟겠다는 것으로 해석되기도 했다.

창조경제의 사령탑 최문기 미래창조과학부 장관은 "창조경제는 아이디어가 시장에서 승리하는 것이다"라고 했다. 박 대통령의 창조경제론 설계자로 미래창조과학부의 ICT 담당 윤종록 차관은 "사람의 두뇌를 최대한 활용해 세상에 없던 것을 만들어내는 경제다. 가장 중요한 건 산업 간·조직 간·세대 간 담을 허무는 융합이다."라고 했다. 윤종록은 "세상에 없는 비즈니스를 만들어 내는 블루오션 경제가 창업경제"라며 "창조경제는 교육과 문화, 산업, 국방 등 여러 분야와의 협력이 전제돼야 한다."라고 한 바 있다.

박근혜 대통령의 싱크탱크인 국가미래연구원 김광두 원장은 "창조력, 응용력, 실천력 등이 활발하게 이뤄지면서 좋은 벤처기업이 활성화되고 중소 대기업 간의 상생구조가 정착돼 일자리 창출형 성장이 선순환되는 경제일 것"이며 "실물 금융자산보다 지식자산의 중요성이 더 커지게 되는 경제"라고 했다. 박 대통령의 경제 브레인 안종범 의원은 "현재 우리나라는 선진국 추격형이지만 미래에는 선진국 선도형으로 만들어야 한다", "과학과 ITC기술을 기존 산업에 융합해서 새로운 성장동력을 만들어내는 것"라고 했다. 요약하면 '첨단과학과 기술·아이디어를 융합해 일자리 창출과 성장으로 연결하고, 추격형 경제를 선도형 경제로 만드는 것'을 내세운 것이다.

2) 문제 제기

선대인 선대인경제연구소 소장은 한국의 정부와 정치권의 다수는 여전히 '한 방 신화'에서 벗어나지 못하고 있다고 말하며 결국 창조경제론도 그 연장선이라고 말한다. 단기간에 큰 성과를 내려고 조바심을 내는 정책이라고 본 것이다.

　언론들은 창조경제라는 화려한 추상적인 제목만 있고 구체적인 설계도와 목표전략이 없다 고 했다. 한 언론인은 윤종록 미래부 2차관이 '두뇌를 활용해 세상에 없던 것을 만드는 것'이라고 한 것이나 현 부총리가 '융합형·선도형 경제'라고 한 것은 모두 막연하고 "지금까지의 추격·모방형 경제에서 탈피해 선도·창의형 경제로 나가자."는 윤 차관의 취임사도 지극히 원칙적이라고 비판했다.　어떤 언론인은 "뭔가 있어 보이는 고상한 용어나 사람들이 잘 쓰지 않는 어려운 말로 정책 모토를 장식해야 훌륭해지는 건 아니다."라며 차라리 이명박 정부의 그린경제 가 국민들의 이해를 쉽게 구했다고 주장했다. "열심히 머리 써서 뭔가 다르게 해보자는 얘기인 듯한데, 이 정도면 굳이 국정목표랄 것도 없다. 누구나 먹고 살려면 이쯤 고민은 다 하니까."라는 지적도 있었다.

　현오석 경제부총리는 국회인사청문회에서 "융합형 선도형 경제다. 경제민주화가 기반이다."라고 했으며 "과거의 추격형 경제에서 융합형·선도형 경제를 지향하는 것이고 그 기반에 경제민주화가 깔려 있어야 한다."고 주장했다. 그러나 의원들에게서 구체성이 없다는 말을 들었다. 이러한 창조경제론이 더 이상 새로울 게 없다는 비판도 있다. 예컨대 창조경제 담론을 정리하면 '인재, 창의, 융합, 도전, 상상력, 혁신, 기업가 정신, 생태계'라는 키워드로 묶을 수 있는데, 창조경제의 핵심 요소인 이늘 키워드가 정부에는 생소하지만 시장에서는 오래전부터 기업의 생존과 지속가능 경영을 위한 화두였다는 비판이다. 동서고금을 막론하고 업계를 리드해온 기업들이 갖춘 공통점은 발상 전환, 고부가가치 추구, 혁신 등 한마디로 창의·창조력이었다는 것이다.　이러한 주장을 하는 이들은 "정부는 언제나 그런 창의나 혁신과는 거리가 멀었고 오히려 간섭과 규제의 주체였으며 융합과 도전, 기업가 정신은 처음부터 자율과 경쟁이 살아 있는 시장 시스템에서나 가능한 얘기였다."고 비판한다. 한국경제연구원은 〈박근혜 정부의 정책공약과 국정방향〉이라는 보고서에서 "정부의 지나친 간섭과 제도는 창의성을 저하시킬 우려가 높다."고 했다.

경제민주화와 창조경제는 결합될 수 없고 경제민주화라는 허구에서 벗어나야 한다는 주장도 있다. '작은 것을 키우고 큰 것을 누르는' 식의 국가개입주의 사고로 창조경제를 실현할 수는 없다는 것이다. 한 언론인은 '후츠파 정신'과 가장 괴리감이 커 보이는 것은 박 대통령의 국정 운영 방식이라며 그는 지금까지 각종 회의에서 현안 하나하나를 직접 챙기는 만기친람(萬機親覽·임금이 모든 정사를 친히 보살피는 것)의 모습이라고도 했다.

결론적으로 창조경제를 둘러싼 현재의 논의는 미래창조과학부의 기능과 역할이라는 조직문제에 지나치게 쏠려 있는 모양새였다. 교육과학기술부의 과학기술을 주축으로 지식경제부의 연구개발(R&D), 원자력위원회, 국가과학기술위원회, 방송통신위원회, 지식경제부, 행정안전부, 문화체육관광부의 정보통신기술(ICT) 관련 기능을 흡수 통합하는 '공룡조직'에 대한 논란이 지속되는 가운데 창조경제론이 더욱 담론의 대상이 되었다.

1. [변상근 칼럼] "'창조경제', 실천전략이 중요하다", 〈조세일보〉, 2013년 1월 30일자.

2. [오성철 칼럼] "'창조경제 사용설명서'라도 만들까", 〈이데일리〉, 2013년 4월 4일자.

3. [경제칼럼] "공무원만으로는 창조경제 힘들다", 〈매경이코노미〉, 2013년 4월 1일자.

4. [데스크 칼럼/김화균] "여전히 콜(?) 당하는 기업들", 〈헤럴드경제〉, 2013년 4월 2일자 25면.

5. [비즈 칼럼] "벤처 창업 지원, 융자 아닌 투자로 바꿔야", 〈중앙일보〉, 2013년 4월 5일자 B10면 3단.

6. [데스크칼럼] "창조경제와 배임죄 논란", 〈뉴스핌〉, 2013년 4월 1일자.

7. [추창근 칼럼] "창조경제, 뭐라는 건지", 〈한국경제〉, 2013년 3월 27일자 38면 4단.

8. [과학칼럼] "창조경제론의 원천은 벤처정신, 후쯔파 정신이 이스라엘 성장의 비밀… 실패에 관대해야 혁신 가능해", 〈경남도민일보〉, 2013년 4월 12일자.

9. [변상근 칼럼] "'창조경제', 실천전략이 중요하다", 〈조세일보〉, 2013년 1월 30일자.

10. [데스크칼럼] 윤휘종 지식과학부장, "창조경제, 너 정체가 뭐냐", 〈파이낸셜뉴스〉, 2013년 3월 14일자 31면 3단.

11. "선진국 따라하기 벗고 선도형 R&D로 변화해야", 〈서울경제〉, 2010년 4월 21일자.

12. [IT칼럼] "창조경제가 성공하려면 나아갈 방향을 명확히 제시해야 한다", 〈천지일보〉, 2013년 4월 2일자.

13. [조용래 칼럼] "창조경제도 결국 내수 확대라야", 〈국민일보〉, 2013년 3월 26일자 26면 4단.

14. [데스크칼럼] 조석장 산업2부장, "창조경제의 핵심은 강소기업이다", 〈파이낸셜뉴스〉, 2013년 2월 5일자 31면.

15. [칼럼] "콘텐츠산업은 창조경제 구현할 먹거리산업", 〈데일리안〉, 2012년 10월 23일자.

16. [비즈 칼럼] "창조경제의 핵심은 문화 콘텐트다", 〈중앙일보〉, 2013년 3월 22일자 B10면 3단.

17. [한상춘의 국제경제 읽기] "'제조업 르네상스' 시대… 굴뚝 산업 부활하나?", 〈한국경제〉, 2013년 4월 7일자.

18. [리더스 포럼] "창조경제의 핵심은 사람의 경쟁력이다", 〈전자신문〉, 2013년 4월 8일자.

19. "美 제조업의 귀환… '공장에 웃음소리가 돌아왔다'", 〈조선일보〉, 2013년 4월 1일자; "구글글 래스는 '메이드 인 USA'… 美 제조업 유턴", 〈이데일리〉, 2013년 3월 27일자.

20. [추창근 칼럼] "창조경제, 뭐라는 건지", 〈한국경제〉, 2013년 3월 27일자 38면 4단.

21. [김수종 칼럼] "미래창조과학을 둘러싼 소동", 〈내일신문〉, 2013년. 4월 4일자 23면.

22. [이준희 칼럼] "'창조경제'의 필요조건", 〈한국일보〉, 2013년 4월 3일자 30면.

23. [홍준호 칼럼] "창조경제, '후츠파' 정신, 그리고 密封", 〈조선일보〉, 2013년 1월 22일자 A34면 4단.

24. [김진동 칼럼] "'창조경제' 설계도가 안 보인다", 〈내일신문〉, 2013년 3월 28일자 23면.

25. "죽었다 깨어나도 박근혜 정부가 '창조경제'를 할 수 없는 이유", 〈미디어오늘〉, 2013년 4월 2 일자.

26. 리처드 플로리다,《도시와 창조계급-창조경제 시대의 도시 발전 전략》, 이원호 · 이종호 · 서민철, 옮김, 푸른길, 2008, p. 113 재인용.

27. [데스크칼럼] 김승중 증권부장, "창조경제의 출발은 규제완화", 〈파이낸셜뉴스〉, 2013년 3월 26일자 31면 3단.

28. [배인준 칼럼] "'창조의 꽃' 꺾지나 말라", 〈동아일보〉, 2013년 4월 3일자 A30면.

29. [이재훈 칼럼] 이재훈 논설위원, "가시밭길 창조경제", 〈파이낸셜뉴스〉, 2013년 3월 21일자 31면.

30. "선진국 따라하기 벗고 선도형 R&D로 변화해야", 〈서울경제〉, 2010년 4월 21일자.

31. [변상근 칼럼] "'창조경제', 실천전략이 중요하다", 〈조세일보〉, 2013년 1월 30일자.

32. [인사이드 칼럼] "창조경제 활짝 꽃 피우려면", 〈매일경제〉, 2013년 3월 12일자 A38면.

33. [김주식 칼럼] 김주식 논설위원, "지금 역발상이 필요한 것들", 〈파이낸셜뉴스〉, 2013년 4월 1일 31면.

34. [CEO 칼럼] "미래창조과학부 장관에게 거는 기대", 〈머니투데이〉, 2013년 3월 15일자 9면.

35. C. Henry(ed), Entrepreneurship in the Creative Industries: An International Perspective, Edward Elgar Publishing, 2008, pp. 178-196.

36. C. Henry(ed), Entrepreneurship in the Creative Industries: An International Perspective, Edward Elgar Publishing, 2008, pp. 178-196.

37. [칼럼] "'창조경제', 교육에서 시작하라, 정지훈의 제4의 불 – 융합과 미래", 〈청년의사〉, 2013년 4월 13일자.

38. [이준희 칼럼] "'창조경제'의 필요조건", 〈한국일보〉, 2013년 4월 3일자 30면.

39. [추창근 칼럼] "창조경제, 뭐라는 건지", 〈한국경제〉, 2013년 3월 27일자 38면 4단.

40. "죽었다 깨어나도 박근혜 정부가 '창조경제'를 할 수 없는 이유", 〈미디어오늘〉, 2013년 4월 2일자.

41. [김진동 칼럼] "'창조경제' 설계도가 안 보인다", 2013년 3월 28일자 23면.

42. [조용래 칼럼] "창조경제도 결국 내수 확대라야", 〈국민일보〉, 2013년 3월 26일자 26면4단.

43. 그러나 그린경제 즉 녹색성장의 결과는 별다를 게 없었다. 다음은 이를 지적하는 내용이다. "이명박 정부가 산업의 활로로 찾아냈던 게 녹색성장이다. 환경과 산업을 접목시켜 신성장 동력을 만들고, 80만 개 가까운 일자리를 만들겠다고 호언했다. 법을 제정하고, 위원회를 구성하고, 야심 찬 5개년 추진계획도 만들었다. 지금 와서 보면 녹색기후기금(GCF) 유치 외엔 딱히 기억나는 성과가 없다. 다른 이유들도 있겠으나 근본적으로 4대강 같은 토목 마인드와 어울리지 않았던 탓이 크다. 정책 성공에는 그만한 환경과 분위기가 전제돼야 한다는 뜻이다." [이준희 칼럼] "'창조경제'의 필요조건", 〈한국일보〉, 2013년 4월 3일자 30면.

44. [데스크칼럼] 임정효 산업부장 · 부국장, "'창조경제'가 뭐지?", 〈파이낸셜뉴스〉, 2013년 3월 21일자 31면 3단.

45. [이준희 칼럼] "'창조경제'의 필요조건", 〈한국일보〉, 2013년 4월 3일자 30면.

46.	[조용래 칼럼] "창조경제도 결국 내수 확대라야", 〈국민일보〉, 2013년 3월 26일자 26면 4단.

47.	[추창근 칼럼] "창조경제, 뭐라는 건지", 〈한국경제〉, 2013년 3월 27일자 38면 4단.

48.	[다산 칼럼] "행복 · 복지 · 창조의 고차방정식 풀려면", 〈한국경제〉, 38면 4단.

49.	[이재훈 칼럼] 이재훈 논설위원, "가시밭길 창조경제", 〈파이낸셜뉴스〉, 2013년 3월 21일자 31면.

에필로그
창조경제정책의 방향성

창조는 중요하기 때문에 역설적으로 너무 흔한 말이고 너무 흔하기 때문에 창조경제도 있음직하다. 당연히 창조경제는 한국에서 자생적으로 발생한 것이 아니다. 이미 해외에서 많이 회자되었지만 창조경제의 본래 맥락과 많이 다르거나 구체적이지 않아 보였다. 이렇게 다르고 불명확한 것은 무식하거나 무리하게 적용했기 때문일까, 아니면 실제로 준비가 덜 되었기 때문일까.

우선 창조경제 논란은 담론이 정책 영역으로 이동하면서 발생했다. 창조경제라는 말은 정책영역에서만 사용할 수 있다. 민간 기업들은 자신의 상품이나 서비스를 통해 언제든지 새롭게 창조해야 하고 늘 그렇게 해왔다. 그렇기 때문에 기업에서는 창조경제를 새삼스러운 것도 아니라고 바라볼 수밖에 없다. 하지만 정책은 기존에 있던 창조활동을 지속화·일반화할 수 있는 방안을 모색해야 하는 생리와 그 의무를 가지고 있다. 그렇기 때문에 정책 영역으로 들어간 일반적인 개념들은 다소 혼동을 느낄 수 있었다. 이는 문화적 코드와 제도적 코드의 차이일 수 있다. 즉 혼동은 당연할 수 있었다. 사회문화적으로 얼마든지 논의되는 말이라도 일단 제도적 영역으로 들어가면 그 현실적 조건들이나 상황 시스템을 감안하여 정책 목표와 수단, 분야 그리고 로드맵이 마련되어야 한다.[1] 물론 정책 평가와 분석도 있어야 한다. 이를 위해 구체적이고 실제적인 그리고 명확한 개념이어야 한다. 창조경제가 자연적으로 창조되는 경제가 아니라 국가의 개입을 통해 이루어지기 때문에 예산 투입대비 효과가 매우 중요해진다. 더구나 많은 정책자와 공무원이 그에 맞추어 기획하고 실행하여야 한다. 호감을 끌 수 있는 점이 제도권 밖에서는 중요하지만 일단 제도권 안으로 진입되었을 때는 구체성과 명확성, 실천과 실현 가능성이 중요하다.

하지만 본래의 창조경제론과 이를 국내에 적용한 측의 다른 쓰임이 논란을 일으켰다. 본래 창조경제는 창조영역이 매우 강한 문화예술 산업과 미디어, 소프트웨어에서 촉발되었다. 이는 영국의 창조경제론에서 잘 담고 있다. 하지만 한국에서는 정보커뮤니케이션, 테크놀로지(ICT)와 과학기술에 초점이 맞추어졌다. 이는 정보통신부와 과학기술부의 부활과 확장이라는 측면에서 이루어진 것이지만 해외의 창조경제와는 많이 달랐다. 일단 주체가 오로지 정부이고, 분야는 정보커뮤니케이션과 과학기술이었다. 어떻게 보면 새롭게 창조한 것이다. 다만, 그럴 경우 이해를 시키지 못하면 창조적이지 못한 것이 됨을 우리는 잘 알고 있다. 자유로운 발상과 창조적인 것은 다른 차원이기 때문이다. 무엇보다 현재의 창조경제론은 창조시민, 창조공동체, 창조기업, 창조계급, 창조지역, 창조도시, 창조국가라는 수체의 분별과 확장이라는 해외의 사례들과는 좀 달랐다. 또한 문화예술 영역만이 아니라 다양한 영역으로 확장하고 있는 창조경제의 층위와 분야들을 담아내고 있지 못하다. 미래창조과학부를 위한 창조경제가 될 수도 있었기 때문에 다른 부처는 사실상 창조경제에서 배제되는 결과를 낳고 말았다. 그렇기 때문에 이후 부랴부랴 다른 영역을 포함시키려 하는 모양

새가 되었다. 이 와중에 논란은 커지고 말았다.

중요한 것은 창조경제가 경제라는 생산과 소비, 시장과 기업, 산업의 영역을 다루고 있지만 민간 자체에 존재하지 않는다는 것이며, 그것은 정책의 영역의 역할을 모색하는 것이라는 점이다. 특히 창조경제는 비전이며 모색은 이를 위한 정책적 목표와 수단에 초점이 있다. 창조경제는 사경제가 아니라 정부 영역에서 도입되었기 때문에 주목되지만, 원래의 개념들을 보면 자치단체뿐만 아니라 지역, 공동체를 모두 포괄하며 그들의 의사결정은 정책이라는 형태로 응집된다. 창조경제는 거시적으로 국민경제 차원에서 추진되어야 하는 것이 한국의 현실이라는 점에서 보았을 때 오로지 경제적 이익 자체에만 함몰될 수 없는 측면이 있어서 사경제 영역에서 바라보는 창조경제와 다를 수 있는 국가 차원의 정책에서 보는 창조경제는 형평성과 균형성, 분배성, 효율성, 민주성, 일관성, 공공성의 가치를 염두에 둬야 한다.

앞에서 여러 사례에서 보았듯이 세계 각국은 창조적인 인재와 기업을 끌어들여 관련 산업을 부흥시키려고 노력하고 있다. 이른바 정부의 전쟁이라고 해도 과언이 아니다. 이런 면에서 기업과 정부의 관계는 매우 상보적인 관계가 될 수밖에 없는데, 다만 그 범위가 매우 다른 측면을 갖게 되었다. 그 대표적인 것이 바로 벤처의 글로벌정책이다. 한국의 기업도 실리콘밸리에 진출할 수 있지만 실리콘밸리는 낡은 미래사회이다. 즉 창조적인 지역과 도시는 새롭게 생성되는 상황이다. 또한 해외의 사례들의 공통점은 창조적인 인재들을 세계적으로 불러들여 창조경제와 산업을 만들어내고 있는 점이다. 즉 창조적인 인재를 중심으로 다문화 정책과 인구 이동정책에 초점을 맞추고 있다. 그것은 그들의 자발적인 동기부여를 통해 이루어지는 것이기 때문에 개인이나 해당 국가에 서로 상생하는 구도로 치닫는다. 단순히 중앙정부만이 아니라 각 지자체, 공동체, 개인들, 조직, 기업들의 치열한 경쟁과 노력이 항상 작용하고 있다. 국가가 모든 것을 책임지는 것이라는 마인드는 결국 창조성을 파괴하고 만다. 국가가 모든 것을 책임져 창조경제를 만들어가는 것도 불가능하다. 모든 정책에는 평가가 따르기 때문에 이를 강조할수록 비창조적인 결과를 유도할 수 있다. 이러한 제도적 모순은 근본적으로 정책 주체들의 수동적인 행태를 낳을 수 있다. 그렇기 때문에 오히려 그러한 한계를 인식하는 가운데 창조경제 정책을 적절하게 모색하여야 한다. 국가의 산업정책은 아이를 양육하는 모성성을 가지고 있기 때문에 어느 정도의 가용자원의 비타산적 특징이 있고 이는 슬랙(Slack)이라는 재정적 여유분을 고려해야 한다. 다만 비(非)직접적인 방식으로 창조시민, 창조조직, 창조계급, 창조기업을 촉진하는 역할을 할 수 있는데 이는 양육적 후견인의 관점을 견지하는 것이다.

창조경제의 핵심은 창업이 아니며 창업을 많이 한다고 해서 창조경제가 당장에 실현된다고 볼 수도 없다. 그것은 여러 토대가 잘 갖추어지는 것의 반영물이기 때문이다. 창업에 관한 지원은 역대정부 이래로 계속 있어 왔지만 효과가 신통치 않았다는 점은 이를 반영한다. 그것은 개인의 창조력-창조시민-창조계급-창조산업-창조지역-창조도시-창조국가라는 연계성 속에서 성립하는 것이기 때문이다. 그것은 공간하저인 개념과 인간학적인 개념 그리고 시산석인 흐름이 맞물리는 것에서 형성되기 때문이다. 한 사람이 특정 공간에서 태어나 성장과 영위에 필요한 환경과 시스템의 구축, 제공의 과정과 같은 맥락에 있다.

미하이 칙센트미하이(Mihaly Csikszentmihalyi)의 말대로 창조적인 생각이나 발상, 아이디어는 그 자체로 존재하는 것이 아니라 사회경제적으로 수용이 되어야 한다. 아무리 창조적이어도 그러한 용인이 없으면 아무런 영향은 물론 부를 창출하거나 사회 전체의 복지를 향상시키지도 못한다. 정부정책이 초점을 맞추어야 하는 것은 그러한 창조활동들이 사회경제적으로 받아들여지고 인정과 용인을 받아낼 수 있도록 매개 고리 역할을 하는 것이다. 혹은 그러한 장이나 플랫폼을 마련하는 시스템의 구축에 나서야 한다. 그런 차원에서 그런 것을 감내하고 구축할 수 있는 정책이 모색되어야 한다.

우선 중요한 것은 창조시민들을 육성하는 것이다. 두 가지 관점이 작용해야 한다. 하나는 창조교육 시스템의 관점이고 다른 하나는 창조를 용인 혹은 사회화하는 문화이다. 기존의 것을 답습하고 추종하는 것이 아니라 의문을 품고 더 나은 것을 모색하는 게 이상하게 여겨지지 않는 문화가 있어야 한다. 중국의 경우에는 기존의 것을 비판하거나 문제제기 하는 것이 아니라 추종하거나 답습하는 것을 더 중요하게 여긴다. 이러한 마인드는 농경과 제조업적 마인드에 가깝다. 영어는 수평적인 어법 때문에 영어문화권에서는 누구라도 자신의 의견을 개진하고 소통할 수 있다고 한다. 자유로운 토론과 협력이 가능한 문화를 만들어야 하는데 이는 수평적인 관계들이 필요한 이유가 된다. 이스라엘의 토론문화와 주체적인 의견 중시 문화는 창조 자체는 물론 창업에도 유리하게 작용한다는 점은 매우 많이 회자가 된 바이다. 새로운 욕구들과 니즈들을 적극 반영할 수 있는 것은 수평적인 관계와 토론, 주체적 사고의 장려 속에 창조적 활동들은 더욱 활발해질 수밖에 없다.

어린 시절부터 교육은 학벌이나 시험 통과가 아니라 창조적 성취로 평가를 받아야 한다. 어느 직업을 가져도 창조활동이 자신을 더욱 진전시키게 된다. 여기에서 창조문화는 개인의 호기심이나 지적인 만족, 허영심의 충족이 아니라 개인의 지적자산화를 통한 부의 창출이 사회 전체의 편익의 증대와 연결시킬 수 있는 창조문화의 형성이다. 이를 위해서는 단순히 생각이나 행동을 창조적으로 달리 해야 한다는 소극적인 의미에 한정되는 것이 아니라 지속적인 사회 시스템화를 통해 개인들의 행태를 촉진하는 선순환의 구조를 만들어나가는 과정 속에 있는 창조문화의 성숙이 필요하다. 시민이 창조기업가의 마인드를 간직하고 교육과 사회시스템이 이를 뒷받침해주어야 한다.

문화예술의 영역을 포함하는 것은 물론 정보통신기술에만 한정되지 않고 일상 모든 것을 포함한다. 안정된 직장을 갖고 있어도 자신만의 지적자산을 갖고 그것을 통해 부를 지속적으로 창출할 수 있는 콘텐츠나 상품을 갖고 있어야 한다. 그것은 특허일 수도 있고 전자북일 수도 있으며, 디자인이나 각종 캐릭터, 앱일 수도 있다. 이러한 측면에서 보자면 노후에도 지속적인 수입을 구가할 수 있는 창조적인 결과물들이 어린 시절부터 축적되도록 하는 것이다. 이는 무한 경쟁 속의 생산적 복지를 의미하는 것이 아니라 기본적인 사회안전망을 갖추고 이러한 안전망 위에서 이루어지는 시도들이 맺은 결실을 지향하는 것이다.

창조경제에서는 창조시민에 대한 자연발생적인 동기부여가 중요하다. 여기에서 동기부여는 단지 개인들의 자아만족에 머무는 것이 아니다. 또한 돈 자체라고 규정해도 곤란하다. 자아만족을 위해 창조 행위를 하는 것은 신세대 조사 보고서에서나 관습적으로 등장할 뿐이다. 돈을 위해서만 인간이 움직이는 것도 아니다. 사람은 자신이 한 행위에 대한 유무형의 피드백이 있어야 한다고 여긴다. 적절한 보상과 대가만이 아니라 인정과 존중이 중요하며 보상이 안 되면, 인정과 존중이 안 된 것으로 여긴다. 무엇보다 그 인정과 존중은 항구적일수록 더욱 동기부여를 발현시킨다. 그러한 창조활동이 제한될수록 조직의 창조성은 발현되지 못하며 사회적으로도 마찬가지다. 개인들의 노력은 물론 조직 차원의 노력들이 정당하게 인정받는 체계를 구축하는 것이야말로 정책에서 선도해야 할 부분이다.

웹툰을 예로 들어보자. 웹툰은 만화가라고 하는 창조자가 만들어낸다. 그는 자신의 작품을 만들고 그것을 통해 지속적인 부가가치를 창출하며 그 대가를 지속적으로 받아야 한다. 물론 웹툰 작가에 특별한 자격증이나 학위가 필요한 것은 아니다. 많은 매체들은 웹툰이 영화, 드라마, 연극 등으로 재창조되는 현상을 보고 웹툰 전성시대라고 말한다. 웹툰을 그린 만화가들은 대박을 터트릴 수 있다고 보도한다. 그런데 이는 몇몇 창조자들만 주목했을 뿐 만화라는 전체 산업을 간과했다. 만화책 시장은 사실상 붕괴되었다. 만화책을 내는 출판사나 잡지사는 망해버렸다. 인터넷 디지털 환경에서 만화책은 더 이상 성장하지 못했다. 대신 이용이 편리한 웹툰이 각광받았다. 그러나 웹툰의 성장은 만화책 제작업이 붕괴된 것을 기반으로 성장했다. 웹툰은 만화를 공짜 매체로 만들어버렸다. 만화는 돈을 내고 보는 것이 아니라 인터넷으로 얼마든지 자유로 볼 수 있다는 인식을 깊숙이 각인시켰다. 따라서 독자들은 돈을 내고 사거나 대여료를 지급하는 만화책보다는 인터넷의 만화를 선호했다.

그것은 마치 일반 출판물을 인터넷에 모두 올리는 것과 다름이 없었다. 그 선두에 있던 것이 다음이나 네이버와 같은 포털이었다. 이러한 무료 웹툰에 익숙한 이들은 독자적으로 만화책을 발행하는 기업들을 고사시켜버렸다. 일부 성공한 작가들은 계속 승승장구했는데 그 전제조건은 포털에 울며 겨자 먹기 식으로 자신의 콘텐츠를 장기간 투여한 절대 시간과 공력이었다. 만화의 창작자와 제작자, 유통자들의 생태계가 완전히 붕괴되고 말았다. 미국에서 구글이나 야후에 만화가 전적으로 의존하고 있다는 말을 들어본 적이 없으며 일본도 마찬가지다. 정부는 인터넷으로 공짜로 만화를 제공하는 것에 대해 규제를 했어야 한다. 무엇보다 특정 사이트가 만화창작을 전적으로 좌우하는 것은 근본적으로 문화다양성뿐만 아니라 매우 취약한 창작과 기업환경을 말한다. 만약 그런 포털사이트가 없어지면 한순간에 웹툰 산업은 무너진다. 또한 포털에 맞는 작품들만 각광받으므로 획일적인 웹툰이 지배하게 되고 변화하는 수용자의 기호에 적극적으로 부응하지 못한다. 다양한 작품들이 지속적으로 시도되고 창작되는 것은 매우 다양한 채널과 미디어를 통해 이루어지고 그것이 자생적인 경쟁을 통해 독자의 선호를 받아야 하기 때문이다. 그 과정에서 창작자들은 정당한 동기부여와 그 노력과 결과물에 상응하는 보상을 받아야 한다. 그러한 토대와 시스템을 만드는 것이 정부와 공공영역의 창조경제정책 담당관이 해야 할 일이다. 인터넷 포털은 늦었더라도 이제 모바일 특히 스마트폰 환경에서는 이러한 점이 적극 반영되어야 함은 물론이다. 모바일 창조경제는 이 시간에도 끊임없이 진화하고 있다.

창조시민이 모여서 하나의 창조계층, 창조계급을 형성한다. 창조계급의 형성은 일정의 리더그룹과 중산층 역할을 동시에 수행할 수 있다. 그들은 창조적인 콘텐츠와 상품, 서비스를 소비하면서도 다시 그것을 재창출할 수 있는 사람들이다. 그러한 창조계급이 존재할수록 안정된 내수시장을 형성할 수 있다. 그 내수시장은 단순히 경제적 의미에만 한정되는 것이 아니라 사회문화적인 브랜드와 이미지 효과를 통해 끊임없이 창조적인 시민들을 불러들이고 다시 확장시키는 역할을 한다. 이른바 강남 좌파 현상은 한결 업그레이드된 도덕 윤리에 문화적 품격을 갖춘 창조적 계급을 한국적으로 이르는 것이다. 그것은 무엇인가 전복하고 창조하는 노정 속에 그들이 처한 입장이 있기 때문이다. 하지만 그 이데올로기 자체가 맞다 틀리다는 다른 차원의 문제이다.

　문화적 품격을 선도하기 위해서는 돈만 밝히는 존재가 아니라 세계적 화두를 고민하는 태도와 자세가 있어야 한다. 사회적 헌신, 재능기부를 통한 공동체적 선을 모색하는 것이 그 하나의 특징이라고 일컬어지는데 그것이 물론 전부는 아닌 창조경제의 맥락 가운데 하나다. 이는 이미 빌 게이츠의 '창조 자본주의론'에서 밝혀진 바가 있다. 개인의 이익만을 추구하는 것이 창조경제는 아니라는 점을 그의 창조 자본주의론에서 알 수 있다. 정부가 관심을 갖는 것도 이 부분이며 빌 게이츠도 이러한 도덕적·윤리적인 행위들은 기업의 인지도, 즉 이미지의 격을 높여준다고 했다. 무엇보다 실제로 무엇인가 만들어내는 것인 창조가 중요함은 여전하다. 다만 사회적 공공선을 위한 기업들의 창조성 발현이 창조경제라는 점을 부각시킬 뿐이다. 시장과 기업 그리고 창조적인 사람들을 공공적으로 융합하는 것은 정부가 창조경제 정책론에서 역점에 두어야할 대목이다. 중요한 것은 단순히 강남좌파 같은 그룹이 빌 게이츠나 플로리다가 말하는 창조계급과 부합하는 것은 아니라는 사실이다. 창조적인 결과물을 만들어내는 존재라고 보는 것은 다른 문제이고 창조경제에 부합하는지도 더 면밀하게 보아야 한다. 더구나 빌 게이츠는 단순히 의식만 있는 것이 아니라 가난한 이들을 위해서 직접 창조적인 결과물, 예컨대 정보통신기술을 활용해 그들이 더 이용하기 쉽게 나아가 창조를 더 많이 할 수 있는 토대를 제공하면서 이익을 극대화하는 것이 창조 자본주의라고 말한다. 즉 지적자산을 창출하고 그것에 상응하는 부의 창출이라는 선순환을 이루자고 말했다. 이러한 점을 생각하면 중요한 것은 사회적 의식이 실제 창조 행위와 부합해야 의미가 있다는 것이 창조계급이다.

　창조경제에서 문화예술을 빼놓는 것은 치명적이다. 그것은 문화예술 장르들을 우선하거나 그것이 최고라는 것이 아니며 그런 문화예술 산업이 미래의 경제와 국가를 완전히 경제적으로 지배하거나 좌우한다는 것을 강조하려는 것이 아니다. 여러 학자들이 말하듯이 그것은 인간을 통해 창조성을 발휘하는데 매우 중요한 역할을 하기 때문에 관련 산업이 성장한다는 것이다. 핵심은 문화예술 자체가 아니라 그것이 매개 혹은 촉발제로 작용하는가이다. 이는 반드시 상품형태로 얼마나 팔리는 상업적인 차원의 맥락과는 거리가 있다.

어린 시절부터 문화예술 소양이 높은 이들은 한결 더 나은 제품과 서비스를 만들어낼 수밖에 없다. 생물학적인 수준에서 생계를 잇는 차원의 경제활동에 종사하는 경우, 매우 창조적인 작업은 나오지 않을 가능성이 많다. 인간은 기본적으로 문화예술적 차원의 기호와 선택으로 수렴될 수밖에 없는 존재이다. 왜냐하면 자아의식과 자존감을 가지고 있기 때문이다. 동물적인 상태를 벗어나 문명을 진전시켜온 원동력이다. 경제적인 차원의 기본적 토대 위에 반드시 문화적 격에 대한 열망이 더해지게 마련이다. 쉽게 말하듯이 입맛이 까다로워지는 현상이 세계화되고 있다. 제품이나 서비스, 즉 상품에 대해서 소비자의 선호는 웬만한 전문가의 뺨을 때릴 정도가 된다. 소비자가 전문가, 즉 스페셜리스트이다.

인간의 창조성은 어느 날 갑자기 만들어지는 것이 아니라 여러 연결고리들이 상호 촉발을 일으키면서 발생할 수 있다. 그렇기 때문에 글레이저의 말대로 도시공간의 복잡성은 오히려 창조성 자체에 대해서 중요한 근본 토대가 된다. 도시공간에는 사람이 많이 있기 때문에 역시 매우 중요한 창조공간들이 있다. 음악·연극공연장, 도서관, 영화관, 전시장, 신상쇼핑몰, 컨벤션, 미술관, 대형 서점, 박물관, 고궁, 공원, 예술거리, 전시회, 그리고 다양한 기업과 상점들이 끊임없이 인간의 사고와 감성을 자극하고 있다. 자연으로 돌아갈수록 마음은 편해진다지만 어떤 창조적인 자극을 받는 것이 아니라 둔감해진다. 창조는 자연에서가 아니라 인간 사이에서 발생하기 때문이다. 자연에서 아이디어를 얻어도 그것은 다른 사람들의 창조물들을 비교한 후에 가능한 것이다.

창조산업은 인간에서 출발하는데 그것은 인간에 대한 이해를 전제하고 있다. 상품과 서비스는 다른 어떤 존재가 아닌 인간이 만들고 선택하는 것이기 때문에 인간으로 귀결된다. 문화예술은 인간에서 비롯하여 인간으로 종결된다. 인문학이나 인문주의에서 인문은 결국 인간이 꿈꾸는 이상을 말한다. 그렇기 때문에 인간에서 출발하는 창조경제여야 한다. 예컨대, 마티아스 호르크스는 《테크놀로지의 종말-인간은 똑똑한 기계를 원하지 않는다》에서 인간은 편리한 기계만을 원하지 않는다고 말한다. 이는 과학과 공학이 오로지 편리한 제품만을 염두에 두는 것과 반대되는 것을 말한다. 인간은 스스로 자신이 운전하기를 바라기 때문에 전(全)자동 자동차를 원하지 않으며, 또한 전자동 자전거보다는 페달이 있는 자전거를 더 타고 다닌다. 더구나 인간의 꿈과 이상은 끊임없이 변하며 그것은 더 진화하고 있다. 그것에 맞춤을 이루려면 창조에 집중하지 않을 수 없다. 기존 것보다 더 뛰어난 무엇인가를 발명할수록 더 많은 이익을 창출할 수 있는 것이 글로벌 시대의 창조경제이기 때문이다.

인간을 지향하는 기술이라 해도 단순히 영합적인 성격만을 의미하는 것은 아니다. 고객맞춤의 한계는 고객이 자신이 원하는 것을 스스로도 모르는 경향 때문이다. 왜냐하면 고객은 자신이 원하는 것은 알 수 없고 그것이 현실로 나타났을 때 선호를 보내는 측면도 다분하기 때문이다. 그것을 알아채는 것이 이미 창조적인 것이다. 선도하는 역할이 결국은 기술 자체나 창조, 그 안에 있기보다는 사람 안에 있고, 사람을 잘 이해할 수 있고, 그 사람의 바람을 잘 짚어내는 공부(工夫)가 필요하다. 그것은 단순히 트렌드를 연구하는 것은 늦고 사람 안에 미래가 존재함을 의미한다. 미래지향적인 측면이 있기 때문에 모험적인 시도의 산물이다. 따라서 탐색과 모험적인 인간형이 우선된다. 그것의 지향점은 생물학적인 욕구 차원이 아니며 인간됨의 미학적 차원이기 때문에 탐미형을 기본 모델로 한다. 중요한 것은 여전히 물리적인 영역의 기술이나 공학, 과학적 원리 그 자체가 아니라 인간을 통해서만 그 가치를 인정받고 다시 촉발되며 창조될 수 있다는 점이다. 그 인간은 하나의 사물이 아니라 살아 움직이는 존재이며, 창조적인 존재이다. 그 창조적인 존재는 하나의 공동체 구성원이며 그들이 창조자들의 생명이다.

창조경제는 알묘조장(揠苗助長)할 수 없는 측면이 강하고 사람의 생애 주기별로 맞춤식 창조경제 정책을 구사하는 것이 이상적이다. 즉 사람이 성장해감에 따라 그에 맞추어 창조경제 정책을 추진하는 것이 이상적이라는 것이다. 이러한 점은 결국 창조경제는 짧은 기간 안에 이룩할 수 없는 특징을 보인다. 문화적인 소양을 기르고 그것을 창조적 행위에 적용하는 것이 필요하며 이를 부의 창출로 연결시키는 작업들은 절대적 시간이 필요한 일이기 때문이다. 만약 단기적으로 창조산업을 일으키고 이를 통해 창조경제의 성과를 바란다면, 기존에 이미 나와 있는 것에 초점을 맞추게 되고 이는 비창조적이거나 선진적이지 않은 것으로 집중 선택하는 아이러니한 일을 만들어낼 것이다. 성과 자체에 집착할 때 진정 창조적이며, 장기적으로 긍정적인 영향을 주는 창조적인 행태에 대해서 간과하거나 무시하는 정책적 행태들이 양산될 수 있다. 더구나 창조경제는 단시일 내에 성과를 내기에는 수준이 높은 창조성을 요구하는 경우가 일반이기 때문에 최종 시장에서 외면받고 만다. 즉 정부에서는 인정을 받지만 정작 시장경쟁력을 갖지 못하고 마는 것이다. 전 정부와의 연계성을 통해 한층 업그레이드 된 승계와 연속상의 창조산업과 창조경제의 구가도 주요한 문제가 된다. 반대로 미래를 위해 현재에 창조경제의 지속성을 위해 창조문화와 창조 시스템의 구축에 집중하여야 하고, 그것이 목표이면 더 바람직하다.

결론적으로 창조경제는 어느 한 정권이 단기간에 성취할 수가 없다. 한 번 성립한 창조경제는 지속적으로 추진해야 할 정책 목표와 추진체계 수단을 항구적으로 유지해야 성취할 수 있는 것이다. 따라서 이에 대한 사회적 합의는 물론 정치적, 나아가 정책적 구조화와 이에 따른 승계가 중요하다. 만약 이러한 정책 기조를 다음에 다른 정부가 뒤집는다면 성취를 할 수가 없다. 창조경제의 패러다임은 전반적으로 세계사적 흐름에 부합할 수밖에 없다. 따라서 그것은 이전정권의 추진 정책이기 때문에 전복 폐기되어야 할 대상이 되는 것은 가용자원의 낭비이며 이는 마땅히 국민에게 돌아가야 할 세금과 그에 따른 편익이 공중에서 소진되는 것을 의미한다.

창조경제는 근(近)미래가 아니라 장기 미래 전략 차원에서 접근되어야 한다. 당장에 성과와 이익이 나기 때문에 투여를 하는 것은 기업에서도 언제나 하여왔고 지금도 하고 있다. 오히려 당장에 성과나 이익이 나지 않을 수 있는 분야나 기술, 콘텐츠를 인큐베이팅할 수 있는 역할이 정책 영역에 맞다. 또한 근본적으로 그러한 환경과 토대를 구축하는 것이 장기 미래를 대비하는 정책 행위이기도 하다. 실리콘밸리의 역사도 수십년에 걸쳐 이루어졌고 이스라엘의 경우에도 창업국가를 구가하기에 40여 년이 걸렸음을 환기해야 한다. 한국의 과학기술입국도 그러한 맥락에 있었다.

1. 김헌식, 《안철수 대통령을 바라는 대한민국》, 새로운 사람들, 2012; 김헌식, 《노무현 코드의 반란》, 선학사, 2009 참조.